21世纪经济管理新形态教材 · 资产评估系列

资产评估模拟实训

闫晓慧　王　琳 ◎ 主　编
范雪梅　张　莹 ◎ 副主编

清华大学出版社
北　京

内 容 简 介

本书以独特的体例涵盖了资产评估实践教学的全部环节。以资产评估执业准则（系列）为基础，力争由准则（系列）指导实践，由理论联系实践，通过大量的案例操作，训练、培养学生的专业能力。全书由认知实践、认识实践、综合实践、能力提升实践和能力扩展实践五个模块组成。

本书是为了适应高等学校资产评估专业应用型人才培养的需要而编写的，也可作为资产评估行业从业人员的基础培训教材。

图书在版编目（CIP）数据

资产评估模拟实训/闫晓慧，王琳主编. —北京：清华大学出版社，2020.7
21 世纪经济管理新形态教材. 资产评估系列
ISBN 978-7-302-55881-1

Ⅰ. ①资… Ⅱ. ①闫… ②王… Ⅲ. ①资产评估－高等学校－教材 Ⅳ. ①F20

中国版本图书馆 CIP 数据核字(2020)第 109166 号

责任编辑：刘志彬 朱晓瑞
封面设计：李伯骥
责任校对：宋玉莲
责任印制：刘海龙

出版发行：清华大学出版社
网 址：http://www.tup.com.cn，http://www.wqbook.com
地 址：北京清华大学学研大厦 A 座 邮 编：100084
社 总 机：010-62770175 邮 购：010-62786544
投稿与读者服务：010-62776969，c-service@tup.tsinghua.edu.cn
质 量 反 馈：010-62772015，zhiliang@tup.tsinghua.edu.cn
课 件 下 载：http://www.tup.com.cn，010-83470332

印 装 者：三河市宏图印务有限公司
经 销：全国新华书店
开 本：185mm×260mm 印 张：18.25 字 数：376 千字
版 次：2020 年 9 月第 1 版 印 次：2020 年 9 月第 1 次印刷
定 价：52.00 元

产品编号：087035-01

前言

资产评估是一门综合性和应用性很强的专业学科，它不仅在国有企业改革、上市公司并购重组、资产投资以及知识产权交易等价值发现和计量领域发挥着非常重要的作用，也在管理咨询等非估值领域产生了越来越广泛的影响。随着市场经济的不断深入和信息技术的发展，对评估专业人员执业能力的要求变得越来越高。

资产评估实训教学的目的是培养学生专业知识的运用能力和创新能力，同时也是检验学生资产评估专业理论和技术水平的有效手段。实训教学环节能够让学生体验专业理论的实用价值，提高学生深入学习专业知识的兴趣，培养学生良好的职业道德素养，为学生将来独立从事资产评估业务打下扎实的专业基础。为此，我们组织多年来从事资产评估理论教学与实践工作的相关教师编写了《资产评估模拟实训》教材。

我们在参考和借鉴国内已有资产评估实践教材的基础上，深度考虑资产评估行业对专业人才的需求，力争在教材体系、内容和形式等方面有所创新。在体系上，教材包含了各类资产评估实践课的所有环节，使学生能够融会贯通；在内容上，既注重学生动手能力的培养，又注重提高学生分析问题、解决问题的能力，特别是力求通过案例分析提升学生的创新能力。同时根据《中华人民共和国资产评估法》所确立的“大”评估的理念，将房地产估价的相关知识和实例纳入进来，以满足学生毕业后多方面就业的需求。

学生在掌握了资产评估理论知识的基础上，经过四年系统的资产评估模拟实训，就能初步具备在不同的经济环境合理应用资产评估基本理论和基本方法的能力，以及自我学习与知识扩展的能力。

本书包括 5 个模块 19 个实训项目，闫晓慧、王琳任主编，范雪梅、张莹任副主编。全书由闫晓慧、王琳提出提纲，由闫晓慧对全书进行审核定稿。具体编写任务如下：项目一、项目二、项目三、项目四、项目七、项目十一、项目十六、项目十八、项目十九由闫晓慧编写，项目十四、项目十五由王琳编写，项目九由张莹编写，项目八、项目十七由范雪梅编写，项目六、项目十二由孔繁娟编写，项目五由刘西文编写，项目十由李玉丰编写，项目十三由吉林建筑科技学院刘楠编写。

本书在编写过程中，得到了吉林省资产评估协会、吉林北泰资产评估有限公司等的领导及资产评估专家、房地产估价专家的大力支持，在此衷心地表示感谢！

由于作者本身局限，教材中缺点和错漏在所难免，我们诚挚地希望读者就本书多提宝贵意见，以便我们及时修订完善。

编　者

2020 年 1 月

目录

模块一

认识实践

掌握资产评估活动定义，评估执业的相关规定，评估机构的设立。

能全面认识评估师的任职要求，结合自身实际，制订在校学习发展计划。

项目一　认识资产评估活动及资产评估行业发展

刘洋是资产评估与管理专业的新生，刚刚踏入大学校门，对于未来要学习的这个专业没有任何了解，怎样帮助他认识现在所学专业和将来进入的行业？

相关知识

一、资产评估概述

（一）资产评估活动

2016 年 12 月 1 日起实施的《中华人民共和国资产评估法》（以下简称《资产评估法》）是我国资产评估行业的首部大法，《资产评估法》第二条确立了我国资产评估的基本概念，即“本法所称资产评估，是指评估机构及其评估专业人员根据委托对不动产、动产、无形资产、企业价值、资产损失或者其他经济权益进行评定、估算，并出具评估报告的专业服务行为”。同时《资产评估法》第六条也明确了我国资产评估行业的管理与划分：“评估行业可以按照专业领域依法设立行业协会，实行自律管理，并接受有关评估行政管理部门的监督和社会监督。”这里的专业领域目前包括六种专业类别，由五个部门管理。六种专业类别分别是资产评估、房地产估价、土地估价、矿业权评估、保险公估和旧机动车评估。五个管理部门分别是财政部、住房和城乡建设部、自然资源部、保监会和商务部。随着市场经济发展的要求，上述专业可能还会发生变化。

我们要强调就是《资产评估法》中的“资产评估”是一个广义的资产评估概念，

资产评估专业是一个狭义的资产评估概念。刘洋同学所学“资产评估与管理”专业所对应的是财政部监管的“资产评估”行业。我们的学习就是围绕这个狭义的资产评估专业领域展开，如果没有特别说明，后面我们谈到的资产评估就是指这个狭义的资产评估。

（二）资产评估的基本要素

资产评估的基本要素由评估主体、评估对象、评估目的、价值类型、评估基准日、评估依据、评估程序及评估方法等构成。

1. 资产评估的主体是专门从事资产评估的机构和专业人员。资产评估机构和资产评估专业人员必须是符合国家有关规定、具有从事资产评估资格的机构和人员。资产评估专业人员有两类，一类是具有资产评估执业资格的“资产评估师”，另一类是“资产评估专业人员”，这两类人员必须专职在一家资产评估机构执业。

2. 资产评估的客体是评估对象。客户委托评估的资产（或权益）就是资产评估的对象，评估对象涉及的资产及负债等内容也就是资产评估的评估范围。一般情况下，拟发生产权交易或变动是资产需要被评估的前提。

3. 资产评估的目的是指资产业务引发的经济行为。资产评估目的反映了资产评估结果的具体用途，它直接决定和制约资产评估价值类型和评估方法的选择。一个项目的资产评估只能针对一个经济行为，也就是一个项目的资产评估报告只能有一个评估目的。

4. 资产评估的价值类型是指资产评估结果的价值属性及其表现形式，即对评估价的质的规定，对资产评估参数的选择具有约束性。

5. 评估基准日是评估结论成立的一个特定时日。一个评估项目只能有一个评估基准日。

6. 资产评估依据是评估专业人员对评估对象进行价值判断的基础。一般包括：法律、法规依据，准则依据，权属依据及取价依据。如果项目涉及国有资产，还要列出经济行为依据。

7. 评估程序是资产评估工作从开始准备到最后结束的工作顺序。

8. 资产评估方法，即资产评估所运用的特定技术，是分析和判断资产评估价值的手段和途径。

以上要素构成了资产评估活动的有机整体。

（三）资产评估业务范围

资产评估业务应当由资产评估机构统一接受委托，统一收取费用。《资产评估法》第三条规定“自然人、法人或者其他组织需要确定评估对象价值的，可以自愿委托评估机构评估”，“涉及国有资产或者公共利益等事项，法律、行政法规规定需要评估的（以下称法定评估），应当依法委托评估机构评估”。资产评估机构接受委托后，要与委托方签订资产评估委托合同。

评估机构的业务范围包括单项资产、资产组合、企业价值、金融权益、资产损失或者其他经济权益的评估。

资产评估机构从事资产评估业务不受行政区域、行业限制。

二、资产评估行业的发展

（一）行业发展现状

中国资产评估萌芽产生于20世纪80年代末90年代初，短短的二三十年走过了其他国家用了100多年走过的路，应该说中国资产评估行业的发展得益于中国市场经济的发展和对国有经济的改造。迄今全国有资产评估师3万多人，资产评估从业人员6万多人，资产评估机构3 000多家。目前中国资产评估协会发布了78项自律管理制度，发布评估准则28项，已经覆盖资产评估主要市场服务领域。近几年，我国从事境外业务的评估机构逐渐增多，约有70多家，业务范围涵盖50多个国家和地区。随着资产评估越来越广泛地介入经济生活，社会对资产评估师的需求越来越大，资产评估行业和资产评估师在经济生活中的影响也越来越大，社会地位不断提高。

（二）资产评估机构业绩信息

扫描二维码，阅读中国资产评估协会2019年12月17日公布的2019年资产评估机构综合排名信息。

2019年资产评估机构业绩信息

任务一：阅读《中华人民共和国资产评估法》。

任务二：阅读《资产评估基本准则》。

任务三：浏览中国资产评估协会网站：http://www.cas.org.cn/。

任务四：了解本省资产评估行业现状和发展前景。

项目二　认识资产评估机构及行业管理

了解了资产评估活动、资产评估机构管理和资产评估行业发展后，刘洋同学想了解一下资产评估机构的组织形式、业务开展等情况。

一、资产评估机构

《资产评估基本准则》第三条指出：“本准则所称资产评估机构及其资产评估专业人员是指根据资产评估法和国务院规定，按照职责分工由财政部门监管的资产评估机构及其资产评估专业人员。”

（一）资产评估机构设立

设立资产评估机构要向工商行政管理部门申请办理登记。并自领取营业执照之日起三十日内向当地财政部门备案。资产评估机构可以采用公司制形式，也可以采用合伙制形式。目前国内的评估机构大多数采用的都是公司制形式。

《资产评估法》第十五条对评估机构设立条件的规定："合伙形式的评估机构，应当有两名以上评估师；其合伙人三分之二以上应当是具有三年以上从业经历且最近三年内未受停止从业处罚的评估师。"

"公司形式的评估机构，应当有八名以上评估师和两名以上股东，其中三分之二以上股东应当是具有三年以上从业经历且最近三年内未受停止从业处罚的评估师。"

（二）资产评估证券服务机构

资产评估机构从事证券服务业务，应当报国务院证券监督管理机构和国务院有关主管部门备案。

（三）资产评估机构的内部质量控制

《资产评估法》第十七条规定评估机构应当建立健全内部管理制度。2017 年 6 月 1 日起施行的财政部令第 86 号《资产评估行业财政监督管理办法》（以下简称《管理办法》）第十七条规定："资产评估机构应当建立健全质量控制制度和内部管理制度。其中，内部管理制度包括资产评估业务管理制度、业务档案管理制度、人事管理制度、继续教育制度、财务管理制度等。"第十八条规定："资产评估机构应当指定一名取得资产评估师资格的本机构合伙人或者股东专门负责执业质量控制。"

中国资产评估协会发布的《资产评估机构业务质量控制指南》2017 年 10 月 1 日起施行，第二条规定："资产评估机构应当结合自身规模、业务特征、业务领域等因素，建立质量控制体系，保证评估业务质量，防范执业风险。"资产评估机构质量控制主体，从最高管理层、首席评估师、项目负责人、审核人、到基层的项目团队成员及资产评估机构其他人员，各自承担相应的职责，以确保评估工作质量。

二、资产评估人员

《资产评估法》第八条规定："评估专业人员包括评估师和其他具有评估专业知识及实践经验的评估从业人员。"

资产评估专业人员要通过中国资产评估协会组织实施的资产评估师全国统一考试，取得资产评估师资格。《资产评估法》第八条还规定："具有高等院校专科以上学历的公民，可以参加评估师资格全国统一考试。"2017 年，中国资产评估协会修改了考试报名条件，很多在校的资产评估专业本科及专科学生也报名参加了资产评估师全国统一考试，为资产评估行业输送了大量具备专业素质的新生力量。

资产评估师和资产评估专业人员应当加入资产评估机构，且只能在一个资产评估机构从事资产评估业务。

资产评估师有权在法定业务评估报告上签字，未取得资产评估师资格的评估专业人员不得签署法定业务资产评估报告。

三、资产评估机构的管理

资产评估机构的管理包括政府监督、行业自律，以及机构自主管理。

（一）政府监督

《管理办法》第五条规定："财政部负责统筹财政部门对全国资产评估行业的监督管理，制定有关监督管理办法和资产评估基本准则，指导和督促地方财政部门实施监督管理。财政部门对资产评估机构从事证券期货相关资产评估业务实施的监督管理，由财政部负责。"第六条规定："各省、自治区、直辖市、计划单列市财政厅（局）（以下简称'省级财政部门'）负责对本行政区域内资产评估行业实施监督管理。"

2017 年 8 月财政部发布了《资产评估基本准则》，自 2017 年 10 月 1 日起施行。

（二）行业自律管理

《管理办法》第七条规定："中国资产评估协会依照法律、行政法规、本办法和其协会章程的规定，负责全国资产评估行业的自律管理。地方资产评估协会依照法律、法规、本办法和其协会章程的规定，负责本地区资产评估行业的自律管理。"

1993 年 12 月 12 日，中国资产评估协会第一届会员代表大会在北京举行，中国资产评估协会正式成立。中国资产评估协会是资产评估机构和评估专业人员自愿结成的行业性的全国性的非营利性的社会组织。中国资产评估协会实行会员制管理，分为个人会员和单位会员。个人会员分为执业会员和非执业会员，单位会员分为评估机构会员和非评估机构会员。

2016 年 11 月 18 日中国资产评估协会第五次会员代表大会修订的《中国资产评估协会章程》第六条第五款规定，资产评估协会履行下列职责：

①制定会员自律管理办法，对会员实行自律管理；

②依据评估基本准则制定评估执业准则和职业道德准则；

③组织开展会员继续教育；

④建立会员信用档案，将会员遵守法律、行政法规和评估准则的情况记入信用档案，并向社会公开；

⑤检查会员建立风险防范机制的情况；

⑥受理对会员的投诉、举报，受理会员的申诉，调解会员执业纠纷；

⑦规范会员从业行为，定期对会员出具的评估报告进行检查，按照相关规定对会员给予奖惩，并将奖惩情况及时报告有关评估行政管理部门；

⑧保障会员依法开展业务，维护会员合法权益；

⑨组织实施资产评估师职业资格全国统一考试。

自2008年至今，中国资产评估协会及地方协会每年都进行“资产评估行业执业质量检查”，资产评估师要加入资产评估协会，成为“执业会员”或“非执业会员”，资产评估机构要加入资产评估协会成为“团体会员”。

（三）机构自主管理

资产评估机构从事资产评估业务，应当遵守《资产评估法》等相关法律要求，遵守独立、客观、公正的原则及资产评估准则规定，建立健全各项质量控制制度及内部管理制度，履行资产评估程序，严格控制执业风险。

任务一：了解本省资产评估机构情况。

任务二：阅读《资产评估行业财政监督管理办法》（财政部令第86号）。

项目三　认识资产评估岗位要求

刘洋毕业后打算从事与资产评估相关工作，他想了解除了学校的学科理论知识外，资产评估工作岗位对入职人员有什么要求，以便规划自己未来的职业。

一、从招聘广告看资产评估师任职要求

扫描下方二维码，阅读相关要求。

从招聘广告看资产评估师任职要求

二、专业能力要求

《资产评估职业道德准则》第三章对资产评估从业人员专业能力做出了规范要求：

第七条　资产评估专业人员应当具备相应的评估专业知识和实践经验，能够胜任所执行的资产评估业务。

第八条　资产评估专业人员应当完成规定的继续教育，保持和提高专业能力。

第九条　资产评估机构及其资产评估专业人员应当如实声明其具有的专业能力和

执业经验，不得对其专业能力和执业经验进行夸张、虚假和误导性宣传。

第十条 资产评估机构执行某项特定业务缺乏特定的专业知识和经验时，应当采取弥补措施，包括利用专家工作及相关报告等。

三、资产评估师典型工作任务和相应要求

扫描二维码，阅读资产评估师典型工作任务和相应要求。

资产评估师典型工作任务和相应要求

四、从招聘广告看资产评估师助理任职要求

扫描二维码，了解相关要求。

从招聘广告看资产评估师助理任职要求

任务 ：浏览网页，查找资产评估公司、房地产估价公司等招聘信息，了解各机构对相关岗位的要求。

任务二：为自己写一份职业规划。

项目四 认识资产评估职业道德及风险规避

刘洋在网上了解到近期证监会对一些资产评估机构及评估师的处罚，也意识到资产评估行业有自己的执业规范和道德准则。他想深入学习这方面内容。

一、资产评估专业人员在执业中应遵循的职业道德

为规范资产评估专业人员职业道德行为，提高资产评估专业人员职业道德素质，

维护资产评估专业人员职业形象，财政部在 2004 年 2 月 25 日发布了财企〔2004〕20 号文，通知发布《资产评估职业道德准则——基本准则》，2017 年财政部根据《中华人民共和国资产评估法》，重新制定并发布了《资产评估基本准则》。在财政部指导下，中国资产评估协会根据《资产评估基本准则》，制定了《资产评估职业道德准则》，自 2017 年 10 月 1 日起施行。

《资产评估职业道德准则》共 7 章 23 条，分别是总则（3 条）、基本遵循（3 条）、专业能力（4 条）、独立性（3 条）、与委托人和其他当事人的关系（5 条）、与其他资产评估机构及资产评估专业人员的关系（3 条）和附则（2 条）。

二、资产评估执业准则

自 2013—2016 年中国资产行业的执业准则有 26 项（不包括专家提示），形成了资产评估行业较为完善的执业规范体系。《资产评估法》颁布实施后，财政部重新制定了《资产评估基本准则》，对资产评估行业的执业准则体系进行全面的修改和完善。截至 2017 年 9 月，中国资产评估协会已完成了《资产评估职业道德准则》《资产评估执业准则——资产评估程序》《资产评估执业准则——资产评估报告》《资产评估执业准则——企业价值》《企业国有资产评估报告指南》等 17 项程序性、实体性准则的修改，并于 2017 年 10 月 1 日起施行。2018 年 10 月中国资产评估协会发布了重新修订的《资产评估执业准则——资产评估报告》《资产评估执业准则——资产评估程序》《资产评估执业准则——资产评估档案》《资产评估执业准则——企业价值》四项准则。2019 年中国资产评估协会发布了三项新准则，分别是：《人民法院委托司法执行财产处置资产评估指导意见》（2019 年 7 月 1 日起施行）、《资产评估执业准则——资产评估方法》（2020 年 3 月 1 日起施行）、《珠宝首饰评估程序指导意见》（2020 年 3 月 1 日起施行）。

三、评估过程中对风险的辨识

一个合格的评估专业人员应该具有辨识、评估风险的能力。在评估操作的整个过程中，评估专业人员必须仔细辨别评估项目中可能存在的风险，这是防范风险的第一步，如果不能正确判断可能存在的风险，便谈不上去防范它。辨识风险就是要正确分析评估项目风险产生的原因。资产评估机构和评估专业人员面临的评估风险大致分两大类：一类为内部风险，风险的存在来自资产评估机构内部，来自资产评估专业人员和评估机构本身；另一类为外部风险，即资产评估专业人员和资产评估机构以外的原因，是由于资产评估与其市场价值紧密相连的特性形成的风险。

（一）内部风险

内部风险主要指资产评估行业的评估机构和资产评估专业人员自身造成的风险。其主要表现在以下几个方面：

1. 资产评估专业人员执业能力的风险

资产评估是专业技术要求较高的行业，它不仅要求资产评估专业人员熟练掌握评估专业知识，还要求资产评估专业人员具备经济、法律、金融、财务、管理、工程等方面的知识。因为资产评估专业人员执业水平的高低，对评估方法、评估原则、评估参数、评估对象及相关因素的选择，评估信息资料真实性的甄别，价格含义的把握等都将影响评估结果的科学性和可接受性，所以资产评估专业人员执业能力和经验的不足将增加执业能力风险。另外，资产评估报告文字叙述不当，用词含糊，定义不清，缺少必要的设定条件，既容易造成委托方误解，也容易引起评估争议。

2. 资产评估专业人员职业道德风险

资产评估是公正性的独立中介服务行业，资产评估专业人员在执业过程中应恪守职业道德，遵循独立、公正、客观的原则。在实际操作中，一方面，一些评估机构和个人为某种利益或其他原因提供虚假报告，导致评估结果失真，对相关利益主体产生影响；另一方面，一些评估机构和人员为取得评估业务，采用不正当的竞争手段，竞相压价，形成恶性竞争，损害行业健康、良性的发展。追根到底，职业道德意识淡薄是职业道德风险产生的主要原因。

3. 资产评估专业人员工作态度的风险

谨慎勤勉的工作态度是资产评估专业人员执业的基本准则。资产评估专业人员在执业中，未能谨慎地审查有关法律文件，未能勤勉地进行项目的实地考察，或对法律、政策等问题未能进行严谨考虑，也是造成执业风险的一个重要原因。

4. 评估机构内部缺乏业务管理的风险

从评估公司角度看，资产评估专业人员执业的风险应主要通过评估公司的管理加以控制。评估公司不能严格有效地控制业务质量、工作程序等方面，如公司的公章被随意使用，公司无统一的评估报告格式，公司没有定期的案例讨论以使资产评估专业人员能够分享项目经验和技巧等，必然会大大增加风险。另外，由于行业垄断，信息资源独享，造成信息资源失真，这也增加了机构的风险。

（二）外部风险

外部风险是指由于资产评估与其资产市场价值紧密相连的特性形成的风险。其主要表现在以下几个方面：

1. 由于资产权属方面缺陷对资产价值产生影响的风险

由于评估对象产权不清晰，产权证明文件不完整、不合法、已过期，或未记录他项权利（委托资产已被质押、抵押、担保等事实），致使评估价值失实，这些都是产权权属方面的缺陷对资产价值产生影响的风险。例如，在实际评估过程中，委托评估对象未经共有权利人的书面同意就单方进行评估；专利权评估中未明确权利范围是否包含许可授权的所有权，就盲目予以评估，评估结果不实，也极易引发风险。

2. 由于政府法律及经济政策的变化产生的风险

税收政策、金融政策、产业政策等政策的变化都会对资产价格产生或高或低的影响。有些政策的变化往往直接影响资产评估参数的选取，如“营改增”政策、“车辆购置税”政策、人民币基准利率的调整等。

而且，国内各地都有各自的地方行政规章制度。产业政策、税收政策、城镇分等定级等，在各地都发挥着很大作用，但是由于地方保护主义的影响，这些地方行政性规章并没有全部被公布，而且随着经济的发展，相关规章的内容往往会很快被修改，资产评估专业人员也无法及时了解最新政策。对地方政策掌握程度有限，就会产生严重高估或低估资产价值的风险。

3. 由于资产评估还未被社会广泛接受和了解所造成的风险

（1）不同评估目的会影响评估结果。因为评估目的的不同，评估依据，评估时应考虑的因素，以及采用的价值标准、评估方法就有可能不同。评估目的也限制了评估报告的用途。而有的评估委托方可能出于节省评估经费等原因，盲目地套用与其用途不相符的报告，就可能造成决策者的判断失误。

（2）行政机关强行参与评估，甚至领导出面“指导”评估，使评估专业人员无所适从，严重影响了评估结论的公正性。

（3）委托方提供虚假情况的风险。虽然我国市场经济已有较大发展，但是一些法规制度尚待完善。在这种情况下，一些利欲熏心的人为达到其不可告人的目的，向资产评估专业人员提供虚假情况，甚至采用违法的手段。如果资产评估专业人员不能发现这些虚假信息和资料，将会出具与事实不符的评估报告。

四、资产评估操作中规避风险的对策

资产评估与变化的市场环境联系在一起，严格地讲，无风险的评估业务是不存在的，要想完全规避风险，一点不受风险的威胁也是不现实的，问题的关键是我们如何最大限度地避免风险的发生。为了规避风险，建议采取以下措施：

1. 健全内部质量控制体系，加强外部监督机制

要有效降低评估风险，还有赖于内部、外部的双重控制和监督。一方面，资产评估机构应建立、健全完善的内部质量控制体系。第一，承接业务要谨慎，一定要对委托目的、范围、要求、时限等进行充分了解、分析，如果客户有特殊要求，更应慎重对待。同时要初步评价、评估风险，选派合适的、能胜任工作的专业人员，这是提高执业质量的关键。第二，在项目实施过程中，一定要遵循执业准则，做到取证充分、适当，底稿完整，记录详尽。第三，一定要建立评估复核制度，复核制度不仅可以及时纠正报告质量上存在的问题，而且可以提升资产评估专业人员的专业水准，从而有效地降低评估风险。此外，资产评估行业主管部门必须加强对行业的统一管理和监督职能，对评估机构和资产评估专业人员做定期和不定期的检查，对发现的违法违纪行

为要坚决查处，促进行业评估工作水平的提高。

2. 提高资产评估专业人员的专业素质

随着改革开放的深入和中国加入 WTO，评估理论、技术在不断完善、更新，需要评估专业人员不断学习新知识、新技术，以满足快速发展的市场要求。一名称职的资产评估专业人员不仅要求熟练掌握评估专业知识，还必须研究与之相关的政治、经济、法律、建筑、财务、外语、社会意识形态、风俗等，以丰富自己的知识层面，处理各种错综复杂的评估项目。此外，随着经济全球化的步伐加快，为尽快与国际评估标准接轨，也需要资产评估专业人员熟悉、学习、借鉴国际评估业所采用的评估方法和技术。资产评估是一门理论与实践相结合的学科，资产评估专业人员需要循序渐进，不断扩大知识面，在实践中丰富自己的头脑，用理论化的头脑指导具体实践。评估机构也应加强这方面的培训工作，譬如评估报告书能够由资产评估专业人员共同讨论出具，并根据实践的发展定期更新；加强业务培训，由有经验的资产评估专业人员定期进行实践技巧的指导；及时对新的政策、法律或案例进行讨论研究，以更新资产评估专业人员的知识结构。资产评估专业人员只有给社会提供高质量、全方位、多层次的专业服务，真正使评估成为科学与艺术的完美结合，才能得到社会的认同，赢得相应的专业地位和尊严。

3. 加强和完善资产评估后续教育和考核

我国要求资产评估专业人员接受一定时间的后续教育。从总体上讲，我国对资产评估专业人员的后续教育还没有成为一种日常性的活动，而且没有实现对资产评估专业人员的定期考核。加强对资产评估专业人员后续教育，强化对资产评估专业人员的定期考核，对于降低由于资产评估专业人员专业能力带来的风险具有极其重要的意义。

4. 强化资产评估专业人员的职业道德意识

一名优秀的资产评估专业人员不仅拥有扎实的理论知识和丰富的实践经验，还应具有良好的职业道德修养。资产评估专业人员即使精通评估理论，有丰富的评估实践经验，但如果没有良好的职业道德，也不会客观公正评估出价值。资产评估行业对评估专业人员从职业道德要求的依据是《资产评估职业道德准则》，但职业道德准则体系有待进一步完善。资产评估协会及资产评估机构应加强自律，制定适合当前国情的切实可行的评估业职业道德规范，树立良好的职业道德风尚，降低职业道德风险。

5. 谨慎执业并尽披露义务

为使资产评估专业人员能够做到谨慎执业，评估协会和有条件的评估公司应建立信息网，尽力收集迅速变化且数目巨大的产权交易信息和规范性文件，从而使资产评估专业人员在执业过程中能够掌握这些信息和文件，避免为客户提供不准确的专业意见。对于评估中难以把握的某些领域，资产评估专业人员有责任向客户披露其不确定性或面临不同后果的可能性。在复杂的业务中，对不确定的问题和不可知的事实情况，出具有条件和有保留的评估咨询意见也是国际惯例中通行的做法，值得我国资产评估专业人员借鉴。

6. 建立资产评估风险防范基金制度

《资产评估法》第二十一条规定："评估机构根据业务需要建立职业风险基金或自愿办理职业责任保险，完善风险防范机制。"资产评估机构建立风险准备金是贯彻执行《资产评估法》的要求，不但有利于合理防范执业风险，而且可以促进评估公司提高规模和水平，积极应对评估市场开放的挑战，提高公信力，扩大行业的社会影响。

另外，利用保险也是转移评估行业风险的一种制度选择。我国内地已有庞大的资产评估专业人员队伍，依据保险的原则，对于保险公司来说，应该是一个具有极大潜力的发展市场。如果建立资产评估风险保险制度，那么对于资产评估专业人员来说是具有督促作用的。如果某些资产评估专业人员经常因工作失误而遭客户索赔，那么保险公司就有可能不再为这些人员提供保险，这些资产评估专业人员就会失去评估市场，丢掉生存的空间。因此，通过评估保险制度，可以不断提高评估专业人员的素质水平，提高整个行业的水平和形象。

五、职业道德与风险规避

职业道德就是在一定的职业生活中应遵循的且具有自身职业特性的道德原则和规范的总和。职业道德规定了人们在自己的职业生活中，必须遵循的一定的道德规范，规定人们"应该"做什么，"不应该"做什么，"应该"怎样做和"不应该"怎样做。也就是说，职业道德从道义上要求人们在其职业生活中以一定的思想、感情、态度、作风和行为去待人接物和完成本职工作。职业道德具有鲜明的行业性、范围的有限性、形式的多样性、稳定的连续性等特点。

资产评估职业道德是指在评估领域因评估活动引起的道德现象以及由此归纳起来的道德理论的总称。由此可知，评估道德和评估活动密切相关，评估道德的特征与评估活动也是密切相关的。评估道德是一种职业道德，因此，它具有职业道德的共同特征。

1.《资产评估职业道德准则》对资产评估专业人员职业道德的基本要求

第四条 资产评估机构及其资产评估专业人员应当诚实守信，勤勉尽责，谨慎从业，坚持独立、客观、公正的原则，不得出具或者签署虚假资产评估报告或者有重大遗漏的资产评估报告。

第五条 资产评估机构及其资产评估专业人员开展资产评估业务，应当遵守法律、行政法规和资产评估准则，履行资产评估委托合同规定的义务。

资产评估机构应当对本机构的资产评估专业人员遵守法律、行政法规和资产评估准则的情况进行监督。

第六条 资产评估机构及其资产评估专业人员应当自觉维护职业形象，不得从事损害职业形象的活动。

2.《资产评估法》中规定的评估专业人员不被允许的行为

第十四条 评估专业人员不得有下列行为：

（一）私自接受委托从事业务、收取费用；

（二）同时在两个以上评估机构从事业务；

（三）采用欺骗、利诱、胁迫，或者贬损、诋毁其他评估专业人员等不正当手段招揽业务；

（四）允许他人以本人名义从事业务，或者冒用他人名义从事业务；

（五）签署本人未承办业务的评估报告；

（六）索要、收受或者变相索要、收受合同约定以外的酬金、财物，或者谋取其他不正当利益；

（七）签署虚假评估报告或者有重大遗漏的评估报告；

（八）违反法律、行政法规的其他行为。

3.《资产评估法》中规定的评估机构不被允许的行为

第二十条 评估机构不得有下列行为：

（一）利用开展业务之便，谋取不正当利益；

（二）允许其他机构以本机构名义开展业务，或者冒用其他机构名义开展业务；

（三）以恶性压价、支付回扣、虚假宣传，或者贬损、诋毁其他评估机构等不正当手段招揽业务；

（四）受理与自身有利害关系的业务；

（五）分别接受利益冲突双方的委托，对同一评估对象进行评估；

（六）出具虚假评估报告或者有重大遗漏的评估报告；

（七）聘用或者指定不符合本法规定的人员从事评估业务；

（八）违反法律、行政法规的其他行为。

任务一：阅读《中华人民共和国资产评估法》，了解资产评估专业人员的权利、义务及不被允许的行为。

任务二：阅读《资产评估基本准则》《资产评估职业道德准则》。

模块二

认知实践

掌握资产评估基本程序要求；掌握各类资产评估中的关键步骤；掌握针对不同评估对象进行评估所需要的资料；掌握资产基础法，并掌握用其评估企业价值的评估说明的撰写要求。

向银行及企业相关债权、债务人发询证函；对应收款项进行账龄分析；正确选择实物资产抽检对象，进行实物资产监盘，并制作盘点记录；协助资产评估师进行固定资产现场勘查，并做好现场勘查记录；进行市场询价，并完整准确记录询价过程和结论；准确无误地填写好资产清查评估明细表；撰写采用资产基础法评估企业价值的各类资产评估技术说明。

项目五　资产评估工作程序

MM 公司拟整体变更为股份公司项目

MM 公司是一家国有控股的电子器材生产、销售企业，主要从事：电子元件、电子材料及电子专用设备的生产、制造、销售；无线电器材和家用电器产品销售；仪器仪表、电子设备、机械设备、机械设施维修，机械加工，电子产品试验检测（以上各项中法律、行政法规、国务院规定禁止的不准经营，须经专项审批的项目未经批准不准经营）。公司于 2003 年成立，2017 年 5 月经某市国资管理部门批准，将整体变更为股份公司。扫描下方二维码，阅读相关资料。

“MM 公司现股权结构表”和“MM 公司的财务状况和经营业绩表”

MM 公司截至 2017 年 6 月 30 日资产总额 95 441 050.00 元，其中流动资产 45 869 270.00 元，非流动资产 49 571 780.00 元；负债总额 55 429 840.00 元，均为流动负债；净资产 40 011 210.00 元。扫描右侧二维码，阅读详细资产负债表。

MM 公司资产负债表

MM 公司的实物资产主要包括：存货、房屋建筑物、构筑物、机器设备、车辆、电子设备、土地使用权。

1）存货主要包括原材料、在产品和产成品。

2）房屋建筑物包括房屋建筑物（8 项）、构筑物（6 项）、管道及沟槽（5 项）。

（1）房屋建筑物主要包括综合办公楼、仓库、泵房、门卫室等（8 项）。

（2）构筑物及其他辅助设施主要包括厂区内的道路、围栏、大门、消防水池等（6 项）。

（3）管道和沟槽主要包括上水、雨水排水、采暖外网等（5 项）。

3）设备类资产包括机器设备、车辆，共计 803 项。

机器设备 796 项，设备均能正常使用。

4）两宗工业用地土地使用权，土地面积分别为 12 498 m^2 和 318 m^2。

A 评估公司通过招标方式获得了该项资产评估业务，其怎样进行评估操作？

资产评估程序是指资产评估专业人员执行资产评估业务所履行的系统性工作步骤。《资产评估法》第四章对评估程序做了规定，《资产评估基本准则》根据《资产评估法》的要求对资产评估机构从事资产评估业务的程序做了规范要求，中国资产评估协会根据《资产评估基本准则》重新修改制定了相应的资产评估程序准则。

一、中国资产评估协会发布的资产评估程序相关准则修改条文对照

扫描下方二维码，阅读相关材料。

《资产评估准则——评估程序》与《资产评估执业准则——资产评估程序》修改条文对照

二、资产评估工作的基本程序

根据《资产评估执业准则——资产评估程序》（中国资产评估协会 2018 年 10 月 30 日发布，2019 年 1 月 1 日起施行）第五条，资产评估机构及其评估专业人员开展资产评估业务，履行下列基本程序：①明确业务基本事项；②订立业务委托合同；③编制资产评估计划；④进行评估现场调查；⑤收集整理评估资料；⑥评定估算形成结论；

⑦编制出具评估报告；⑧整理归集评估档案。

资产评估机构及其资产评估专业人员不得随意减少资产评估基本程序，履行各基本程序的繁简程度应当根据资产评估业务的具体情况以及重要性原则确定。

三、资产评估委托合同内容

《资产评估执业准则——资产评估委托合同》（中国资产评估协会 2017 年 9 月 8 日发布，2017 年 10 月 1 日起施行）第三章第六条规定：

资产评估委托合同通常包括下列内容：

（一）资产评估机构和委托人的名称、住所、联系人及联系方式；

（二）评估目的；

（三）评估对象和评估范围；

（四）评估基准日；

（五）评估报告使用范围；

（六）评估报告提交期限和方式；

（七）评估服务费总额或者支付标准、支付时间及支付方式；

（八）资产评估机构和委托人的其他权利和义务；

（九）违约责任和争议解决；

（十）合同当事人签字或者盖章的时间；

（十一）合同当事人签字或者盖章的地点。

四、《人民法院委托评估工作规范》中相关内容

2018 年 12 月 10 日最高人民法院办公厅、中国资产评估协会、中国土地估价师与土地登记代理人协会、中国房地产估价师与房地产经纪人学会、中国矿业权评估师协会、中国珠宝玉石首饰行业协会发布《关于印发〈人民法院委托评估工作规范〉的通知》（法办〔2018〕273 号）。以上部门联合研究制定了《人民法院委托评估工作规范》（以下简称《工作规范》）并予以发布。

《工作规范》中有关资产评估业务承接、受理及评估过程中的一些程序性问题，整理如下。

1. 评估机构的产生

建立人民法院涉执财产处置司法评估机构名单库，并按评估专业领域和评估机构执业范围设资产、土地、房地产、矿业权、珠宝玉石首饰等名单分库。入库机构由各行业协会（学会）按自行制定的本行业标准推荐。最高人民法院应将入选名单库的评估机构及其评估专业人员的基本信息，以及评估机构在其所属全国性评估行业协会报备的收费标准，在中国执行信息公开网上进行公示。

委托评估的，人民法院应当通知双方当事人在指定期间内从人民法院指定的名单

分库中通过协商或者摇号方式确定三家评估机构并排序，并由最高人民法院在中国执行信息公开网上进行公示。

评估机构确定后，人民法院应当及时通过询价评估系统向排名在前的评估机构发送评估委托书，评估委托书应当附财产清单。

2. 评估机构可以不接受委托的情形

《工作规范》第十四条指出：

评估机构接收人民法院评估委托书后，认为有下列情形之一的，应当在三个工作日内向人民法院说明情况，提出不承接委托评估申请：

（一）其与当事人或者评估财产有利害关系；

（二）已办理注销登记或者被市场监管部门吊销营业执照；

（三）依法不能进行评估的其他情形。

人民法院经审查，认为评估机构申请不承接委托评估的理由成立的，应当在三日内撤回对该评估机构的委托，并另行委托下一顺序的评估机构重新进行评估；认为评估机构申请不承接委托评估的理由不成立的，应当在三日内通知评估机构。

评估机构未在规定期限内向人民法院提出不承接委托评估申请的，视为接受委托。

3. 现场勘查及资料搜集

评估机构接受人民法院委托后要及时确定与评估项目相适应的资产评估师及评估专业人员，并将信息通过系统发送给人民法院。

评估的现场勘查要由人民法院组织进行。

评估所需资料由人民法院提供，《工作规范》在其附件“人民法院委托评估需要提供的材料清单”中列出了“必需材料”和“一般材料”。按照上面“清单”，人民法院未能调取到或实际不存在的，应当在评估委托书中注明。

人民法院未按“清单”提供评估所需全部材料，评估机构认为缺乏上述资料无法进行评估或者影响评估结果的，应当及时告知人民法院。人民法院应当告知当事人，并要求当事人提供材料或材料线索。

当事人不提供或未能提供，以及根据当事人提供的材料线索无法提取到相关材料的，人民法院应当通知评估机构根据现有材料进行评估，并告知当事人因缺乏材料可能影响评估结果的风险。

操作实务一 明确业务基本事项

一、业务洽谈

1. 业务内容

明确业务基本事项主要是通过与委托方就评估项目进行洽谈的方式。评估机构要全面了解委托业务的性质和要求，包括了解委托人、产权持有人和委托人以外的其他资产评估报告使用人基本情况，评估双方就相关经济行为及其背景、评估目的、评估对象和范围、价值类型、评估基准日、资产评估报告使用范围、经济行为审批情况，以及委估资产的分布情况、评估的时间及收费、客户的期望和特别要求等进行商谈，形成评估项目基本情况调查表。具体情况可参照《资产评估执业准则——资产评估程序》第八条内容。

2. 业务执行人

此项工作可能由资产评估机构法定代表人、业务合伙人、部门经理或项目负责人操作。

3. 业务执行应注意问题

（1）应充分了解委托方与相关当事方基本状况及他们之间的关系；一般委托方是被评估企业的股东、投资方、融资银行、债权人、管理层等。第三方委托评估机构一般应事先通知被评估企业（或产权持有者）、资产管理者或征得资产管理者的同意，这是执行评估业务的先决条件。

（2）正确理解，准确诠释评估目的。应尽量细化评估目的和用途，如资产转让、股权转让、企业重组、资产出资、股份经营、抵押担保、债务重组、价值重估，避免用“融资”“重组”等比较笼统的词语作为评估目的。

（3）要求委托人明确资产评估报告的使用人及使用范围。

（4）注意了解有关评估对象权利受限状况和评估过程中的限制条件。

操作任务

任务一：阅读《资产评估执业准则——评估程序》。

任务二：为本节案例项目设计“项目基本情况调查表”。

二、业务分析

1. 业务内容

在了解了评估业务基本事项之后，评估机构及其专业人员要根据评估业务基本事项分析业务中可能存在的风险，并对承接业务的可行性做出判断。由本单位相关规章制度规定的具有决定权的人员决定是否承接评估业务。

2. 业务执行人

一般为公司的管理层。

3. 业务执行应注意问题

（1）本次资产评估的经济行为的合法性；

（2）是否具备资产评估的基本条件；

（3）委托人是否有影响评估结论的具体要求和条件限制；

（4）评估机构是否有足够胜任此次评估任务的专业人员；

（5）是否有影响评估独立性和客观性的其他因素。

三、项目风险评价表参考格式

项目风险评价表参考格式

任务三：为本节案例项目设计“项目风险评价表”。

操作实务二　订立业务委托合同

一、业务内容

资产评估机构及评估人员在上一步骤分析的基础上，如果判断项目为低风险、中度风险但可以采取措施弥补或控制，则可以决定接受该项委托，与委托方签订资产评估委托合同。如判断项目为中度风险但无法弥补或控制，或判断为高风险，应决定不接受该项目。

资产评估委托合同书是界定双方责权范围的具有法律效力的正式文件。《资产评估基本准则》第十一条规定“资产评估机构受理资产评估业务应当与委托人依法订立资产评估委托合同，约定资产评估机构和委托人权利、义务、违约责任和争议解决等内容”。资产评估委托合同书具体内容应符合《资产评估执业准则——资产评估委托合同》的规范要求。

二、业务执行人

资产评估委托合同应当由资产评估机构的法定代表人（或者执行合伙人）签字并加盖资产评估机构印章。

三、业务执行应注意问题

（1）资产评估委托合同书一般由资产评估机构出具制式版本，内容要全面、具体、清晰，首先要遵守《中华人民共和国合同法》的规定，又要符合《资产评估执业准则——资产评估委托合同》的要求。

（2）注意委托方合同签字人是否具备使合同生效的资格。

（3）评估项目执行过程中，当一些评估要素发生变化，或者评估范围发生重大变化时，评估机构相关人员应当与委托方及时协商相关内容，签订补充协议或者重新签订委托合同。

（4）在司法评估项目中的几种情况：

①与一般资产评估项目不同的是法院的司法评估委托书是由法院出具的制式版本，其条款的设计与《资产评估执业准则——资产评估委托合同》的内容不一致。这种情况评估人员应当重点关注评估基本事项与评估委托书载明事项是否存在差异，或是否有遗漏事项，及时与人民法院沟通，并在三日内以书面形式对差异事项或者遗漏事项予以反馈，由人民法院处理。

②司法评估项目第二个特殊性就是没有前期洽谈过程。资产评估机构通过地方协会推荐进入司法评估机构名单库，司法评估项目一般是通过双方当事人协商或摇号方式确定资产评估机构，资产评估机构通过专用系统接收人民法院的评估委托书。

资产评估机构接收人民法院委托后，根据具体情形，确定承接或不承接委托。

评估对象和评估范围、评估基准日、价值类型等评估基本事项也需根据人民法院的评估委托书、财产清单，以及人民法院查明的财产的权属、权益、质量瑕疵等相关资料，才能明确。

③资产评估机构不承接委托的情形。中国资产评估协会 2019 年 5 月 6 日发布的《人民法院委托司法执行财产处置资产评估指导意见》第十一条明确了三种资产评估机构不承接人民法院委托的情形：

（一）资产评估机构及其资产评估师与当事人或者评估财产有利害关系；

（二）资产评估机构已办理注销登记或者被市场监管部门吊销营业执照；

（三）依法不能进行评估的其他情形。

如果出现以上三种情况之一，资产评估机构应当在接收评估委托书后三个工作日内向人民法院说明情况，提出不承接委托评估申请。

任务四：阅读《资产评估执业准则——资产评估委托合同》。

任务五：为此项业务设计一份资产评估委托合同书。

操作实务三　编制资产评估计划

一、项目分析

（一）业务内容

资产评估机构在签订委托合同后应结合项目基本情况，进行项目分析，以便根据项目具体情况合理安排人员，组织好项目的实施。主要包括：

（1）进一步了解企业情况、资产特点及分布情况，对于特殊行业和特殊资产应初步确定评估方法，有针对性地确定资产负债清查评估明细表和资产评估资料清单。

（2）进一步了解项目背景和整体时间安排，消除项目整体实施过程中可能造成的评估工作时间进度、人员安排等的不利影响，与委托方初步协商评估计划。

（3）与审计或其他中介机构进行沟通，建立良好的合作关系，明确分工和信息交换方式。

（二）业务执行人

项目负责人。

（三）业务执行应注意问题

（1）资产评估机构首先要为该项目选派有专业胜任能力的资产评估师作为项目负责人。

（2）项目负责人重点关注企业资产特点、数量、分布情况以及评估的时间要求。

二、编制评估计划

（一）业务内容

对资产评估过程中工作步骤、时间、人力和物力等做出的详尽的规划和安排。评估计划的编制一般包括具体的评估步骤、工作进度安排、专业人员调配、时间安排、费用预算和重点关注事项等内容。

评估计划要详略得当，重大项目要编制评估方案。

（二）业务执行人

资产评估计划一般由项目负责人编制，并由机构负责人审批。

（三）业务执行应注意问题

（1）评估计划的内容应涵盖现场调查、收集评估资料、评定估算、编制和提交评估报告等评估业务实施全过程。

（2）评估计划应尽量做到考虑周全，详略得当，进度合理，分工明确，人员力量配备合适。

（3）计划中涉及影响评估进度、评估费用等问题，应与委托方就相关问题进行洽谈，达成一致，如对外埠资产的清查活动等。

（4）评估计划制订后，项目负责人应根据评估业务实施过程中的情况变化进行必要调整。

任务六：为此项目编制资产评估计划。

操作实务四　进行评估现场调查

一、现场前期准备

（一）业务内容

（1）组成资产评估工作小组。项目负责人根据资产评估计划的安排选派人员组成各类专业小组并指派负责人，以便在分工的基础上进行总体协调工作。

（2）与委托方或被评估企业（产权持有人）指定的项目联系人沟通，要求其先行组织力量搞好委托评估范围的资产清查，清查的结果应该是账账相符、账表相符和账实相符。对资产清查中的盘盈盘亏应按权限作妥善处理。

（3）向委托方或被评估企业（产权持有人）提供资产评估申报明细表样表，供其申报评估范围内的资产；提交评估所需资料清单。

（4）项目组进驻前，项目负责人应根据委托方或被评估企业（产权持有人）提交的资产评估申报明细表情况修订评估计划，并向委托方及被评估单位提出配合评估的工作要求和具体时间计划。

（二）业务执行人

项目负责人及项目组成员。

（三）业务执行应注意问题

（1）从企业获得的资产评估申报明细表，是企业对资产评估范围的一个界定，这个表需要被评估企业盖章确认，即该表需要纸质版，然后由被评估企业加盖公章。如果是企业价值评估，申报表的内容比较多，可以采用装订成册，封面加盖公章，整册加盖骑缝印的方式。

（2）评估人员要注意审查表中的项目是否填列齐全。

（3）企业价值评估中涉及先审计后评估，以审计调整后账面值作为评估申报的账面值。实务中往往是审计和评估同时进行，企业可以先以审计前账面值填写申报表，待审计机构调整过后出具审计报告，再按审计报告调整申报表内容，最后形成资产评估申报明细表并加盖公章。

（4）在企业调整申报表后，资产评估人员应仔细检查调整事项对已形成的评估结论是否产生影响，如有影响，要相应调整评估值。

（5）对于被评估资产所处地域分散或类别复杂、被评估企业数量较多的项目，在项目组进驻前，项目负责人应根据项目特点，派专人指导被评估企业提供资料，了解被评估企业配合人员及其联系方式，必要时对被评估企业进行统一的评估培训。

任务七：熟悉资产评估申报表基本格式、要求（可结合软件）。

二、现场调查

通过现场调查，了解评估范围内资产的实体特征和具体情况，核实委托方、被评估企业（产权持有者）提供资料的可靠性，形成详细记录。

（一）业务内容

（1）了解企业的财务会计制度；

（2）了解企业内部管理制度，重点是企业的资产管理制度；

（3）对企业申报的各项资产的清单进行初审，与有关会计账表进行核对；

（4）对企业申报的各项实物资产进行实地勘察；

（5）对企业申报各项资产的产权资料进行验证，确认其合法性；

（6）对企业申报评估的资产中用于抵押、担保、租赁、诉讼等特殊用途的资产进行专项核查；

（7）清查中发现申报有误的资产、负债，根据清查结果和有关制度进行清查调整；

（8）搜集评估所需的相关资料。

（二）业务执行人

项目组全体人员。

（三）业务执行应注意问题

（1）关注评估对象法律权属，查验相关权属资料。

（2）要求委托方或者被评估企业（产权持有者）以签字、盖章或者其他方式对其提供的评估申报明细表及相关证明材料进行确认。

（3）资产评估人员现场工作的每一个环节都要形成工作底稿（即留痕），包括货币资金盘点表，存货盘点表，各类资产的评估清查表以及主要设备评估工作表（现场勘查表），主要建、构筑物评估工作表（现场勘查表）和其他主要资产评估工作表等。

（4）实物资产抽查盘点记录是反映评估对象存在性、完整性的工作记录，现场勘查记录是反映评估对象品质、使用状况的记录，二者不能互相替代。

（5）对于一般的房屋建筑物、构筑物、管道沟槽、机器设备、车辆、电子设备等固定资产主要是采取外观查验，现场了解使用情况，查阅固定资产使用维修记录等方式勘查。对于重大的或特殊的资产，需要获得技术检测报告，如大型压力容器、飞行器等。

（6）无法或者不宜对评估范围内所有资产、负债等有关内容进行逐项调查的，可以根据重要程度采用抽样等方式进行调查。项目负责人应制订相应的调查方案，明确分类原则、调查对象、工作步骤等内容。

（7）现场调查过程中出现因评估对象和评估业务特殊性而无法在评估对象或评估业务涉及的主要资产所在地进行现场调查，评估人员无法实施资产勘查，或无法取得有效期内的国家质检部门的检测鉴定报告等情形，评估师应根据《资产评估执业准则——资产评估程序》第六条的规定，即“执行资产评估业务，因法律法规规定、客观条件限制，无法或者不能完全履行资产评估基本程序，经采取措施弥补程序缺失，且未对评估结论产生重大影响时，资产评估机构及其资产评估专业人员可以继续开展业务，对评估结论产生重大影响或者无法判断其影响程度的，不得出具资产评估报告”，决定继续执行或中止评估业务。

无法在评估业务涉及主要资产所在地进行现场调查的情形主要有：评估长期投资时不占控股权的被投资单位不配合，不能进现场或获取有关资料；分支机构在境外；系国家安全保密需要等情况。

受到客观条件限制，无法实施资产勘查一般情况主要有：养殖的水产、分期收款发出商品、特殊容器盛放的气体和液体、在海上航行未泊在国内的轮船、地下管网、在有危险地带的资产、军工国防等涉及国家规定保密的企业的生产资料等实物资产、法院查封资产以及其他受限制类资产等。

任务八：为完成本项目评估，需要向委托方、被评估企业（产权持有者）索要哪些资料？编制资料清单。

任务九：列出现场调查重点关注内容，并说明理由。

任务十：阅读《资产评估对象法律权属指导意见》。

操作实务五　收集整理评估资料

现场调查阶段，评估师针对企业（或资产）的具体情况进行调查和了解的同时，收集反映企业（或资产）历史、现状的资料，在此基础上，资产评估师还需要进一步了解、获取与判断评估对象价值相关的其他资料。

一、业务内容

（1）搜集市场调查资料、政府部门的有关规定、相关专业机构的分析报告或文件等评估资料。

（2）对获取的评估资料必须进行核查验证，分析、归纳和整理，形成评定估算和编制资产评估报告的依据。

二、业务执行人

项目组相关人员。

三、业务执行应注意问题

1）资料的形式

评估资料通常可以分为委托人或者其他相关当事人提供的涉及评估对象和评估范围等的资料，包括权属证明、财务信息资料、询证函、银行对账单、对客户的尽职调查记录等；从政府部门、各类专业机构以及市场等渠道获取的其他资料，包括检查记录、政府文件、行业资讯（如彭博资讯系统、路透社交易系统等）、市场询价结果、专家鉴定结果（如专有技术鉴定报告、设备检测报告、各类运输工具的安全检验报告等）、数据分析结果、其他专业人士报告（如审计报告、法律意见书、可行性研究报告、土地估价报告、房地产估价报告、矿产资源储量报告）等。

2）资料的查验方法

核查验证的方式通常包括观察、询问、书面审查、实地调查、查询、函证、复核等。

信息源的可靠性的判断可通过考察如下因素进行：

（1）该渠道过去提供的信息的质量；

（2）该渠道提供信息的动因；

（3）该渠道是否被通常认为是该种信息的合理提供者。

信息资料本身的可靠性可通过参考其他来源查证，必要时也可以进行适当的调查验证。实践中常采用电话询问查证和扩大调查范围的做法。

3）各类信息一定要注明来源渠道、获取时间等内容，对于资料的查验过程要留有书面记录。

4）收集评估资料与现场调查中的资料，在程序上采取了分列的方式说明，但在实际操作中，收集评估资料的工作有可能在现场调查中完成。

5）重要的资料，如产权证明、特许经营权证书、重要批文、重要合同等要核对原件。

6）当权属资料不全面或出现问题时，应要求企业提供说明或承诺。

7）委托人或者其他相关当事人提供的涉及评估对象和评估范围等资料，要求其签字或盖章确认。

8）评估人员应当根据评估业务需要和评估业务实施过程中的情况变化，及时补充评估资料。

任务十一：阅读《资产评估执业准则——资产评估档案》。

任务十二：《资产评估执业准则——利用专家工作及相关报告》。

操作实务六　评定估算形成结论

一、业务内容

（1）评估方法的选择，包括选择评估技术思路、实现评估技术思路的具体方法以及选择技术经济参数。

（2）选取相应的公式和参数进行分析、计算和判断，形成评估结论（参见项目六—项目十）。

二、业务执行人

各专业组负责人。

三、执行业务时应注意问题

（1）评估方法的选取应当与评估目的、评估对象、评估时的市场条件以及评估的价值类型相适应。

（2）评估方法的选取应当考虑评估方法运用所依据数据的质量和数量等影响因素。资产评估师应关注各种评估方法运用的前提条件及方法的适用性和局限性，避免在评估对象不具备合理条件下滥用评估方法的情况。

（3）采用成本法，应当合理确定重置成本和各相关贬值因素（成新率）；采用市场法，应当合理确定可比参照物，并对价值影响因素和交易条件存在的差异作出合理修正；采用收益法，应当对企业未来收益资料进行必要的分析、判断和调整，合理确定收益期和折现率，合理预测未来收益。

（4）切忌按事先设定的评估方法去搜集评估资料。

（5）要说明所选择的方法为什么适用，也要说明其他方法不适用的原因，切忌采用排除法进行方法选择。

（6）评估人员对同一评估对象同时采用多种评估方法的，应当通过综合分析形成合理评估结论。

（7）关注可以采用一种评估方法的情形。中国资产评估协会 2019 年 12 月 4 日发布的《资产评估执业准则——资产评估方法》（2020 年 3 月 1 日起施行）第二十三条，列示了资产评估人员可以采用一种评估方法的几种情形：

第二十三条 当存在下列情形时，资产评估专业人员可以采用一种评估方法：

（一）基于相关法律、行政法规和财政部部门规章的规定可以采用一种评估方法；

（二）由于评估对象仅满足一种评估方法的适用条件而采用一种评估方法；

（三）因操作条件限制而采用一种评估方法。操作条件限制应当是资产评估行业通常的执业方式普遍无法排除的，而不得以个别资产评估机构或者个别资产评估专业人员的操作能力和条件作为判断标准。

（8）在资产评估报告中对披露评估方法选择的理由。《资产评估执业准则——资产评估报告》第二十一条规定："资产评估报告应当说明所选用的评估方法及其理由，因适用性受限或者操作条件受限等原因而选择一种评估方法的，应当在资产评估报告中披露并说明原因。"

《资产评估执业准则——资产评估方法》第二十四条规定："因适用性受限而选择一种评估方法的，应当在资产评估报告中披露其他基本评估方法不适用的原因；因操作条件受限而选择一种评估方法的，应当对所受的操作条件限制进行分析、说明和披露。"

任务十三：阅读《资产评估执业准则——资产评估方法》。

任务十四：复习相关教材中资产评估方法部分内容。

操作实务七　编制出具评估报告

一、业务内容

（1）资产评估报告的编制；

（2）资产评估报告的审核、修改；

（3）资产评估报告的签发。

二、业务执行人

项目负责人、机构质量控制制度确定的报告审核及签发人员。

三、业务执行应注意问题

（1）资产评估专业人员必须特别注意评估报告的表述方式，用语必须清晰、准确，不应引起使用者的误解。

（2）资产评估报告的详略程度可以根据评估对象的复杂程度、委托人要求来确定，但是报告内容必须包括标题及文号、目录、声明、摘要、正文、附件等，国有资产评估报告还包括评估明细表和评估说明。

（3）不能机械地套用评估报告形式，而忽略了所披露信息的充分性和必要性。

（4）不能机械地套用评估报告模板，而忽略了不同项目的差异。

（5）关注《资产评估执业准则——资产评估报告》第七条评估程序受限时的处理。

（6）资产评估报告标题格式为"企业名称+经济行为关键词+评估对象+资产评估报告"。

（7）资产评估报告声明一般性内容可参照《资产评估执业准则——资产评估报告》第十二条或《企业国有资产评估报告指南》第九条撰写，如果评估项目有特殊情况，可增加或细化声明内容，但要注意不要将假设、限制条件与声明内容混淆。

（8）摘要作为报告使用人快速了解评估主要情况和评估报告的主要信息，注意摘要中披露的信息要与正文一致。

（9）当评估项目委托人与被评估企业不一致时，要说明二者关系。

（10）用简明精练的语言表达评估目的，报告中表述的评估目的要与资产评估委托合同书中载明的评估目的一致。

（11）评估依据表述要完整准确，尤其是取价依据一定要标明文件或资料的来源、时间等。依据要写全，评定估算中采用的取价依据都要在这里列出来。

（12）正确使用评估假设。

（13）关注《企业国有资产评估报告指南》与《资产评估执业准则——资产评估报告》中对特别事项条款要求的内容有所不同，前者更细致一些。

任务十五：阅读《资产评估执业准则——资产评估报告》。

任务十六：阅读《企业国有资产评估报告指南》。

操作实务八 整理归集评估档案

一、业务内容

（1）整理归档资料；

（2）审核、装订成册；

（3）上交归档。

二、业务执行人

项目小组成员。

三、业务执行应注意问题

（1）检查可明确双方责任的资料是否盖章；

（2）委托人或相关当事人提供的权属证明、相关说明是否完整；

（3）检查评估报告结果与工作底稿的一致性；

（4）工作底稿和相关资料整理齐全，及时将资料移送至档案管理部门；

（5）对外发出的资产评估报告完整版本应单独作为底稿留存。

任务十七：阅读《资产评估执业准则——资产评估程序》。

任务十八：阅读《资产评估执业准则——资产评估档案》。

任务十九：阅读《资产评估执业准则——资产评估委托合同》。

任务二十：阅读《中华人民共和国资产评估法》，了解其中对资产评估档案管理的有关规定。

项目六　非实物类流动资产及负债评估

ABC 电子器材有限公司拟变更为股份有限公司，评估基准日确定为 2017 年 6 月 30 日，委托诚信资产评估有限公司对其出资的资本进行评估。诚信评估公司为本项目成立了以副总经理为项目负责人的项目组。通过对评估目的、评估对象、价值类型及所搜集的资料的分析，项目组决定采用资产基础法进行评估，并对项目组人员进行了分工。

被评估企业对纳入评估范围的非实物类流动资产及负债进行了申报，并填写了资产评估申报明细表（假设该项目的审计工作已完成，企业的申报表账面值是审定后的账面值）。扫描下方二维码，阅读各项申报表内容。

刘洋负责流动资产及负债项目小组，应怎样实施评估？

ABC 公司各项申报明细表

本部分非实物类流动资产及负债包括企业除存货外的流动资产及负债。通常情况下，这类资产及负债很少单独作为评估对象出现。对非实物类流动资产及负债的评估一般出现在企业价值资产基础法评估中。

一、审计准则关于函证的相关内容

扫描下方二维码，阅读《中国注册会计师审计准则问题解答第 2 号——函证》摘录。

审计准则关于函证的相关内容

二、坏账损失的确认方法

扫描下方二维码，阅读《财政部关于建立健全企业应收款项管理制度的通知》（财企〔2002〕513 号）第四项规定摘录。

坏账损失的确认方法

三、账龄分析法

账龄是指债务人欠账的时间。账龄越长，发生坏账损失的可能性就越大。账龄分析法是按应收账款拖欠时间的长短，分析判断可收回金额和坏账的一种方法。

采用账龄分析法时，将不同账龄的应收账款进行分组，并根据前期坏账实际发生的有关资料，确定各账龄组的估计坏账损失百分比，再将各账龄组的应收账款金额乘以对应的估计坏账损失百分比数，计算出各组的估计坏账损失额之和，即为当期的坏账损失预计金额。

举例如下：

某企业评估时，经核实其应收账款实有金额为 968 000 元，具体发生情况以及确定的坏账损失情况如表 2-1、表 2-2 所示。

表 2-1　应收账款账龄分析表　　单位：元

欠款单位	总金额	其中：未到期	其中：已过期			
			半年	1 年	2 年	3 年及 3 年以上
甲	560 000	300 000	120 000	6 000	134 000	
乙	200 000	50 000	100 000	20 000	30 000	
丙	78 000			18 000	30 000	30 000
丁	130 000			20 000	30 000	80 000
合计	968 000	350 000	220 000	64 000	224 000	110 000

表 2-2　坏账损失计算分析表

账龄	应收金额/元	预计坏账损失率/%	坏账金额/元
未到期	350 000	1	3 500
已过期：半年	220 000	5	11 000
1 年	64 000	10	6 400
2 年	224 000	15	33 600
3 年及 3 年以上	110 000	25	27 500
合计	968 000		82 000

根据表 2-2，应收账款评估值为 968 000－82 000＝886 000（元）。

操作实务一　货币性资产评估

一、业务内容

（一）库存现金评估

1. 获取、核实、分析相关资料

1）获取被评估企业有关库存现金的相关资料，除库存现金评估申报明细表之外，还有现金盘点表。

2）根据被评估企业填报的资产评估申报明细表，与审计报告或结合日记账、总账、报表进行核对，核实其填报情况是否完整准确。

3）复盘库存现金，按不同币种分别填写现金盘点表，并由评估人员、被评估企业主管会计、出纳员共同签字确认。盘点表中说明盘盈、盘亏的原因。

4）对于复盘结果与企业提供盘点表、现金日记账余额、评估基准日申报表中的数据不一致情况，通过查验期间现金收支凭证进行调整分析，编写现金作业分析表，若不能取得一致结果，需要被评估企业提供相关说明。

5）对于充抵库存现金的借条、未做报销的收据和发票等情况，要求被评估企业提供书面的情况说明，并复印有关资料。

2. 评定估算

库存现金一般以核实的账面价值确定评估价值。

（二）银行存款

1. 获取、核实、分析相关资料

1）获取被评估企业有关银行存款的相关资料，除银行存款评估申报明细表之外，还包括银行对账单、银行余额调节表等。

2）根据被评估企业填报的资产评估申报明细表，与审计报告或结合日记账、总账、报表进行核对，核实其填报情况是否完整准确。

3）根据评估基准日银行出具的银行对账单，检查企业会计人员编制的银行存款余额调节表，审查未达账项的真实性，并做好相关记录。

4）向所有开户银行发询证函，核实基准日银行账面余额情况，并对函证情况进行分析。

5）对一年以上的定期存款或限定用途的存款，要查明情况，并进行相应的底稿记录，评估时查明银行利息收入的入账情况。

2. 评定估算

银行存款一般以核实的账面价值确定评估价值。

二、业务执行人

流动资产评估小组成员。

三、业务执行应注意问题

（1）存在大量白条抵库情况，要通过访谈了解企业现金管理制度，形成此情况的原因，要求被评估企业提供书面说明。

（2）银行存款函证包括企业存款账户余额为零的开户银行。

（3）关注银行存款余额调节表中超过一个月的大额未达账项，了解其产生原因、当前状况及处理措施。

（4）函证程序应由评估人员亲自处理，回函直接寄至评估人员手中，或亲自去银行函证。如与注册会计师共同发函，回函可寄至注册会计师处，但评估人员要及时获取该资料。

（5）实务中该项目的审计报告多数是滞后的，资产评估专业人员一方面要求被评估企业按照审计调整后的账面值修改评估申报表；另一方面要关注注册会计师的调整情况，并重新审查评估过程中有无需要修改的事项。

任务一：阅读《企业国有资产评估报告指南》中的“资产评估说明编写指引”。

任务二：根据所给资料编制现金作业分析表。

任务三：作出评估结论并填写资产评估申报明细表（资产评估申报明细表可参考本项目“情景导入”中“ABC公司各项申报明细表”中表格格式）。

任务四：撰写货币资金评估说明。

操作实务二　债权类资产评估

一、业务内容

（一）应收款项（应收账款、其他应收款、预付账款）

1. 获取、核实、分析相关资料

1）获取被评估企业有关应收款项的相关资料，除资产评估申报明细表之外，还包括已经发生坏账项目的书面说明等资料、需函证的债务人的通信资料等。

2）根据企业填报的资产评估申报明细表，与审计报告或明细账、总账、报表进行核对，核实其填报情况是否完整准确。

3）了解企业应收款项内控制度与核算方式，收集大额款项发生的合同、协议等重要资料，并抽查有关会计凭证，做好相应清查核实记录。

4）选择重点明细项目，填写往来款项询证函，实施函证，分析应收款项存在性。根据回函情况，对不相符的项目分析原因，同时适当地实施替代方法，判断其可收回性或预付的账款能否收回相应的货物。

5）对应收款项中涉及法律诉讼的已决、未决事项以及长期潜亏挂账项目、已实际发生的未及时账务处理的费用项目、预付货款收货后退货、货到单未到等情况，填写调查分析表，涉讼事项分析有无资产（负债）。

6）分析判断应收款项有无坏账，对可能产生坏账的款项，查明具体原因并取证，并填写坏账审定表。

2. 评定估算

1）对应收款项实施账龄分析程序，预计坏账损失。

2）查实有无非记账本位币账户，如有，查询评估基准日汇率的中间价，评估价值按照本位币确定。

3）应收账款和其他应收款以核实的账面价值扣除坏账损失（包括已确定的坏账损失和预计可能发生的坏账损失）确定评估价值。对存在性确凿且可以正常收回的款项按照核实的账面价值确定评估价值，坏账准备评估为零。

4）能够收回相应货物的预付账款，按照相应形成的资产或权利确定评估价值。无望收回的购货款项，转入其他应收款评估。

（二）应收票据

1. 获取、核实、分析相关资料

1）获取被评估企业有关应收票据的相关资料，除应收票据评估申报明细表之外，还包括应收票据原始单据、已变现的应收票据登记簿、销售合同等。

2）根据企业提供填报的评估申报明细表，与审计报告或明细账、总账、报表进行核对，核实其填报情况是否完整准确。

3）盘点应收票据，查明票据类别、编号、出票日期、面额、到期日、收款人名称、利息率、付息条件等，收集大额应收票据发生的合同、协议等重要资料，并抽查复印票据原始凭证，做好相应清查核实记录。

4）选择重点明细项目，复印票据存根，分析应收票据存在性。同时履行适当程序，判断其可收回性。复印进账单等凭证。

5）对应收票据中涉及法律诉讼的已决、未决事项等情况，填写调查分析表，并分析有无或有资产（负债）。

6）分析判断应收票据有无坏账，对可能发生坏账的，应查明具体原因，并填写坏账审定表。

2. 评定估算

1）查实有无非记账本位币账户，如有，查询评估基准日汇率的中间价，评估价值按照本位币确定。

2）对于不带息票据以核实的账面价值确定评估价值。对于带息票据可以按评估基准日的本利和计算。

3）如果评估基准日至现场清查日期已经办理贴现，则按应收票据账面值扣除贴现息后的余额作为评估值。

4）对于不能够收回或收回的可能性不大的应收票据，按应收账款评估方法进行评估。

二、业务执行人

流动资产评估小组成员。

三、业务执行应注意问题

1）加强访谈环节。既要通过向财务人员访谈了解应收款项的会计核算方法、坏账准备计提方法，以及应收票据的变现能力及信用程度，又要通过与企业销售人员的访谈了解应收账款的可收回情况。

2）询证函的发放遵循重要性原则，对于账面金额较小，但往来频繁的往来款，也应发放询证函。

3）关注记录不符的函证，也需要注意记录无误的“函证”不能得出“无回收风险”的结论。

4）对发生金额大且时间较长的往来款，要做到逐笔认定。

5）关注是否存在已作抵押的票据和银行退回的票据。

6）关注是否有自评估现场工作日已变现的应收票据，在资产评估报告中要进行说明。

7）确认坏账损失，一定要证据确凿。

8）如有评估增减值，分析评估增减值的原因。

9）评估报告中是否有需要特别说明的事项。

10）关注审计调整事项对资产评估值的影响。

任务五：根据所给资料编制账龄分析表。

任务六：确定债权类资产清查核实方法。

任务七：做出评估结论并填写资产评估明细表。

任务八：撰写债权类资产评估说明。

操作实务三 流动负债评估

一、业务内容

（一）短期借款

1. 获取、核实、分析相关资料

1）获取被评估企业有关短期借款的相关资料，除短期借款评估申报明细表之外，还包括借款合同等。

2）根据企业填报的资产评估申报明细表，与审计报告或明细账、总账、报表进行核对，核实其填报情况是否完整准确。

3）根据借款合同，核实借款条件、借款性质、还款期限，查明借款利率和利息支付情况，并抽查复印合同、协议。

4）抽查借款借入和还款的原始凭证内容是否完整，批准手续是否齐全，并核对相关账户的进出情况，如有与委托人生产经营业务无关的借款事项，查明原因，并做出相应的记录。

5）复核已计借款利息是否正确，如有未记利息，进行相应调整。

6）对未及时归还的逾期贷款，查明原因。

7）函证评估基准日的余额，并对函证情况进行分析，判断其真实性。

8）对替其他单位借贷的款项，查明原因。

9）分析判断有无无须支付项目。

2. 评定估算

1）如果企业短期借款利息采用预提方法，并按照会计制度的规定计入财务费用，则短期借款评估值为经核实后的短期借款金额。

2）如果企业短期借款利息不采用预提方法，则短期借款评估值为评估基准日经核实后的短期借款金额加上借款日至评估基准日期间的应付利息。

（二）应付款项（应付账款、其他应付款、预收账款）

1. 获取、核实、分析相关资料

1）获取被评估企业有关应付款项的相关资料。

2）根据企业填报的资产评估申报明细表，与审计报告或明细账、总账、报表进行核对，核实其填报情况是否完整准确。

3）了解企业应付款项内控制度与核算方式，收集大额应付款项发生的合同、协议等重要资料，并抽查有关会计凭证，做好相应清查核实记录。

4）检查在评估基准日未处理的不相符的购货发票及有材料入库凭证但未收到购货发票的经济业务。

5）选择重点明细项目，填写往来款项询证函，实施函证，分析其存在性。根据回函情况，对不相符的内容，分析其原因；同时适当地实施替代方法，判断其真实性。

6）分析判断应付款项有无无须支付项目，对应付款项中涉及法律诉讼的已决、未决事项，长期未付挂账项目等，做专项调查分析记录，分析涉讼事项中有无或有资产（负债）。

2. 评定估算

1）查实有无非记账本位币账户，如有，查询评估基准日汇率的中间价，评估价值按照本位币确定。

2）以核实无误后账面值作为评估值。

（三）应付票据

1. 获取、核实、分析相关资料

1）获取被评估企业有关应收票据的相关资料，除应付票据评估申报明细表之外，还包括应付票据原始单据、应付票据备查簿等。

2）根据企业填报的资产评估申报明细表，与审计报告或明细账、总账、报表进行核对，核实其填报情况是否完整准确。

3）查明票据类别、编号、出票日期、面额、到期日、收款人名称、利息率、合同交易号、付息条件、抵押品名称、数量、金额等。收集大额应付票据发生的合同、协议等重要资料，并抽查复印票据原始凭证，做好相应清查核实记录。

4）检查“应付票据备查簿”，注意到期已结算票据是否注销。

5）选择重点明细项目，实施函证，分析其存在性。根据回函情况，对不相符的内容分析原因；同时适当实施替代方法，判断其真实性。对已结算票据，记录结算时间、金额等。

6）分析判断应付票据有无无须支付项目，对应付票据中涉及法律诉讼的已决、未决事项等，填写调查分析表，并分析有无或有资产(负债)。

2. 评定估算

1）对于无息应付票据，以票据的票面金额为评估值。

2）对于带息应付票据，以票据的票面金额加上出票日至评估基准日的应付利息为评估值。

二、业务执行人

流动资产评估小组成员。

三、业务执行应注意问题

1）通过访谈和检查借款合同，了解借款的授权批准、放贷银行名称、借款数额、借款条件、有无担保、借款日期、还款期限、借款利率，并与相关会计记录进行核实。

2）检查年末有无到期偿还的借款，逾期借款是否办理了延期手续。

3）关注长期挂账的应付款项，要求企业提供书面说明。

4）关注是否存在无须支付的应付款项，由企业说明依据和理由，评估值为零。

5）关注被评估企业有无漏报、错报票据。

6）关注逾期未付票据的原因，进行记录，并进行必要的披露。

7）如有评估增减值，分析评估增减值的原因。

8）有无需要在评估报告中特别说明的事项。

9）关注审计调整事项对资产评估值的影响。

任务九：阅读《资产评估机构业务质量控制指南》。

任务十：分析往来款项情况，确定流动负债清查核实方法。

任务十一：得出评估结论并填写资产评估申报明细表。

任务十二：撰写流动负债评估说明。

操作实务四　长期借款评估

一、业务内容

1. 获取、核实、分析相关资料

1）获取被评估企业有关长期借款的相关资料，除长期借款评估申报明细表之外，还包括借款合同及担保、抵押合同，抵押物品清单等。

2）根据企业填报的资产评估申报明细表，与审计报告或明细账、总账、报表进行核对，核实其填报情况是否完整准确。

3）核实借款合同、协议以及借款条件、借款性质、还款期限，查明借款利率和利息支出情况。

4）抽查借款借入和还款的原始凭证内容是否完整，批准手续是否齐全，并核对相关账户的进出情况，如有与委托人生产经营业务无关的借款事项，查明原因，并进行相应记录。

5）复核已计借款利息是否正确。

6）对未及时归还的逾期贷款，查明原因。

7）函证评估基准日的余额，并对函证情况进行分析，判断其真实性。

8）对替其他单位借贷的款项，查明原因。

9）分析判断有无无须支付项目。

2. 评定估算

1）查实有无非记账本位币账户，如有，查询评估基准日汇率的中间价，评估价值按照本位币确定。

2）以核实无误后的账面值确定评估值。

二、业务执行人

流动资产评估小组成员。

三、业务执行应注意问题

1）检查年末有无到期偿还的借款，逾期借款是否办理了延期手续。

2）关注企业重大的资产租赁合同，判断被评估企业是否存在资产负债表外融资的现象。

3）关注利率水平、结算方式和结算时间对评估结论的影响。

4）如有评估增减值，分析评估增减值的原因。

5）有无需要评估报告中特别说明的事项。

6）关注审计调整事项对资产评估值的影响。

任务十三：得出评估结论并填写资产评估申报明细表。

任务十四：撰写长期借款评估说明。

项目七　存货评估

ABC 电子器材有限公司拟变更为股份有限公司，评估基准日确定为 2017 年 6 月 30 日，委托诚信资产评估有限公司对其出资的资本进行评估。诚信评估公司为本项目成立了以副总经理为项目负责人的项目组，通过分析评估目的、评估对象、价值类型及所搜集的资料，项目组决定采用资产基础法进行评估，并对项目组人员进行了分工。

被评估企业对纳入评估范围的存货进行了申报，并填写了资产评估申报明细表。扫描下方二维码，阅读系列申报明细表。

刘洋负责存货评估项目小组，应怎样实施评估？

ABC 公司系列申报明细表

一、《中国注册会计师审计准则问题解答第 3 号——存货监盘》摘录

（一）注册会计师在存货监盘中的责任是什么？

定期盘点存货，合理确定存货的数量和状况是被审计单位管理层的责任。实施存货监盘，获取有关存货存在和状况的充分、适当的审计证据，是注册会计师的责任。

除存货的存在和状况外，注册会计师还可能在存货监盘中获取有关存货所有权的部分审计证据。例如，如果注册会计师在监盘中注意到某些存货已经被法院查封，需要考虑被审计单位对这些存货的所有权是否受到了限制。但存货监盘本身并不足以供注册会计师确定存货的所有权，注册会计师可能需要执行其他实质性审计程序以应对所有权认定的相关风险。

在实务中，注册会计师需要恰当区分被审计单位对存货盘点的责任和注册会计师对存货监盘的责任，在执行存货监盘过程中不应协助被审计单位的存货盘点工作。

（二）按照审计准则的要求，在实施存货监盘时注册会计师需要实施哪些审计程序？

1）在存货盘点现场实施监盘（除非不可行）；

2）对期末存货记录实施审计程序，以确定其是否准确反映实际的存货盘点结果。

在存货盘点现场实施监盘时，注册会计师应当实施下列审计程序：

（1）评价管理层用以记录和控制存货盘点结果的指令和程序；

（2）观察管理层制定的盘点程序的执行情况；

（3）检查存货；

（4）执行抽盘。

（三）如果被审计单位存货存放在多个地点，注册会计师在计划监盘程序时需要考虑哪些因素？

注册会计师可以要求被审计单位提供一份完整的存货存放地点清单（包括期末库存量为零的仓库、租赁的仓库，以及第三方代被审计单位保管存货的仓库等），并考虑其完整性。

注册会计师可以考虑执行以下一项或多项审计程序：

（1）询问被审计单位中非管理层非财务部门的人员，如营销人员、仓库人员等，以了解有关存货存放地点的情况；

（2）比较被审计单位不同时期的存货存放地点清单，关注仓库变动情况，以确定是否存在因仓库变动而未将存货纳入盘点范围的情况发生；

（3）检查被审计单位存货的出、入库单，关注是否存在被审计单位尚未告知注册会计师的仓库（如期末库存量为零的仓库）；

（4）检查费用支出明细账和租赁合同，关注被审计单位是否租赁仓库并支付租金，如果有，该仓库是否已包括在被审计单位提供的仓库清单中；

（5）检查被审计单位“固定资产——房屋建筑物”明细清单，了解被审计单位可用于存放存货的房屋建筑物。

在获取完整的存货存放地点清单的基础上，注册会计师可以根据不同地点所存放存货的重要性以及对各个地点与存货相关的重大错报风险的评估结果（例如，注册会计师在以往审计中可能注意到某些地点存在存货相关的错报，因此在本期审计时对其予以特别关注），选择适当的地点进行监盘，并记录选择这些地点的原因。

如果识别出由于舞弊导致的影响存货数量的重大错报风险，注册会计师在检查被审计单位存货记录的基础上，可能决定在不预先通知的情况下对特定存放地点的存货实施监盘，或在同一天对所有存放地点的存货实施监盘。

（四）如果被审计单位在盘点过程中无法停止存货的移动，注册会计师如何处理？

例如，如果被审计单位在盘点过程中无法停止生产，可以考虑在仓库内划分出独立的过渡区域，将预计在盘点期间领用的存货移至过渡区域，将盘点期间办理入库手续的存货暂时存放在过渡区域，以此确保相关存货只被盘点一次。

（五）注册会计师如何监盘特殊类型的存货？

在某些情况下，对于特定类型的存货（例如矿藏、贵金属等），被审计单位可能会聘请外部专业机构协助进行存货盘点。注册会计师可以考虑实施检查外部专业机构的盘点程序表，对其盘点程序和相关控制进行观察，抽盘存货，抽样对其结果执行重新计算，以及对盘点日至财务报表日之间发生的交易执行测试等程序。

必要的情况下，对于特殊类型的存货，注册会计师可能需要专家协助其进行监盘。

（六）对于由第三方保管或控制的存货，注册会计师如何实施审计程序？

（1）向持有被审计单位存货的第三方函证存货的数量和状况；

（2）实施检查或其他适合具体情况的审计程序。其他审计程序可以作为函证的替代程序，也可以作为追加的审计程序。

其他审计程序的示例包括：

（1）实施或安排其他注册会计师实施对第三方的存货监盘（如可行）；

（2）获取其他注册会计师或服务机构注册会计师针对用以保证存货得到恰当盘点和保管的内部控制的适当性而出具的报告；

（3）检查与第三方持有的存货相关的文件记录，如仓储单；

（4）当存货被作为抵押品时，要求其他机构或人员进行确认。

考虑到第三方仅在特定时点执行存货盘点工作，在实务中，注册会计师可以事先考虑实施函证的可行性。如果预期不能通过函证获取相关审计证据，可以事先计划和安排存货监盘等工作。

此外，注册会计师可以考虑由第三方保管存货的商业理由的合理性。

（七）如果被审计单位的存货盘点在财务报表日以外的其他日期进行，注册会计师需要进行哪些补充考虑和测试？

在实务中，注册会计师可以结合盘点日至财务报表日的间隔期的长短、相关内部控制的有效性等因素进行风险评估，设计和执行适当的审计程序。在实质性程序方面，注册会计师可以实施的程序示例包括：

（1）比较盘点日和财务报表日之间的存货信息以识别异常项目，并对其执行适当的审计程序（例如实地查看等）；

（2）对存货周转率或存货销售周转天数等实施实质性分析程序；

（3）对盘点日至财务报表日之间的存货采购和存货销售分别实施双向检查；

（4）测试存货采购和销售的盘点日和财务报表日是否正确。

（八）在实施存货监盘时，注册会计师如何考虑舞弊风险的影响？

注册会计师需要根据具体情况下对于被审计单位与存货数量相关的舞弊风险评估，设计和实施相应的存货监盘审计程序，并恰当应对监盘过程中所识别出的舞弊或舞弊嫌疑。例如，对于注册会计师在监盘过程中注意到，但并未反映在被审计单位存货盘点表上的存货，如果管理层称其为代第三方持有或保管的存货，注册会计师可以通过进一步的审计程序，包括查看与这些存货权属相关的证明文件，向第三方函证等，来评估管理层答复的真实性和合理性，以应对可能存在的这些存货已被确认为销售收入但其相关风险和报酬实际尚未转移的重大错报风险。

（九）注册会计师如何考虑存货监盘程序不可行的情况？

在某些情况下，实施存货监盘是不可行的。这可能是由存货性质和存放地点等因素造成的，例如，存货存放在对注册会计师的安全有威胁的地点。然而，对注册会计师带来不便的一般因素不足以支持注册会计师做出实施存货监盘不可行的决定。

当实施存货监盘不可行时，实施替代程序（如检查盘点日后出售盘点日之前取得或购买的特定存货的文件记录），可能提供有关存货的存在和状况的充分、适当的审计证据。

二、存货浮动抵押和存货质押

1. *存货浮动抵押*

浮动抵押指债务人或者第三人对其现在和将来的全部财产或者部分财产设定的担保。浮动抵押的客体可以是生产设备、原材料、半成品、产成品，后三者——原材料、半成品、产成品——在企业核算中列支在“存货”科目中，因此统称为存货。浮动抵押主要是以存货浮动抵押的方式。

存货浮动抵押是债务人或者第三人将存货作为抵押物向债权人借款，抵押不需要转移存货占有，但应通过登记进行公示，以对抗善意第三人。

浮动抵押一般要求货物变现易监管，比如服装、大马哈鱼等都可以进行浮动抵押。浮动抵押会设定货物重量、件数、货值等的标准。一般抵押权人会派驻监管人员入场，费用由抵押人支付。

2. 存货质押

动产质押是指债务人或者第三人将其动产移交债权人占有，将该动产作为债权的担保。债务人不履行债务时，债权人有权以该动产折价或者以拍卖、变卖该动产的价款优先受偿。债务人或者第三人为出质人，债权人为质权人，移交的动产为质物。动产质押主要是以存货质押的方式。

存货质押是指债务人或者第三人以存货作为质物向债权人借款，为实现质物的转移占有，债权人委托物流企业作为独立第三方，代为监控和储存作为质物的存货。

操作实务一　存货——原材料评估

一、业务内容

1. 获取、核实、分析相关资料

1）获取被评估企业有关存货——外购原材料的相关资料，除存货——原材料评估申报明细表之外，还包括存货——原材料盘点表、仓库台账、卡片账等。

2）根据被评估企业填报的资产评估申报明细表，与审计报告或结合明细账、总账、报表进行核对，核实其填报情况是否完整准确。

3）了解分析存货的构成、分布和企业内部控制管理制度，外购原材料的核算方法。抽查有关存货出入库记录，做好相应清查核实记录。

2. 现场调查

1）获取并检查评估基准日或最近一次的存货盘点记录，评价盘点的可信度。

2）选择重点存货进行抽盘，填写存货盘点表。盘点结果如与账面值存在差异，对于差异原因不正常的，加大抽盘比例或全面盘点。存放方式特殊或存放在异地的，采取其他形式确定存货的存在性，并记录于工作底稿中。

3）对盘盈、盘亏的存货，获得企业有关说明材料及应履行批准程序的相关文件，查明原因并记录。

4）核实有无代他人保存和来料加工的存货，有无未作账务处理而置于他处的存货。

3. 评定估算

1）对正常外购存货，进行市场询价，计算其评估价值。

2）对近期购入的存货，无特殊情况且价格变化不大时，可按核实的账面价值确定评估价值。

3）对于失效、变质、残损、报废、无用的外购原材料，应根据技术鉴定结果和有关凭证，通过分析计算，扣除相应的贬值额后，确定评估值。

二、业务执行人

流动资产评估小组成员。

三、业务执行应注意问题

1）对于存在失效、变质、残损、无用的外购原材料，要求被评估企业提供书面材料说明其价值受影响程度，需要技术鉴定的，应说明鉴定方法及鉴定结论。

2）如果未能对异地存货进行现场勘查，应对异地存货进行函证。

3）关注有无“料到单未到”的情况，如有，应查明是否已暂估入账，其暂估入账价格是否合理。

4）关注是否存在用存货抵押或被债权人监视使用的情况，如存在此等情况，应在评估报告中予以披露。

5）由存货抽查盘点日数量倒推出评估基准日存货数量时，关注期间大额出、入库记录的原始凭证。

6）询价过程要做记录。

7）如有评估增减值，分析评估增减值的原因。

8）有无需要在评估报告中特别说明的事项。

9）关注审计调整事项对资产评估值的影响。

四、原材料评估测算资料

原材料账面价值为 520 428.79 元，共计 153 项。主要为企业生产所需的钽粉、钽丝、外壳等主要材料以及为生产配套的零部配件、包装材料、备品备件等辅助材料。

根据 ABC 公司提供的评估基准日存货盘点表，评估人员对存放在材料库的外购原材料进行了抽查盘点，抽查重点为钽粉、钽丝、外壳等原辅材料。原材料保存情况良好，库龄基本在 1 年以内，实盘数量与账面记载数量相符。

评估人员经过市场调查了解了目前的原材料市场价格，通过对原材料入账成本的核实，确定大部分原材料为近期采购，其价格与评估基准日市场价格变化不大。

任务一：根据所给资料进行存货——原材料评估，编制测算工作底稿。

任务二：填写资产评估申报明细表。

任务三：撰写存货——原材料评估说明。

操作实务二　存货——产成品评估

一、业务内容

1. 获取、核实、分析相关资料

1）获取被评估企业有关存货——产成品的相关资料，除存货——产成品（库存商品）评估申报明细表之外，还包括存货——产成品盘点表、仓库台账及卡片账、产品销售目录等。

2）根据被评估企业填报的资产评估申报明细表，与审计报告或结合明细账、总账、报表进行核对，核实其填报情况是否完整准确。

3）了解分析存货——产成品的市场情况、销售情况以及产品销售利润等情况。抽查有关存货出入库记录，做好相应核实记录。

2. 现场调查

1）获取并检查评估基准日或最近一次的存货盘点记录，评价盘点的可信度。

2）选择重点存货进行抽盘，填写存货盘点表。盘点结果如与账面值存在差异，对于差异原因不正常的，加大抽盘比例或全面盘点。存放方式特殊或在异地存放的存货，采取其他形式确定存货的存在性，并记录于工作底稿中。

3）对盘盈、盘亏的存货，获得企业有关说明材料及应履行批准程序的文件，查明原因并做记录。

4）核实有无代他人保存和来料加工的存货，有无未作账务处理而置于他处的存货。

3. 评定估算

1）采用成本法评估产成品价值时，应关注产成品完工时间与评估基准日的接近程度。

2）采用市场法评估产成品价值时，应关注评估目的对存货价值的影响。

3）委托加工产品与受托加工产品、委托代销商品与受托代销商品，关注结算方式的差异对评估价值的影响。

4）对特殊行业存货，聘请有关专家进行咨询后确定评估价值。

二、业务执行人

流动资产评估小组成员。

三、业务执行应注意问题

1）对于存在失效、变质、残损、无用的产成品，要求被评估企业提供书面材料说明其价值受影响程度，需要技术鉴定的，应说明鉴定方法及鉴定结论。

2）如果未能对异地存货进行现场勘查，应对异地存货进行函证。

3）关注是否存在用存货抵押或被债权人监视使用的情况，如存在此等情况，应在评估报告中予以披露。

4）由存货抽查盘点日数量倒推出评估基准日存货数量时，关注期间大额出、入库记录的原始凭证。

5）如有评估增减值，分析评估增减值的原因。

6）有无需要评估报告中特别说明的事项。

7）关注审计调整事项对资产评估值的影响。

四、产成品评估测算资料

根据ABC公司提供的评估基准日存货盘点表，评估人员对存放在成品库的产成品进行了抽查盘点，产成品保存情况良好，52%的产成品库龄基本在1年以内。

因被评估企业的产品为订单式销售，难以取得市场价格，评估人员通过走访销售部门和查阅销售订单了解其产品销售价格，并基于正常状态产成品在实地盘点倒推基准日实际库存数量，按单位实际售价（不含销项税）乘以数量和扣减系数计算评估单价，以基准日实际库存数量乘以评估单价计算评估值。

单项产成品的评估值计算公式：

单项产成品的评估值＝∑核实后某项商品数量×不含销项税的单位售价×（1－销售费率－销售税金及附加率－销售收入所得税率－适当的净利润率）

通过对该公司2015年、2016年和2017年1—6月损益表相关数据分析计算得出销售费率、销售税金及附加率、所得税税率和净利润率的占营业收入的比例（见表2-3）。

表2-3 各项费率占收入比例表

年度	主营业务收入/万元	销售费用/万元	销售费用率/%	销售税金及附加/万元	销售税金及附加率/%	净利润/万元	利润率/%	所得税/万元	所得税税率/%
	①	②	③=②/①	④	⑤=④/①	⑥	⑦	⑧	⑨=⑧/①
2015	2 918.23	287.66	0.098 6	16.25	0.005 6	86.51	0.029 6	25.18	0.008 6
2016	3 001.01	283.30	0.094 4	17.41	0.005 8	58.72	0.020 2	17.09	0.005 9
2017（1—6月）	1 510.46	143.64	0.095 1	8.16	0.005 4	36.31	0.024 0	10.57	0.007 0
年平均值	2 980.05	286.08	0.096 0	16.66	0.005 6	72.62	0.024 6	21.14	0.007 2

假设本项目产成品实际盘点数与账面数一致。

假设本项目不含税销售价格与申报表中申报单价相同。

销售税金及附加率、所得税税率、扣除适当的净利润率资料见“操作实务三 存货——自制半成品评估”。

任务四：编制存货抽查监盘计划，确定存货抽查对象。

任务五：根据存货——产成品（库存商品）评估申报明细表及前文所给评估测算资料进行存货——产成品评估，编制测算工作底稿。

任务六：填写资产评估申报明细表。

任务七：撰写存货——产成品评估说明。

操作实务三　存货——自制半成品评估

一、业务内容

1. 获取、核实、分析相关资料

1）获取被评估企业有关存货——自制半成品的相关资料，除存货——在产品（自制半成品）评估申报明细表之外，还包括存货——自制半成品盘点表、仓库台账、卡片账等。

2）根据被评估企业填报的资产评估申报明细表，与审计报告或结合明细账、总账、报表进行核对，核实其填报情况是否完整准确。

3）了解分析自制半成品的销售成本费用率及相关税费额或比率的确定方法和数额。抽查有关存货出入库记录，做好相应核实记录。

2. 现场调查

1）获取并检查评估基准日或最近一次的存货盘点记录，评价盘点的可信度。

2）选择重点存货进行抽盘，填写存货盘点表。盘点结果如与账面值存在差异，对于差异原因不正常的，加大抽盘比例或全面盘点。存放方式特殊或存放在异地的，采取其他形式确定存货的存在性，并记录于工作底稿中。

3）对盘盈、盘亏的存货，获得企业有关说明材料及应履行批准程序的相关文件，查明原因并记录。

4）核实有无代他人保存和来料加工的存货，有无未作账务处理而置于他处的存货。

3. 评定估算

正常生产且成本核算正确的在产品，可按其产成品的约当产量确定评估价值。

二、业务执行人

流动资产评估小组成员。

三、业务执行应注意问题

1）对于存在失效、变质、残损、无用的自制半成品，要求被评估企业提供书面材料说明其价值受影响程度，需要技术鉴定的，应说明鉴定方法及鉴定结论。

2）如果未能对异地存货进行现场勘查，应对异地存货进行函证。

3）关注是否存在用存货抵押或被债权人监视使用的情况，如存在此等情况，应在评估报告中予以披露。

4）由存货抽查盘点日数量倒推出评估基准日存货数量时，关注期间大额出、入库记录的原始凭证。

5）如有评估增减值，分析评估增减值的原因。

6）有无需要评估报告中特别说明的事项。

7）关注审计调整事项对资产评估值的影响。

四、钽电解生产线半成品评估测算资料

本项待估的在产品（自制半产品）账面余额为 1 668 345.00 元，未计提存货跌价准备，经核实，在产品（自制半产品）为企业生产流程中的钽电解生产线上的电解电容器，均处于企业生产流程中。根据 ABC 公司提供的评估基准日存货盘点表，评估人员对存放点的在产品（自制半产品）进行了抽查盘点。在产成品实存数量与账面相符，为 2.9 万只。

本次评估以实地盘点数量为基础，对在产品（自制半产品）采用完工率法进行评估，公式为

评估价值＝（产成品单价－销售税金及附加－销售费用－所得税－利润扣除额）×在产品（自制半产品）数量×完工率

根据对市场询价、ABC 有限公司提供的销售发票和销售合同等相关资料的综合分析，得出评估基准日钽电解电容器含税市场价格为 191.30 元/只，不含税市场价格为 163.50 元/只。

完工率：根据 ABC 有限公司提供钽电解生产工艺流程从原料购买、生产加工以及销售所有环节的相关财务资料，确定钽电解电容器的完工率为 50%。

相关资料见表 2-4、表 2-5 和表 2-6。

表 2-4　企业目前需缴纳税收种类

项目	计缴标准/%
增值税	17
城市建设附加税	5
企业所得税	15
教育费附加	3
地方教育费附加	2

表 2-5　历史年度实际税负比率统计表　　单位：万元

	2015 年	2016 年	2017 年 1—6 月
营业收入	2 918.23	3 001.01	1 510.46
营业税金及附加	16.25	17.41	8.16
实际税负比率/%	0.56	0.58	0.54

表 2-6 历史年度期间费用表

单位：万元

项目	2015 年	2016 年	2017 年 1—6 月
销售费用	287.66	283.29	143.64
管理费用	1 115.35	1 051.68	493.65
财务费用	0.35	–5.96	–0.02

营业税金及附加率：按企业历史年度平均值计算。

销售费用率：按企业历史年度平均值计算。

利润扣除率：考虑扣减一定的净利润，确定利润扣除率为 50%。

任务八：根据所给资料进行存货——在产品评估，编制测算工作底稿。

任务九：填写资产评估申报明细表。

任务十：撰写存货——在产品评估说明。

项目八 不动产评估

T 公司拟以其拥有的房地产做投资，评估基准日确定为 2017 年 6 月 30 日，委托诚信资产评估有限公司进行评估。诚信评估公司为本项目成立了以资产评估师刘洋为项目负责人的项目组，T 公司对纳入评估范围的房屋建筑物及土地进行了申报，并填写了资产评估申报明细表。

扫描右侧二维码，阅读相关申报明细表。

刘洋的项目小组应怎样实施评估？

T 公司系列申报明细表

相关知识

一、建（构）筑物耐用年限资料

扫描二维码，阅读建（构）筑物耐用年限资料。

建（构）筑物耐用年限资料

二、成新率确定相关资料

扫描二维码，阅读成新率确定相关资料。

成新率确定相关资料

三、中国资产评估协会发布的资产评估不动产相关准则修改情况对照

扫描二维码，阅读中国资产评估协会发布的资产评估不动产相关准则修改情况。

资产评估不动产相关准则修改情况

操作实务　不动产评估

一、业务内容

1. 获取、核实、分析相关资料

1）获取产权持有者有关不动产的相关资料，除固定资产——房屋建筑物评估申报明细表、固定资产——构筑物评估申报明细表、无形资产——土地使用权评估申报明细表之外，还包括以下内容：

（1）厂区平面图、室外管线图（包括上水、下水、煤气、暖气、蒸汽、电线、电缆等）。

（2）产权证明文件。

（3）房地产开发过程中取得的文件：土地使用证、建设用地规划许可证、建设工程规划许可证、建筑工程施工许可证、商品房预售许可证等。

（4）土地取得文件：土地出让合同、土地使用证、土地抵押合同（如有）。

（5）房屋产权文件：面积测量文件、房屋所有权证（不动产证）、房屋抵押合同（如有）、房屋租赁合同（如有）。

（6）建设工程合法性文件：建设工程核准或备案文件（如需要）、可行性研究报告、设计文件、竣工决算文件。

（7）不动产对外租赁的文件：租赁合同、租金的收取资料。

（8）当地建筑安装定额标准、调差文件。

（9）当地建筑材料参考价格。

2）根据产权持有者填报的资产评估申报明细表，与审计报告（企业价值评估）或结合明细账、总账、报表进行核对，核实其填报情况是否完整准确。

3）全面了解不动产的实物状况、权益状况和区位状况，掌握其主要特征；关注相邻关系、租约限制和其他资产对不动产价值的影响。

4）收集相关规划批准文件，分析查明土地的面积、年限、容积率、权属、性质、用途、取得费用等情况。

5）收集房地产权证、购房合同，查阅与收集总平面布置图、施工图等建筑图纸、工程决算书；查阅土地征用或拆迁补偿合同、土地出让合同、土地使用权证、土地处置方案等文件资料，了解土地使用权权属性质，核查土地款项支付情况，关注其土地权属是否存在瑕疵及其对评估值的影响，其中权属资料要查验原件。

6）对于无权证的土地，收集土地出让合同等资料；对于无权证的房屋，收集规划许可证、建设许可证。上述情况要求企业提供书面说明材料。

7）权利人名称、面积等证载情况与实际不符的房屋，要求企业出具说明，并由具有批准权的相关政府主管部门出具证明。

8）查清不动产有无涉讼事项及抵押、担保事宜，如有，应当收集相关资料，查明原因，并在评估报告中披露。

9）核实其他需要说明的事项。

2. 现场调查

1）根据被评估企业填报的房屋建筑物、构筑物、管道沟槽、土地使用权等申报表，逐项清查其是否真实存在，如存在盘盈、盘亏、毁损、报废、闲置等特殊情形，查明原因，获得企业有关说明材料及批准文件。

2）实地查勘评估对象（主要是位置、四至、交通、配套设施、环境景观、建筑物外观、建筑结构、装修、设备等状况，有无拆除、报废、盘亏、盘盈、闲置建筑物，关注建筑物生产使用环境（如蒸汽、酸、碱）。填写建筑物现场勘查表、宗地状况调查表，并由相关现场勘查人员签字。

3）现场查看，应拍摄现场实物照片；运用市场比较法测算时，还应对比较案例进行实地查看以获得相应的资料。特殊情况下采用抽样等方法进行现场调查的，制订合理的抽样方法，并充分考虑抽样风险；对于处于隐蔽状况或者因客观原因无法进行实地查看的房屋建筑物，采取适当措施加以判断，并在评估报告中予以恰当披露。

4）对于水利工程、码头、桥涵、道路等建筑物，根据其价值特性和资产特点，通过设计概算、工程图纸、竣工决算资料、定额标准等技术资料，结合现场查看情况，了解其结构、工程量、工程费用分摊、建设周期以及收益等情况。

3. 评定估算

1）收集评估值确定的其他依据资料（如当地定额、材料价格、当地基准地价体系、土地收费文件等文件资料）。

2）分析评估方法适用性，选定评估方法，填写评估测算表，进行评定估算。

（1）采用市场法评估的，收集足够的交易实例，收集交易实例的信息一般包括：交易实例的基本状况、成交日期、成交价格、付款方式、交易情况等，对作为参照物的交易实例进行交易情况修正、交易日期修正和不动产状况修正。

（2）采用收益法评估的，了解与分析：

①不动产具有的经济收益或者潜在经济收益、未来收益及风险能够被较准确地预测与量化。

②未来收益是房屋建筑物本身带来的收益。

③未来收益包含有形收益和无形收益。

④评定估算时合理确定收益期限、净收益与折现率。有租约限制的，租约期内的租金宜采用租约所确定的租金，租约期外的租金采用正常客观的租金，并在评估报告中恰当披露租约情况。

（3）采用成本法评估的，估算重置成本时了解与分析：

①重置成本采用客观成本。通常情况下重置成本应采用更新重置成本；当房屋建筑物具有特定历史文化价值时，尽量采用复原重置成本。

②采取房屋建筑物与土地使用权分别估算然后加总的评估方式时，重置成本的相关成本构成在两者之间合理划分或者分摊，避免重复计算或者漏算。

③对房屋建筑物所涉及的土地使用权剩余年限、建筑物经济寿命年限及设施设备的经济寿命年限进行分析判断，合理确定经济寿命年限。

④全面考虑可能引起贬值的主要因素，合理估算各种贬值。确定实体性贬值时，综合考虑房屋建筑物已使用年限、经济寿命年限和土地使用权剩余年限的影响。确定住宅用途房屋建筑物实体性贬值时，考虑土地使用权自动续期的影响。当土地使用权自动续期时，根据房屋建筑物的经济寿命年限确定其贬值额。

（4）采用假设开发法评估的，了解分析：

①假设开发法适用于具有开发和再开发潜力，并且其开发完成后的价值可以合理确定的不动产。

②开发完成后的不动产价值是其开发完成后状况所对应的价值。

③后续开发建设的必要支出和应得利润包括：后续开发成本、管理费用、销售费用、投资利息、销售税金、开发利润和取得待开发不动产的税费等。

④假设开发方式是满足规划条件下的最佳开发利用方式。

⑤如开发完成后对外租赁，有租约限制的，租约期内的租金宜采用租约所确定的租金，租约期外的租金采用正常客观的租金，并在评估报告中恰当披露租约情况。

（5）采用基准地价修正法评估土地使用权价值时，根据被评估宗地的评估结果的含义与基准地价内涵的差异，合理确定调整内容，在土地级别、用途、权益性质等要素一致的情况下，调整内容一般包括交易日期修正、区域因素修正、个别因素修正、使用年期修正和开发程度修正等。

3）不动产评估在符合使用管制要求的情况下进行。对于其使用的限制条件，以有关部门依法规定的用途、面积、高度、建筑密度、容积率、年限等技术指标为依据。

4. 确定评估结论时需考虑的影响因素

1）关注企业经营方式及房地产实际使用方式对被评估资产价值的影响。当房地产存在多种利用方式时，在合法的前提下，以最优利用方式进行评估。

2）考虑其地上建筑物是否存在对所占用土地使用权价值减损的情形。如有，评估土地使用权价值时合理计算该损失金额并加以扣除。

3）结合价值类型，合理设定不动产评估的假设前提和限制条件。

4）关注作为存货的、投资性的和自用的不动产的价值差异影响因素。

5）分析不动产的财务核算方式以及是否存在未结合同和尚未支付款项，明确评估价值内涵与实际的支出、尚未发生的支出之间的关系，避免重复计算或者漏算。

6）关注不动产作为企业资产的组成部分，其评估价值受其对企业贡献程度的影响。

7）对于溢余不动产，考虑其持有目的、收益状况和实现交易的可能性，采用恰当的评估方法，合理确定其评估价值。

二、业务执行人

由资产评估师、建筑工程师（或房地产估价师）、土地估价师等组成的不动产评估小组。

三、业务执行应注意问题

1）准确界定产权持有者拥有不动产评估对象的全部权益还是部分权益。

2）准确界定被评估不动产的财产范围，如是否包含与土建工程安装为一体或者形成紧密关联的机器设备，是否包含房屋建筑物的装修等。

3）关注不动产权属，查看不动产权属证明原件，并复印留存。没有权属证明的，要调查清楚原因，要求委托方或相关当事方对其权属做出承诺或说明。根据评估目的判断是否可以出具资产评估报告。

4）现场勘查是不动产评估程序中最为重要的环节，一般在实务中对于不动产采用的都是逐项勘查的方式，在特殊情况下才使用抽查。

现场勘查记录和照片（影像资料）是证明评估师在现场工作的重要证据。同时现场勘查的评估人员要签字，并注明勘查日期，同时要求产权持有者方面的领勘人员签字确认。

现场勘查不仅仅针对不动产自身进行，对不动产所处区位环境的调查也是很必要的内容。

5）如果采用市场比较法评估不动产价值或采用收益法评估时通过比较法确定租金收益，不仅要获得交易案例的交易价格（租金价格），了解其价值含义，还应对比较案例进行必要的现场调查，并留下照片（影像资料）。要完整记录询价过程，并关注报价（报纸等媒体刊登的价格为报价）与实际成交价格的差别。

6）关注委托方或产权持有人填报的固定资产——建筑物评估申报表中账面价值的价值含义。

（1）不动产在会计中分两大类科目核算，土地使用权是在无形资产科目中核算，其他是在固定资产、在建工程、投资性房地产（一般为“房地合一”）科目中核算。

分开入账的前提条件是房屋建筑物价值与土地价值能够分开。企业自建不动产，通常是先取得土地，后建房，企业将房地分别入账，带厂区的企业房屋属于这种情况。但如果企业购买不动产，产权方出售的价格是“房地合一”价格，购买方就没有必要再将其在土地和房屋建筑物之间进行分配，而直接计入“固定资产——房屋建筑物”账目中，这时房屋建筑物的账面值的价值含义就是房地合一价。

（2）评估的具体路径：一般情况下，对于分开入账的不动产，采用房地分估的方式，分别评估建筑物和土地；对于房地合一入账的，采用房地合估的方式，评估出房地合一的价格。

具体如何处理与评估对象特点及评估基准日市场状况有关。

应注意原来房地分别入账的，如果采用了比较法或收益法评估出房地合一价而不去拆分房屋价值和土地价值，那么在单独评估土地时要将这个建筑物分摊的土地面积进行扣除，以免重复评估。

7）利用其他评估机构出具的评估报告时，对其评估结果进行必要的分析和判断，合理加以利用。

8）如有评估增减值，分析评估增减值的产生原因。

9）评估报告中是否有需要特别说明的事项。

10）核实其他需要说明的事项。

任务一：阅读相关准则、规范

（1）阅读《资产评估执业准则——不动产》；

（2）阅读《投资性房地产评估指导意见》；

（3）阅读《房地产估价规范》；

（4）阅读《城镇土地估价规程》。

任务二：案例操作

案例一　综合办公楼

一、概况

钢筋混凝土结构，层数为 5，建筑面积 10 260 m²，分为车间和办公楼两部分，车间 4 层，办公楼 5 层，内部相通，建于 2001 年。建筑结构：层高 4.2 m。建筑柱距：柱距 6.00 m。房屋抗震烈度：以 7°设防。

结构特征：（1）基础：钢筋混凝土独立基础；（2）承重结构：钢筋砼框架柱，钢筋砼框架梁，钢筋砼现浇板；（3）屋面：卷材防水保温屋面，屋面有组织排水；（4）门窗：外门为白钢地弹门，内门为普通木门，窗为塑钢窗；（5）地面：车间、走廊、楼梯地砖地面，办公室室内地板地面；（6）内外装饰：内墙刮大白，外墙墙体为白色瓷砖贴面、部分蓝色玻璃幕，车间铝合金隔断及塑钢隔断，办公区矿棉板吊顶，楼梯白钢扶手。

安装工程：（1）给排水：车间内有上下水管道，上下水管为焊接钢管；（2）动力及照明：车间内线路采用暗敷设，照明为普通白炽照明，设动力分线路及动力配电柜接各动力设备及照明设备；（3） 采暖：普通散热器；（4）电梯：货运电梯一部；（5）通风及空调：车间及办公室配有多台立式空调及壁挂式空调。

二、成本法操作过程

（一）重置成本资料

1. 前期工程费

前期工程费主要包括开发项目前期市场调查、可行性研究、环境影响评价、建设工程招投标、施工的“三通一平”及临时用房等。勘查设计费主要包括工程勘查、规划及建筑设计等。本次评估确定评估对象的前期工程费为 70 元/m²。

2. 建筑安装工程费

根据该房屋的实体特征及委托方经审定的分部分项工程量，以 2016 年《T 省建筑工程计价定额》《T 省装饰工程计价定额》《T 省安装工程计价定额》为基础确定其相关分部分项工程直接费，按照 2016 年《T 省建筑安装工程费用定额》所规定的工程造价计算程序及费率标准，参考《T 省工程造价》、“T 省工程造价信息网”等反映评估基准日 I 市建筑市场人工、材料等价格信息资料，计算该房屋的分部分项工程造价，汇总后得出其建筑安装工程造价为 19 235 241.47 元。

3. 基础设施建设费

该费用主要包括城市规划要求配套的道路、给水、排水、电力、通信、燃气、供热等设施的建设费用。根据评估人员的市场调研，本次评估确定评估对象的基础设施建设费为 120 元/m^2。

4. 公共配套设施建设费

该费用包括城市规划要求配套的教育（如幼儿园）、医疗卫生（如医院）、文化体育（如文化活动中心）、社区服务（如居委会）、市政公用（如公共厕所）等非营业性设施的建设费用。考虑到委估物业为工业物业，厂区内的物业均已办理房屋所有权证，且厂区内不存在以上配套设施，故本次评估确定公共配套设施建设费为 0 元。

5. 开发期间税费及其他工程费

该费用包括有关税收和地方政府或其他有关部门收取的费用以及工程监理费、工程检测费、竣工验收费等。根据评估人员对当地市场调查及相关部门文件，确定该费用为 80 元/m^2。

房屋开发成本主要为前期工程费、建筑安装工程费、基础设施建设费、公共配套设施建设费、税费及其他费用之和。

6. 管理费用

根据 T 省有关文件及当地的有关规定，管理费用取前两项费用之和的 1%。

7. 资金成本

根据待估房屋建筑物所在企业的投资项目特点及建筑规模，评估人员核定其合理建设工期为 1 年，选取评估基准日有效的相应期限贷款利率 4.85%，并假设投资建设资金均匀投入，计算其资金成本。

8. 销售费用

销售费用是指房地产在销售过程中所发生的费用，有广告费、销售佣金、代销手续费等，考虑估价对象的规模和市场状况，该费用取房屋价值（即房屋重置成本）的 2%。

9. 投资利润

根据开发建设类似房屋应有的平均利润水平计算，以房屋重置价格为基数，确定该类房屋销售利润为 15%。

10. 销售税金

不动产在转让过程中应缴纳的税金主要为增值税、城市维护建设税和教育费附加，此项目可以选择适用简易计税方法按照 5%的征收率计算增值税，城市维护建设税取增值税的 5%，教育费附加取增值税的 3%，地方教育附加取增值税的 2%。合计税率为 5.5%。

任务二的操作要求：

要求一：根据案例说明，计算重置成本并形成计算工作底稿。

（二）综合成新率资料

1. 使用年限

该钢混结构综合楼，部分为办公用途，部分为生产用房，参照《资产评估常用数据与参数手册》相关资料，钢混结构生产用房的经济寿命年限为 50 年。至此次评估基准日，被评估房屋已使用 14 年。

2. 现场勘查打分情况

房屋建筑物现场记录及分数评定如表 2-7 所示。

表 2-7　房屋建筑物现场记录及分数评定表

分项		评定依据	标准分	分数
结构	基础	有足够承载能力，无不均匀下沉	25	23
	承重构件	无变形、裂缝	25	22
	非承重构件	平整完好、无倾斜	15	13
	屋面	完好平整，不渗漏，稍有破损	20	17
	楼地面	整体面层平整牢固，稍有裂缝、起砂	15	12
	小计			87
装饰	门窗	完好无损，开关灵活，个别零件不灵活	25	20
	外粉饰	完整，粘贴牢固，无空鼓、裂缝，稍有破损	20	13
	内粉饰	稍有空鼓、裂缝	20	16
	顶棚	无明显变形、下垂，稍有裂缝	20	16
	细木装修	稍有松动、残缺	15	12
	小计			77
设备	水卫	上下水通畅、无锈蚀，器具基本完好	40	32
	电照	线路、装置完好，绝缘良好	25	20
	暖气	设备、管道完好，无堵、冒滴，使用正常	35	25
	小计			77

说明：按年限法和打分法分别 40%和 60%的权重比例计算被评估房屋的综合成新率。

任务二的操作要求：

要求二：根据案例说明计算综合成新率并形成计算工作底稿。

要求三：计算该房屋建筑物评估值。

案例二　铁西镇商住楼 1—2 层网点 6 号门

一、概况

本次评估房地产位于铁西镇商住楼 1—2 层网点 6 号门，永房权证铁西镇字第 3-4124 号，建筑面积 182.33 m^2，土地使用权面积 51.95 m^2。混合结构多层营业用房，建成年份为 2014 年，总层数 6 层，所在层数为 1—2 层，层高为 2.8 m；建筑面积为 182.33 m^2；通风采光良好。双开金属玻璃进户门，室内采用地砖铺设地面，集成顶棚，日光灯照明。水卫、电照、暖气设施齐全，使用及维护情况良好，房屋完损等级为完好房。

土地使用权人：T 公司。土地使用权证号：T 国用（2013）第××36 号。使用权面积 52 m^2。地类（用途）：商业用地。使用权类型：出让。终止日期：2053 年 8 月 11 日。

被评估房地产位于铁西镇商住楼 1—2 层网点 6 号门，东邻过道，南邻过道，西邻双黄岔线，北邻过道。周边有多路客车途经此处，各类型车辆出入便利，无特殊性交通管制情况，停车方便程度较好，交通便利。周边邻近中国农业银行、铁西文化大院等，区域内商业气氛较好，城市基础设施及生活配套设施完善。

二、市场比较法资料

比较案例相关资料

（一）选取比较案例

扫描二维码，阅读比较案例相关资料。

（二）建立比较基础

（1）统一财产范围：通过评估师的调查，比较案例与评估对象的财产范围相同。

（2）统一付款方式：通过资产评估师的调查，评估对象与比较案例均为一次性付全款。

（3）统一融资条件：通过评估师的调查，评估对象与比较案例 A、B、C 均属正常融资。

（4）统一税费负担：通过评估师的调查，估价对象与比较案例均为二级市场正常成交。

（5）统一计价单位：评估对象与比较案例均为人民币结算计量单位为元、建筑面积计量单位为 m^2。

（三）确定修正系数

交易情况修正：所选的比较案例交易情况正常，故不需要进行交易情况修正。

进行市场状况调整：所选比较案例的交易日期距评估基准日较近，在此期间房地产价格比较平稳，故不需要进行交易日期修正。

进行房地产状况调整：房地产状况可以分为区位、权益和实物三大方面，从而房地产状况调整可分为区位状况调整、权益状况调整和实物状况调整，见表 2-8。

表 2-8　评估对象及比较案例因素条件修正指数表

比较因素内容			估价对象	比较案例 A	比较案例 B	比较案例 C
交易情况			100	100	100	100
市场状况（交易时间）			100	100	100	100
房地产状况	区位状况	公共服务设施完备程度				
		基础设施完备程度				
		公共交通便捷度				
		繁华程度				
		区域位置				
		楼　层				
		临街状况				

续表

比较因素内容			估价对象	比较案例 A	比较案例 B	比较案例 C
房地产状况	权益状况	土地使用权类型				
		用途				
		规划限制条件				
	实物状况	物业管理				
		建筑面积/m^2				
		建筑结构				
		设施设备				
		装饰装修				
		空间布局				
		建筑功能				
		建筑外观				
		新旧程度				

（四）编制比较案例价格测算表

经以上分析确定，根据比较法中的直接比较修正求取比较价值。公式为

比较价值 = 比较案例成交价格 × 交易情况修正系数 × 市场状况调整系数 × 房地产状况调整系数

评估对象比较价值测算如表 2-9 所示。

表 2-9　评估对象比较价值测算表

	比较案例 A	比较案例 B	比较案例 C
成交价格/(元/m^2)	5 760.00	5 770.00	5 922.00
交易情况修正系数			
市场状况调整系数			
房地产状况调整系数			
比较价格/(元/m^2)			

（五）评估值的确定

因三个比较案例与评估对象属同一市场范围内，面积、用途、交易日期等与估价对象相似或接近，实例取得客观，测算参数合理，测算得到的比较价值相差在 20%以内，故根据市场法采用简单算术平均测算得出评估对象评估价值。

注：此价格为房地合一价值，其中包含分摊土地使用权价值。

任务二的操作要求：

要求四：根据案例说明，填列上述表格形成市场法计算工作底稿。

要求五：计算该房地产评估值。

案例三 土地使用权评估

一、土地使用权概况

宗地位置：I 市高新开发区；

宗地面积：12 500 m^2；

土地用途：工业用地；

临街状况：临立信街、立创街、新创路；

宗地形状：规则；

地势条件：地势较平坦；

地质条件：地质条件较好，地基承载力较强；

容积率：小于 1；

宗地内开发程度：宗地内"六通一平"（通上水、通下水、通电、通燃气、通讯、通路、场地平整）。上述各项配套设施保障程度均达到 95%以上，宗地内路面平整。

待估宗地的土地所有权属于国家，T 公司以出让方式获得国有土地使用权。在评估基准日，待估宗地无抵押等他项权利事项。

地上建有 4 栋房屋建筑物，用途为综合办公楼、车库、库房、泵房及门卫，总建筑面积为 11 969 m^2。宗地内上下水、供电、通讯等配套设施齐全，建筑物日常维护较好。

二、地价定义

地价定义设定条件如表 2-10 所示。

表 2-10 地价定义设定条件一览表

宗地编号	土地登记用途	评估设定用途	评估期日的实际开发程度	评估设定开发程度	评估设定土地使用年限/年	土地使用权价格权利设定
宗地 1	工业用地	工业用地	宗地红线外"七通"及宗地红线内"六通"	宗地红线外"七通"及宗地红线内土地平整	39	出让

三、市场比较法资料

（一）比较案例选择

案例 A：东至超越大街，西至高新丙十五街，南至红忠钢材，北至高新储备用地。电子监管号为******B17247，出让时间 2014 年 7 月 31 日，地块出让面积为 29 595 m^2，用途工业，出让年限为 50 年，宗地内开发程度为"三通一平"，单价 385 元/m^2。

案例 B：东至英利汽车，西至空地，南至丙二十街，北至空地。电子监管号为******B17273，出让时间 2014 年 7 月 31 日，地块出让面积为 19 312 m^2，用途工业，出让年限为 50 年，宗地内开发程度为“三通一平”，单价 388 元/m^2。

案例 C：位于高新区东至乙三街，西至项目用地，南至乙六路，北至项目用地，电子监管号******B17227，出让时间 2014 年 7 月 31 日，地块出让面积为 22 653 m^2，用途工业，出让年限为 50 年，宗地内开发程度为“三通一平”，单价 384 元/m^2。

（二）比较因素的选择

扫描二维码并阅读。

比较因素的选择

（三）编制比较因素条件指数表

比较因素条件指数如表 2-11 所示。

表 2-11　比较因素条件指数表

待估宗地及比较案例 / 比较因素		待估宗地	案例 A	案例 B	案例 C
位置		高新开发区立信街 215 号	东至超越大街，西至高新丙十五街，南至红忠钢材，北至高新储备用地	东至英利汽车，西至空地，南至丙二十街，北至空地	高新区东至乙三街，西至项目用地，南至乙六路，北至项目用地
交易价格/元		待估	385	388	384
土地用途		100	100	100	100
交易时间		100	100	100	100
交易情况		100	100	100	100
交易类型		100	100	100	100
土地级别		100	100	100	100
价格年期					
区域因素	交通便捷度				
	道路通达度				
	对外交通便利度				
	公用基础设施完善度				
	环境优劣度				
	区域产业聚集度				
	临街状况				
	宗地形状				
	地形条件				
	宗地面积				
	宗地内开发程度				
	宗地周围土地利用类型				
	规划限制				

1. 因素修正说明

（1）交通便捷度：分为便捷、较便捷、一般、差四个等级，以待估宗地交通便捷度为 100，每上升或下降一个等级，指数上升或下降 2.5%。

（2）道路通达度：分为通达、较通达、一般、不通达四个等级，以待估宗地道路通达度为 100，每上升或下降一个等级，指数上升或下降 3%。

（3）对外交通便捷度：分为便利、较便利、一般、不便利四个等级，以待估宗地对外交通便捷度为 100，每上升或下降一个等级，指数上升或下降 3%。

（4）公用基础设施完善度：分为完善、较完善、不完善三个等级，以待估宗地公用基础设施完善度为 100，每上升或下降一个等级，指数上升或下降 5%。

（5）环境优劣度：分为严重污染、较重污染、有一定污染、轻微污染、无污染五个等级，以待估宗地环境优劣度为 100，每上升或下降一个等级，指数上升或下降 2%。

（6）区域产业聚集度：分为低、较低、一般、较高、高五个等级，以待估宗地指数为 100，每上升或下降一个等级，指数上升或下降 2.5%。

（7）临街状况：分为一面临街、两面临街、三面临街，以待估宗地指数为 100，每增加或减少临街数，条件指数上升或下降 3%。

（8）宗地形状：分为不规则、较规则、规则三等级，以待估宗地指数为 100，每上升或下降一个等级，指数上升或下降 0.5%。

（9）地形：分为山坡地（或不平坦）、较平坦、平坦三个等级，以待估宗地指数为 100，每上升或下降一个等级，指数上升或下降 1%。

（10）面积：分为 10 000 m^2 以下，10 000～20 000 m^2、20 000～30 000 m^2、30 000～40 000 m^2，40 000 m^2 以上五个级别，以待估宗地指数为 100，每上升或下降一个等级，指数上升或下降 1%。

（11）宗地内外开发程度：分为宗地内“七通一平”“六通一平”“五通一平”“四通一平”“三通一平”五个级别，以待估宗地级别的指数为 100，每上升或下降一个等级，指数上升或下降 2.5%。

（12）周围土地利用类型：分为工业、住宅工业、商业工业三个级别，以待估宗地指数为 100，每上升或下降一个等级，指数上升或下降 4%。

（13）规划限制：分为有较大限制、有一定限制、无限制三个等级，以待估宗地指数为 100，每上升或下降一个等级，指数上升或下降 2%。

2. 土地使用年限修正系数

土地使用年限修正系数公式为

$$K=\frac{1-1/(1+r)^{n}}{1-1/(1+r)^{m}}$$

式中，K——使用年限修正系数；

r——土地还原利率 8%；

n——待估宗地使用权年期；

m——比较案例宗地土地使用年限。

（四）编制比较因素修正系数表

比较因素修正系数如表 2-12 所示。

表 2-12 比较因素修正系数表

待估宗地及比较案例 / 比较因素		案例 A	案例 B	案例 C
位置		东至超越大街，西至高新丙十五街，南至红忠钢材，北至高新储备用地	东至英利汽车，西至空地，南至丙二十街，北至空地	高新区东至乙三街，西至项目用地，南至乙六路，北至项目用地
交易价格/(元/m²)		385	388	384
土地用途		100/100	100/100	100/100
交易时间		100/100	100/100	100/100
交易情况		100/100	100/100	100/100
交易类型		100/100	100/100	100/100
土地级别		100/100	100/100	100/100
价格年期				
区域因素	交通便捷度			
	道路通达度			
	对外交通便利度			
	公用基础设施完善度			
	环境优劣度			
	区域产业聚集度			
个别因素	宗地内外开发程度			
	临街状况			
	宗地形状			
	地形条件			
	宗地面积			
	周围土地利用类型			
	规划限制			
修正系数				
比较价格/(元/m²)				

评估师针对上述案例 A、B、C 进行综合分析，结合评估基准日工业用地市场价格和本次评估对象的实际综合情况。由于比较案例与评估对象处于同一供求圈，替代性较强，并且均反映了评估对象区域内类似地块的市场价格。故最终取三个比准价格的简单算术平均值作为最终比较价格。

任务二的操作要求：

要求六：根据案例说明，填列上述表格形成市场法计算工作底稿。

要求七：说明市场比较法评估结果。

四、成本逼近法资料

（一）土地取得费及相关税费的确定

1. 土地补偿费、安置补助费

根据I市人民政府文件（I府发〔2010〕8号）《I市人民政府关于公布实施I市市区征地区片综合地价的通知》，本次公布的征地区片综合地价是指征收农村集体土地时发生的土地补偿费、安置补助费两项费用之和。本次评估土地征地区片综合地价为一类区160元/m^2。即土地补偿费和安置补助费和为160元/m^2。其中土地补偿费占30%，安置补助费占70%。

2. 青苗及地上物补偿费、新菜田开发建设基金

根据《T省土地管理条例（修订）》第二十七条规定："被征用土地的青苗补偿费按一个栽培期产值计算。"评估人员的现场调查，待估宗地类似区域为菜田，根据I市人民政府文件（I府发〔2010〕8号）《I市人民政府关于公布实施I市市区征地区片综合地价的通知》，被征收土地上有青苗的，菜地上的青苗按照3.5元/m^{2}给予补偿；新菜田建设基金按照单位年产值（3.5元/m^2）的15倍计算。

3. 防洪基础设施建设基金

根据T省人民政府令第105号《T省防洪基础设施建设资金征收使用办法》第七条："非农业建设征用土地的单位和个人，按征地面积，菜田1.80元/m^2、水田1.50元/m^2、其他土地1.20元/m^{2}计征。"评估宗地为菜田，即1.80元/m^2。

4. 耕地占用税

根据I市人民政府文件（I府发〔2009〕9号）《I市人民政府关于调整城区耕地占用税单位税额的通知》，占用耕地等级在六级及六级以上的，单位税额为45元/m^2。此次评估确定为45元/m^2。

5. 用地管理费

根据T省价房涉字〔1997〕3号《关于公布土地系统管理收费项目及标准的通知》，I市土地管理费按1元/m^{2}计收。

6. 征地管理费

本次评估设定征地采用全包方式，因此按照T省物价局、财政厅关于降低征地管理费标准的通知（T省价经字〔2001〕19号）的规定，征用耕地1 000亩以下，征地管理费按征地费总额的2.8%收取。

（二）确定土地开发费

通过对评估宗地开发程度的调查与分析，宗地红线外的开发程度达到"七通"（通路、通电、通讯、通上水、通下水、通暖、通燃气），宗地红线内"六通"（通路、通电、通讯、供水、排水、通暖），且均土地平整。调查评估宗地所在区域类似开发费用，

此次评估宗地土地开发费用取 160 元/m²。

（三）投资利息

本项评估开发周期设定为一年。土地取得费及相关税费为一次性投入，土地开发费在整个开发期内均匀投入，计息期为一年。投资利息率按基准日中国人民银行公布的一年期贷款利息率 4.85%计。

（四）投资利润

考虑到待估宗地土地开发投资的实际情况，评估人员以资金投资回报率 10%作为该项目的土地开发利润率。

（五）土地增值收益

高新开发区工业用地土地增值收益率一般为 10%～30%，考虑评估宗地所在区域开发程度并结合企业的实际情况，确定土地增值收益按土地成本价格的 15%计。

（六）年期修正

根据 I 府发〔2006〕10 号《I 市人民政府关于公布 I 市基准地价等土地价格的通知》，确定土地还原利率取 8%。至评估基准日，土地剩余使用年限为 39 年，计算年期修正系数。

（七）区域因素和个别因素修正

根据评估宗地所处的位置、临街状况、开发程度等，综合确定区域因素和个别因素修正系数和为 0.03，见表 2-13。

表 2-13　待估宗地各因素修正系数表

影响因素	具体状况	修正系数
宗地边界与高一级别边界最短直线距离/m	≥200	0.04
道路功能及通达条件因素	临街，不临干道	0.00
公共交通条件（距离宗地 100 m 范围内）	有 1 个公交站点	0.00
周围土地利用类型	工业、住宅为主	0.02
宗地面积/m²	10 000＜•≤ 20 000	0.00
建筑容积率	0.9～1.0	0.00
土地开发程度	“六通一平”	–0.03
土地利用方向	工业	0.00
合计		0.03

任务二的操作要求：

要求七：根据上述资料，计算土地取得费并形成计算工作底稿。

要求八：根据上述资料，计算无限年期土地价格，进行年期修正，计算单位面积地价，计算修正后宗地成本法评估值。

要求九：采用算术平均法计算该宗土地使用权价值。

要求十：形成土地使用权评估计算工作底稿。

项目九 机器设备类资产评估

T 公司拟以其拥有的部分机器设备做贷款抵押，评估基准日确定为 2017 年 6 月 30 日，委托诚信资产评估有限公司进行评估。诚信评估公司为本项目成立了以资产评估师刘洋为项目负责人的项目组。

T 公司对纳入评估范围的机器设备进行了申报，并填写了资产评估申报明细表。

扫描二维码，阅读相关申报明细表。

刘洋的项目小组，应怎样实施评估？

固定资产——机器设备评估申报明细表

一、设备耐用年限资料

扫描二维码，阅读相关内容。

设备耐用年限资料

二、设备运杂费及安装调试费

扫描二维码，阅读相关内容。

设备运杂费及安装调试费

三、中国资产评估协会发布的资产评估机器设备相关准则修改情况对照

扫描二维码，阅读相关内容。

中国资产评估协会发布的资产评估机器设备相关准则修改情况对照

操作实务　机器设备类资产评估

一、业务内容

1. 获取、核实、分析相关资料

1）获取产权持有者有关机器设备的相关资料，除固定资产——机器设备评估申报明细表之外，还包括反映资产权属、购建、维护管理、运行状态、收益状况的相关资料。一般包括：

（1）国产设备的购货发票、订购合同、安装验收、付款凭证；

（2）进口设备的合同、报关单、装箱单、安装竣工验收、付款凭证；

（3）融资租赁设备的租赁合同、付款情况；

（4）经营租赁设备的租赁合同；

（5）设备工艺流程图及说明；

（6）设备安装位置示意图（平面布置图）；

（7）评估基准日设备盘点表、设备台账；

（8）设备档案（运行记录、事故记录、维修保养情况）；

（9）设备大修、技改资料（次数、时间、费用）；

（10）重要设备安装工程竣工资料；

（11）重要设备设计及使用说明书；

（12）重大设备（如船舶）或者设备组合（生产线）历史收益状况资料；

（13）对被评估设备权属的承诺。

2）根据产权持有者填报的资产评估申报明细表，结合明细账、总账、报表进行核对，核实其填报情况是否完整准确。

3）了解机器设备的概况。机器设备种类、数量较多的项目，可采用 ABC 分类法对机器设备进行 ABC 分类，按重要性原则确定现场勘查方式。

4）查阅和收集主要机器设备购买合同及发票、进口设备报关单及商检报告、运输设备车辆行驶证、设备安装合同、技术（使用）说明书、锅炉及电梯等特种设备近期年检记录、技术档案、检测报告、运行记录等资料，其中权属资料须查验原件。相关文件核对后复印留档。

5）无法证明其权属状况的，以及权证或证明文件名称与设备不符的，要求企业及相关单位出具说明。

6）查清机器设备有无涉讼事项及抵押、担保事宜，如有，应当收集相关资料，查明原因，并在评估报告中披露。

7）核实其他需要说明的事项。

2. 现场调查

1）实地查勘机器设备，明确其存在状态，填写机器设备状况调查表（设备鉴定表）及设备盘点表。现场调查时，对主要机器设备拍摄实物照片；特殊情况下采用抽样等方法进行现场调查的，制订合理的抽样方法，并充分考虑抽样风险；对于处于隐蔽状况或者因客观原因无法进行实地查看的机器设备，采取适当措施加以判断，并在评估报告中予以恰当披露。

2）对原打包入账的设备，尽可能进行分解评估。

3）如存在盘盈、盘亏、毁损、报废、闲置等特殊情形，查明原因，获得企业有关说明材料及批准文件。

3. 评定估算

1）收集评估价值确定的其他依据资料。

2）分析评估方法适用性，选定评估方法，进行评定估算。

（1）采用成本法评估，合理确定重置成本的构成要素，优先选用更新重置成本；全面考虑可能引起贬值的各种因素，合理估算各种贬值。

（2）采用市场法评估，使用合理的方法对参照物与被评估机器设备的差异进行调整，对市场差异作出调整，明确拆除、运输、安装、调试等因素对评估结论的影响。

（3）采用收益法评估，合理确定收益期限，合理量化机器设备的未来收益，合理确定折现率。

3）如存在需要修复使用的机器设备，说明损坏的具体情况，并测算修复费用。

二、业务执行人

由资产评估师、设备工程师等组成的评估小组。

三、业务执行应注意问题

（1）准确界定评估对象是单台机器设备还是机器设备组合。

（2）准确界定评估范围。根据评估目的、评估假设等条件，明确评估范围是否包括设备的安装、基础以及附属设施；是否包含软件、技术服务、技术资料等无形资产。对于附属于不动产的机器设备，合理划分不动产与机器设备的评估范围，避免重复或者遗漏。

（3）通过函证可以解决的问题：无法确定设备付款情况时，可通过函证进行确认；融资租赁的设备需要进行函证；租出设备，在无法履行相关核实程序时，可以进行函证确认。

（4）关注机器设备作为企业资产的组成部分，其评估价值受其对企业贡献程度的影响。

（5）考虑机器设备所依存资源的有限性，所生产产品的市场寿命，所依附土地和房屋建筑物的使用期限，国家的法律法规以及环境保护、能源等产业政策对机器设备价值的影响。

（6）关注评估假设的合理性，关注不同评估假设下机器设备价值评估的影响因素不同。

（7）关注机器设备移位或改变用途对价值产生的影响。

（8）注意市场信息的有效性和时效性，关注实际成交价与厂家报价的差异，做好询价记录。

（9）设备评估中要注意充分利用专家工作。评估专业人员缺乏特定的专业知识和经验时应当聘请专家协助工作，也可以聘请专业机构对机器设备进行技术鉴定。

（10）如有评估增减值，分析评估增减值的原因。

（11）有无需要评估报告中特别说明的事项。

任务一：阅读相关准则

（1）阅读《资产评估执业准则——机器设备》。

（2）阅读《资产评估执业准则——利用专家工作及相关报告》。

（3）阅读《资产评估对象法律权属指导意见》。

任务二：程序操作

（1）根据申报表内容确定设备清查方式，并说明理由。

（2）从所给申报表中选取 1～3 项做市场调查，并形成询价记录，确定设备的重置价值。

任务三：案例操作

1. 自动成型机

1）设备概述

设备名称：自动成型机

规格型号：CX-V

生产厂家：贵阳立特精密机械有限公司

安装地点：T 公司

启用日期：2013 年 8 月

账面原值：788 720.00 元

账面净值：744 100.00 元

主要技术参数：粉重误差为±5%，阳极钽块各项尺寸偏差为±0.02 mm，钽丝垂直度≤50，成型密度为 4.5～10 g/cm^3，所用钽粉比容为 3 500～100 000 μFv/g。

经评估人员现场观察，该设备铭牌齐全，结构完整无变形，成型装置、控制装置工作正常。

2）重置成本的确定

（1）设备购置费的确定

通过咨询设备生产厂家销售部门，该设备目前市场销售含税价格为 726 000.00 元（含运杂费）。

（2）设备安装调试费计算

参考《资产评估常用数据与参数手册》等资料，该设备的安装调试费费率取 15%。

（3）工程建设其他费用

工程建设其他费用包括建设单位管理费、勘察设计费、工程建设监理费、招标代理服务费、环境评价费、安全评价费、前期工作咨询费、生产准备费和联合试运转费。本项目工程建设其他费用的费率确定为 8.38%。

（4）资金成本的确定

资金成本即设备购建周期内占用资金的贷款利息，根据评估基准日的技术水平，本生产线的改造合理购建周期为 1 年，金融机构同期执行的贷款年利率为 4.85%，按资金均匀投入不计复利计算资金成本，购建周期为半年。

3）综合成新率的确定

该设备的综合成新率按下述公式计算：

$$综合成新率 = 年限法成新率 \times 40\% + 现场打分法成新率 \times 60\%$$

（1）年限法成新率

经查阅有关资料并向专业人员咨询，该设备的经济耐用年限为 18 年。

（2）现场打分法成新率

通过现场勘察，查阅设备的运行记录、检修记录等资料，并与设备管理及操作人员交谈，详细了解设备的运行、管理与维修情况。评估人员现场对设备进行了综合鉴定，填写了技术鉴定打分表，采用分解打分法确定设备现场勘查成新率为 86%，具体评分标准表见表 2-14。

表 2-14　自动成型机鉴定打分表

序号	结构部位	技术鉴定情况	标准分	鉴定分
1	主机框架	结构完整、刚度符合要求、无变形	30	26
2	模具架	模具架固定牢固、与模具间隙正常、工作稳定	20	17
3	控制系统	控制准确、可靠性好、工作正常	30	26
4	电气仪表	仪表显示准确、工作正常	20	17
	综合评定		100	86

任务三的操作要求：

要求一：根据案例说明，计算重置成本并形成计算工作底稿。

要求二：根据案例说明，计算年限法成新率，计算综合成新率，并形成计算工作底稿。

要求三：计算设备评估值。

2. 烧结炉

扫描二维码，学习并完成相关操作要求。

烧结炉

项目十　无形资产评估

T 公司拟以其拥有的无形资产进行质押融资，委托诚信资产评估有限公司进行评估。诚信评估公司为本项目成立了以资产评估师刘洋为项目负责人的项目组，T 公司提供了纳入评估范围的无形资产申报明细表。

扫描二维码，阅读相关申报明细表。

刘洋的项目小组应怎样实施评估？

无形资产申报明细表

一、《中华人民共和国公司法》有关可用于出资资产的规定摘录

扫描二维码，阅读相关材料。

《中华人民共和国公司法》有关可用于出资资产的规定摘录

二、《中华人民共和国担保法》有关权利质押的规定摘录

扫描二维码，阅读相关材料。

《中华人民共和国担保法》有关权利质押的规定摘录

三、《中华人民共和国物权法》有关权利质权的规定摘录

扫描二维码，阅读相关材料。

《中华人民共和国物权法》有关权利质权的规定摘录

四、无形资产相关法律法规、产业政策、准入标准

扫描二维码，阅读相关材料。

无形资产相关法律法规、产业政策、准入标准

五、可作为评估依据的相关机构出具的专业报告

审计报告、无形资产项目可研报告、技术实验报告、产品检测报告、实用新型专利检索报告、行业研究报告、产品市场调查分析报告、交通流量分析预测报告及相关专家意见等。

六、选择评估方法时应关注的因素

不同评估方法的关键参数、资料要求及特点（见表 2-15）。

表 2-15　评估方法对比表

评估方法	具体方法	关键参数	资料要求	方法特点
市场法	市场法	可比交易信息或价值乘数	收集可比交易案例，交易案例数量、信息公开程度及可比性需要满足要求	在交易信息不完全、案例差异性超过可比性的情况下，难以采用
收益法	通用方法	收益额	能够合理预测未来预期收益	满足这两个条件后，还应考虑其他资料，才能判断可否使用收益法
		折现率	风险可以确定并量化	
	许可费节省法	许可费率	获取许可费率数据。获取方式通常包括可比许可协议的详细资料、统计的行业平均数据、行业经验值、市场投资回报率分析资料等	贴近市场交易，获取数据途径较多，数据可观察性较好
	增量收益法	增量收益	需要在市场上找到一个没有无形资产的类似企业，但可能无法获得该企业的财务预测数据	通常难以找到仅存在被评估无形资产差异的可比企业
	超额收益法	超额收益	需要获取其他资产对现金流贡献的资本成本、所占比重数据	当贡献收益来源于较多类型无形资产时，较难合理扣除其他无形资产的贡献

续表

评估方法	具体方法	关键参数	资料要求	方法特点
成本法	成本法	重置成本	需要获得确切的成本投入资料，特别是人力资本的创造性投入	无形资产一般只能确定所有权重置成本。无形资产使用权、著作权等财产权利的某一项权利很难进行重置

资料来源：中国资产评估协会. 资产评估实务（二）[M]. 北京：中国财政经济出版社，2018：233.

操作实务　无形资产评估

一、业务内容

1. 获取、核实、分析相关资料

1）获取产权持有者有关其他无形资产的相关资料，除无形资产——其他无形资产评估申报明细表之外，还包括反映资产权属、特点、维护管理、收益状况等的相关资料。一般包括：

（1）权属资料

①专利、商标、著作权相关证明材料。

②专有技术。省、部级以上权威鉴定机构组织的科技成果鉴定证书或权威专家鉴定书等证明文件，该技术的实质性材料。

③其他无形资产。注册文本，权利证明书，资产的详细说明，鉴定文件等证明材料，其他相关资料如购销合同、重要客户名称等。

④产权持有者的营业执照或身份证明文件。

⑤无形资产实施企业的营业执照。

（2）其他资料

①无形资产的性质和特点，无形资产的形成、发展、管理过程和使用情况、维护情况、法律保护情况、成熟程度，无形资产的发展趋势、更新换代情况和速度等。

②无形资产实施的地域范围、领域范围、获利能力与获利方式。

③无形资产的开发支出情况。

④实施无形资产的企业状况相关材料及近几年企业财务报表。

⑤实施无形资产的企业发展规划。

⑥无形资产以往评估及交易情况和评估报告。

⑦无形资产实施过程中所受到国家法律、法规或其他资产的限制。

⑧委托方和产权持有者的承诺函。

2）根据产权持有者填报的资产评估申报明细表，结合明细账、总账、报表进行核对，核实其填报情况是否完整准确。

3）了解分析无形资产的种类、具体名称、形成过程及日期等情况，核实账面价值的构成内容和计价依据、摊销情况，关注其权利状况及法律、经济、技术等具体特征。

4）核实验证无形资产的法律文件、权属有效性文件等权属证明资料。有关证书文件或记载情况与实际不符的，要求企业及相关单位出具说明，并在评估报告中披露。

5）查清有无涉讼事项及抵押、担保事宜，如有，收集相关资料，并在评估报告中披露。

2. 现场调查

1）通过访谈与现场勘查，了解无形资产的以下情况：是否能带来显著、持续的可辨识经济利益；性质和特点，历史和目前发展状况；剩余经济寿命和法定寿命，保护措施；实施的地域范围、领域范围、获利能力与获利方式；以往的评估及交易情况；实施过程中所受到国家法律、法规或者其他资产的限制；转让、出资、质押等的可行性；类似无形资产的市场价格信息；宏观经济环境；行业状况及发展前景；企业状况、发展前景及其他相关信息。

2）调查相关法律法规、宏观经济环境、技术进步、行业状况、产品生命周期、企业经营管理、市场环境等对该无形资产价值的影响。

3）无形资产与其他资产共同发挥作用的，分析所评估无形资产的作用，合理确定该无形资产的价值。

4）无形资产的载体如为实物资产，现场拍摄实物照片。

3. 评定估算

1）拟定评估方法，进行市场调查，收集评估价值确定的依据资料。

2）分析评估方法适用性，选定评估方法，进行评定估算。

（1）采用收益法评估的，在获取的无形资产相关信息基础上，根据被评估无形资产或类似无形资产的历史实施情况及未来应用前景，结合无形资产实施或拟实施企业经营状况，重点分析无形资产经济收益的可预测性，恰当考虑收益法的适用性；合理估算无形资产带来的预期收益，合理区分无形资产与其他资产所获得收益，分析与之有关的预期变动、收益期限，与收益有关的成本费用、配套资产、现金流量、风险因素；保持预期收益口径与折现率口径一致；根据无形资产实施过程中的风险因素及货币时间价值等因素合理确定折现率，无形资产折现率区别于企业或者其他资产折现率；综合分析无形资产的剩余经济寿命、法定寿命及其他相关因素，合理确定收益期限。

（2）采用市场法评估的，考虑被评估无形资产或者类似无形资产是否存在活跃的市场，恰当考虑市场法的适用性；选择具有合理比较基础的可比无形资产交易案例，考虑历史交易情况，并重点分析被评估无形资产与已交易案例在资产特性、获利能力、竞争能力、技术水平、成熟程度、风险状况等方面是否具有可比性；收集评估对象以往的交易信息；根据宏观经济发展、交易条件、交易时间、行业和市场因素、无形资产实施情况的变化，对可比交易案例和被评估无形资产以往交易信息进行必要调整。

（3）采用成本法评估的，根据被评估无形资产形成的全部投入，充分考虑无形资产价值与成本的相关程度，恰当考虑成本法的适用性；合理确定无形资产的重置成本，无形资产的重置成本包括合理的成本、利润和相关税费；合理确定无形资产贬值。

（4）对同一无形资产采用多种评估方法时，对所获得各种初步价值结论进行分析，形成合理评估结论。

3）合理使用无形资产评估的评估假设和限定条件。

二、业务执行人

无形资产评估组成员。

三、业务执行应注意的问题

1）准确界定评估对象，区分可辨认无形资产和不可辨认无形资产、单项无形资产和无形资产组合。

2）准确界定评估范围，明确无形资产名称、类别，明确无形资产的权利形式，所有权和使用权，还要明确其内涵、外延。

3）注意查验权属文件的原始资料，验证权属资料的真实性和可靠性。通过函证可以取得第三方证据材料，如发放权属证明的部门、授权其他人使用的情况、合同等。

4）无形资产的现场勘查是无形资产评估的重要环节，决不能忽视。

5）关注无形资产的存在形式，无形资产是否使用，无形资产所属阶段和特点。

6）充分获取信息，确信信息来源可靠性，恰当利用信息。

7）聘请相关专家协助工作的，采取必要措施确信专家工作的合理性。

8）对评估过程中所引用的专家意见或专业报告的独立性与专业性进行判断，恰当引用专家意见或专业报告。必须取得相关专业报告原件。

9）专有技术评估若无权威鉴定机构组织的科技成果鉴定证书应审查：（1）技术拥有方是否采取了保密措施；（2）委托方必须出具承诺函，承诺该技术为自己开发或购买，并采取了保密措施。

10）收益法中有关无形资产收益额计算方法的应用：提成法经常用于无形资产的转让目的的评估实务中；增量收益法经常在侵权损害赔偿的评估实务中被采用；超额收益法多用于财务报告目的的评估，用来评估一些除专利、专有技术、商标和著作权等传统无形资产之外的其他无形资产。

11）以下无形资产不适用成本法：

（1）人类创造性劳动的结晶，如专利、专有技术和著作权等；

（2）企业长期经营积累的成果，如老字号商标、商誉等；

（3）由一些特定关系或者权力确定的无形资产，如特许经营权。

12）企业价值评估中关注有无账外无形资产。

13）有无需要评估报告中特别说明的事项。

任务一：阅读相关准则。

（1）阅读《资产评估执业准则——无形资产》；

（2）阅读《专利资产评估指导意见》；

（3）阅读《知识产权资产评估指南》；

（4）阅读《商标资产评估指导意见》；

（5）阅读《著作权资产评估指导意见》；

（6）阅读《文化企业无形资产评估指导意见》。

任务二：案例操作。

无形资产组合评估

一、无形资产组合基本情况

T公司自行研发的专利技术和专有技术，该批专利技术及专有技术未在账面反映，详细情况见表2-16和表2-17。

表2-16　T公司拥有专利权明细表

序号	名称	专利号	专利类型	申请日	授权日	有效期/年	取得方式	证载权利人
1	立式复合车床	ZL***381.8	实用新型	2012-08-23	2013-08-22	10	自研	T公司
2	机械手	ZL***383.9	实用新型	2013-11-27	2014-08-20	10	自研	T公司
3	移动让刀式双面车刀	ZL***226.2	发明专利	2013-12-11	2014-10-14	20	自研	T公司

表2-17　T公司拥有专有技术明细表

技术名称	取得方式
床身、工作台找正工艺方法	自研
静压蜗杆、涡母条加工技术	自研
横梁导轨涂塑技术	自研
工作台导轨调整技术	自研

1. 立式复合车床（专利号：ZL***381.8）

本实用新型专利涉及一种立式复合车床，车身上设置有横向导轨，倒立主轴安装在垂向溜板上，该垂向溜板可在横向溜板上作垂向移动；在倒立主轴下方的底座上安装有水平溜板，下刀塔安装在水平溜板上；在所述横向导轨上倒立主轴一侧安装有另一横向溜板，该横向溜板上也安装有一垂向溜板，上刀塔安装在该垂向溜板上；在上刀塔下方的底座上也对应安装有另一可以水平移动的水平溜板，在该水平溜板上装有一正立主轴；在对倒立主轴上的工件加工后，倒立主轴可将工件交换到正立主轴上，进行另一面的加工，保证了夹装的一致性；下刀塔和正立主轴能沿水平方向移动，扩展了可加工范围，该车床可同时加工两个工件，提高了车床的集成度和生产效率。

2. 移动让刀式双面车刀（专利号：ZL***226.2）

本发明专利转动让刀式双面车刀，适用于在带有刀塔的自动车床上使用。它由刀座、上刀杆、下刀杆、传动轴、调节螺钉、连杆等构成的加工规格调整机构，差动螺纹微调机构，以及间隙自动消除机构和自动让刀机构等几部分组成。本发明利用刀塔的动力，不需要另设独立的驱动装置，因而结构简单，成本低廉，加工的零件精度高，一致性好，质量稳定效率高。在盘、环、盖类零件车削加工中，可以广泛采用。

3. 机械手（专利号：ZL***383.9）

一种安装在设有动力刀塔的数控立式车床上，对加工后的盘套类零件等物料实现自动夹持脱开功能的机械手，也可以用于其他物流系统传输作业线上。它包括由主体架、挡板、两根导轨和各自的支撑梁等组成总体支撑机构，由传动轴、座轴、轴套、连接板、左右连杆，以及轴承等构成传动机构，由左右溜板、多对夹紧杆、弹簧、芯柱和铰轴等构成加紧机构，由支撑板和限位块构成限位调整机构。机械手安装在立式数控车床动力刀塔的一个刀位上，通过控制驱动传动轴的伺服电机和压缩弹簧实现夹持和开脱动作，利用机床进给轴运动完成转移传送功能。它具有结构简单，动作时间短，响应迅速，效率高，成本低，操作简单等优点，弹簧夹紧安全性强，整体稳定，可靠性好。

任务二操作要求：

要求一：根据案例说明，对该项无形资产进行评估，评估专业人员还应该了解哪些内容？

要求二：针对该项目，列出资产评估所需资料清单。

二、收益法评估技术过程

1. 评估对象与评估范围界定

上述专利和专有技术属于T公司，通过向企业专利管理人员了解该无形资产的情况得知，上述专利均按照规定缴纳年费；通过向企业技术人员了解到专利现在属于成熟的技术，能给企业带来超额收益。委估专利技术及专有技术目前主要用在CHA564和CDA513两种型号的机床上。

由于这些无形资产渗透在各个产品之中，无法将其产生的效益进行区分，评估人员通过尽职调查，发现企业除了申报的无形资产外，没有其他的无形资产，故评估人员将T公司的全部无形资产作为一个无形资产组合进行评估，评估范围为该资产组合中各项无形资产的未进行许可使用的所有权。

2. 收益法评估过程

本项目采用收益法进行评估，采用收入分成的方式计算无形资产超额收益。具体评估技术路线：通过估算企业的未来收益，并选用适宜的折现率进行折现，然后累加求和，再按一定比例（无形资产分成率）确定无形资产在未来收益中应占的份额，得出上述无形资产的评估价值。

计算公式：

$$P=\sum_{i=1}^{n}\frac{R_i}{(1+r)^i}\cdot C$$

式中，P——无形资产价值；

R_i——第 i 年资产收益额；

n——收益期限；

r——折现率；

C——专利技术及专有技术在收入中的分成比例。

（1）无形资产分成率的确定

技术型无形资产往往要附着于有形资产才能发挥作用，收入分成率是对无形资产与之结合的资产共同产生的收入分成，收入分成率的多少反映了无形资产对整个收益额的贡献程度。

随着国际技术市场的发展，提成率的大小已趋于一个规范的数值，联合国工业发展组织对各国的技术贸易合同的提成率做了大量的调查统计，分行业的统计数据如下（分成基数为销售收入）：

石油化工行业：0.5%～2%；

日用消费品行业：1%～2.5%；

机械制造行业：1.5%～3%；

化学行业：2%～3.5%；

制药行业：2.5%～4%；

电器行业：3%～4.5%；

精密仪器行业：4%～5.5%；

汽车行业：4.5%～6%；

光学及电子产品：7%～10%。

根据联合国工业发展组织对各国的技术贸易合同的提成率调查统计结果显示，提成率的一般取值范围为 0.5%～10%，其中机械制造行业的提成率为 1.5%～3.0%。

结合企业的实际经营状况，公司在国内外行业中的地位，对专利技术掌握的程度，未来的研发能力等综合因素，此外机床制造行业客户的忠诚度比较高。评估人员通过与企业的管理层、财务部和技术部沟通了解，无形资产收入提成率取 1.5%。

（2）收益额 R_i 的确定

收益额的确定需要根据被评估单位产品的年销售量及销售价格来确定。销售数量的确定根据被评估单位最近五年的销售情况、未来五年的发展规划、产品转换计划（产品类型）、年生产能力、市场需求等综合因素来确定；销售价格通过被评估单位历史年度产品的销售价格、未来产品的价格趋势、技术进步对产品销售价格的影响来综合判断；以销售数量乘以销售价格得出销售收入，详细预测表如表 2-18 所示。

表 2-18 销售收入预测表

单位：万元

序号	主要产品	2017 年 7—12 月	2018 年	2019 年	2020 年
1	重型机床	48 940	78 800	82 800	86 800
2	普通机床	16 210	38 750	40 680	42 700
3	中型数控	26 970	47 850	50 200	52 700
	合　计	92 120	165 400	173 680	182 200

委估专利技术及专有技术目前主要用在 CHA564 和 CDA513 两种型号的机床上，经与公司管理人员沟通，使用专利技术及专有技术的产品收入占总营业收入的 30% 左右。

任务二操作要求：

要求三：对无形资产评估对象与范围的界定是为了解决什么问题？界定过程中要注意哪些问题？

要求四：如何理解该评估人员将上述专利权及专有技术作为一项无形资产组合来评估，而不是进行单项无形资产评估？

要求五：无形资产超额收益计算有哪些具体方法？

要求六：根据上述资料，完成表 2-19。

表 2-19 专利产品销售收入预测表

项目	2017 年 7—12 月	2018 年	2019 年	2020 年	2021 年
总收入/万元	92 120	165 400	173 680	182 200	191 400
专利收入比例/%	30	30	30	30	30
专利产品收入/万元					

（3）收益期 n 的确定

在全球范围内，由于技术和装备、人才等方面的原因，国外发达国家在高端数控精加工设备方面具有领先技术，并占有绝对领先的市场份额。国内企业现在虽然在高端产品领域还无法与其竞争，但在中低端领域已具备与之进行全面竞争的能力。国内的市场竞争仍很激烈，T 公司的主要竞争对手有上海机床厂有限公司、陕西秦川格兰德机床有限公司、江西杰克机床有限公司。随着竞争的加剧，新的生产技术会不断出现，导致公司拥有的技术不具有创造超额收益的能力。本次评估结合专利技术的申请时间、法律保护期限、相关技术的更新淘汰速度，确定收益期 n 为 4.5 年。

（4）折现率 r 的确定

折现率是将未来收益还原或转换为现值的比率，折现率是一种特定条件下的资产收益率，反映了资产的风险收益水平。此次评估，未来收益额以净利润为计算口径，相应地，折现率以净资产收益率为计算口径，由此得出的评估值内涵为无形资产市场价值。本次评估中评估人员采用风险累加法确定无形资产折现率。

所谓的风险累加法就是无风险报酬率加风险报酬率作为无形资产折现率。无风险报酬通常采用政府所发行债券的利率；风险报酬率，主要是考虑无形资产的技术风险、市场风险、财务风险与管理风险等。

①无风险报酬率反映的是在本金没有违约风险、期望收入得到保证时资金的基本价值。在此情形下，投资者仅仅牺牲了某一时期货币的使用价值或效能。对一般投资者而言，国债利率通常成为无风险报酬率的参考标准。这不仅由于各国的国债利率是金融市场上同类金融产品中最低的，还由于国债具有有期性、安全性、收益性和流动性等特点。

由于国债具有以上本质特征，故选取 2017 年 6 月 30 日在上海和深圳证券交易所上市的中长期国债的到期收益率作为无风险收益率，即无风险收益率 $r_f = 4.26\%$。

②风险报酬率估算

风险报酬率 = 技术风险系数 + 市场风险系数 + 财务风险系数 + 行业风险系数

考虑机床行业制造技术已经有很长的历史，新的专利和非专利技术也不断涌现，故技术风险系数取 3%。发达国家在高端数控精加工设备方面具有领先技术，并占有绝对领先的市场份额。而国内在中低端领域已具备与发达国家进行全面竞争的能力，且国内的市场竞争很激烈，故市场风险系数取 3%。T 公司资产负债率较高，财务风险相对较高，但是比较稳定，故财务风险系数取 2%。目前，国外厂家通过合资合作、独自建厂的方式，在国内生产、装配所销售的产品，并负责提供相应的售后服务。由于充分利用本地资源和人力，产品生产周期和成本较以前有了很大的降低，参与国内竞争并适应国内的能力得到很大提高，故行业风险系数取 2%。

任务二操作要求：

要求七：无形资产折现率计算有哪些途径？计算中需要注意哪些问题？

要求八：根据上述资料，计算风险报酬率及折现率。

要求九：计算无形资产组合评估值，完成表 2-20。

表 2-20 专利技术及非专利技术评估值计算表

项目	2017 年 7—12 月	2018 年	2019 年	2020 年	2021 年
收入/万元					
收入提成率/%					
分成额/万元					

续表

项目	2017 年 7—12 月	2018 年	2019 年	2020 年	2021 年
折现期/年					
折现率/%					
折现系数					
净现值/万元					
无形资产价值/万元					

项目十一　企业价值评估

T 股份有限公司拟出售其拥有的 A 有限公司 80%的股权，评估基准日为 2017 年 6 月 30 日，委托诚信资产评估有限公司对 A 有限公司股东全部权益价值进行评估。A 有限公司提供了纳入评估范围的资产评估申报明细表（基本格式见“项目五”至“项目十”相关内容）。

诚信评估公司指定了资产评估师刘洋为项目负责人，刘洋该怎样组织该项目的实施？

一、企业的基本概念及类型

（1）企业的概念：企业一般是指以营利为目的，运用各种生产要素（土地、劳动力、资本、技术和企业家才能等），向市场提供商品或服务，实行自主经营、自负盈亏、独立核算的法人或其他社会经济组织。

（2）企业的三种类型：独资企业、合伙企业和公司。公司是现代企业中最主要的、最典型的组织形式。

（3）《中华人民共和国个人独资企业法》第二条：“本法所称个人独资企业，是指依照本法在中国境内设立，由一个自然人投资，财产为投资人个人所有，投资人以其个人财产对企业债务承担无限责任的经营实体。”

（4）《中华人民共和国合伙企业法》第二条：“本法所称合伙企业，是指自然人、法人和其他组织依照本法在中国境内设立的普通合伙企业和有限合伙企业。”

普通合伙企业由普通合伙人组成，合伙人对合伙企业债务承担无限连带责任。本法对普通合伙人承担责任的形式有特别规定的，从其规定。

有限合伙企业由普通合伙人和有限合伙人组成，普通合伙人对合伙企业债务承担无限连带责任，有限合伙人以其认缴的出资额为限对合伙企业债务承担责任。

（5）《中华人民共和国公司法》第二条：“本法所称公司是指依照本法在中国境内设立的有限责任公司和股份有限公司。”

有限责任公司的股东以其认缴的出资额为限对公司承担责任，股份有限公司的股东以其认购的股份为限对公司承担责任。

有限责任公司除一般形式的有限责任公司外，还包括两类特殊形式的公司，即一人有限责任公司和国有独资公司。

股份有限公司分为上市公司和非上市公司。上市公司是指其股票在证券交易所上市交易的股份有限公司。

二、行业划分

GB/T 4754-2017《国民经济行业分类》规定了全社会经济活动的分类与代码。扫描二维码，阅读国民经济行业门类和代码。

行业划分

三、企业外部环境分析

企业价值评估，通常要对企业的外部环境进行分析，以判断影响企业价值的外部因素，合理确定评估假设，预测未来收益。企业外部环境分析通常是从宏观和微观两个角度进行。

（一）宏观环境分析

宏观环境因素包括：政治和法律环境、经济环境、社会文化环境以及技术环境。

（1）政治和法律环境指那些制约和影响企业的政治要素和法律系统，以及其运行状态。政治和法律因素是保障企业生产经营活动的基本条件，是企业外部环境分析的首要要素。

政治环境包括国家的政治制度、权力机构、政府制定的各种政策，以及其他一些旨在保护消费者，保护环境，调整产业结构，引导投资方向等的措施等，其会对各行各业产生影响。

法律环境包括国家制定的法律、法规、法令以及国家的执法机构等因素。法律是政府用来管理企业的一种手段，其作用是双重的，一方面，它们对企业的行为有着种种限制；另一方面，它们也保护着企业的合理竞争与正当权益。

（2）经济环境是指构成企业生存和发展的社会经济状况及国家的经济政策，包括社会经济结构、经济体制、发展状况、宏观经济政策等要素。对于现代企业来说，经济环境的覆盖面非常广泛，它对企业运营的影响通常比其他方面的环境因素更加有力，更为直接具体。通常衡量经济环境的指标有国内生产总值、就业水平、物价水平、消费支出分配规模、国际收支状况，以及利率、通货供应量、政府支出、汇率等国家货币和财政政策等。

（3）社会文化环境是指企业所处的社会结构、社会风俗和习惯、信仰和价值观念、行为规范、生活方式、文化传统、人口规模与地理分布等因素的形成和变动。自然环境，是指企业所处的自然资源与生态环境，包括土地、森林、河流、海洋、生物、矿产、能源、水源等方面的发展变化。这些因素关系到企业确定投资方向、产品改进与革新等重大经营决策问题。

（4）技术环境是指企业所处的环境中的科技要素及与该要素直接相关的各种社会现象的集合，包括国家科技体制、科技政策、科技水平和科技发展趋势等。

对于现代企业来说，科技因素对其经营的影响是双重的，一方面，它可能给某些企业带来机遇。例如，计算机、遥控机装置、激光发射器、人造卫星通讯网络、纤维光学以及其他有关领域的技术进步，对于许多企业就是发展的良机。另一方面，科技因素会导致社会需求结构发生变化（如从钢笔到圆珠笔，从螺旋桨式飞机到喷气飞机，从手动打字机到计算机等），从而给某些企业甚至整个行业带来威胁。

（二）微观环境分析

企业微观环境是指企业生存与发展的具体环境，是企业在日常经营中所要关心的外部客观因素与条件。企业微观环境分析主要从行业性质、竞争状况、消费者、供应商、中间商及其他利益集团等方面进行。

1. 行业性质

企业所处的行业对其经营状况有重要影响。一个企业是否具有长期发展优势，与其所处的行业本身的性质有关。身处高速发展的行业，对任何企业来说，都是宝贵的。一般来说，对行业性质进行分析的一个常用方法是行业生命周期分析法。该方法的目的是认识其处于生命周期的哪个阶段，主要标志是需求状况。行业生命周期与产品生命周期相类似，也分为投入期、成长期、成熟期和衰退期四个阶段。

2. 竞争状况

随着市场竞争的加剧，企业面临的挑战越来越严峻，这就需要企业对其竞争状况进行准确分析，要准确分析竞争来自何方，处于何种动机，其中哪个威胁最大，其变化趋势如何等。

3. 消费者

企业是为满足消费者的需要而从事生产经营的，或者说企业因消费者的存在而存在，因此企业必须认真研究消费者的需要，需要的特征，需要的差异，以及需要的变化趋势等。

4. 供应商

供应商是向企业及其竞争对手供应各种所需资源的企业和个人，包括提供原材料、设备、能源、劳务和资金等。它们的情况会对企业的营销活动产生巨大的影响，如原材料价格变化、短缺等都会影响企业产品的价格和交货期，并会削弱企业与客户的长期合作与利益，因此，企业要对供应商们进行评审，以选择那些能够提供质量、交货期、信贷条件、采购成本等方面最佳组合的供应商。

5. 中间商

中间商是协助企业推广、分配和销售产品给最终消费者的那些组织机构或个人。对企业来说，中间商承担着调研、促销、沟通、谈判、实体分配、财务及风险分担等作用。同时，中间商比企业更加直接而广泛地接触顾客，了解市场需求动态，企业利用中间商销售产品往往可得到广泛分销的好处，比其直接向最终顾客销售产品效率更高、效益更佳。因此，企业必须对各种可选择的渠道模式结构及其成员状况进行调研、分析，从而选择进入市场的最经济有效的方式与途径。

6. 其他利益集团

其他利益集团是指与企业发生相互作用和影响的，其成员面临共同问题的，有共同利益和要求的社会群体。利益集团对企业实现其目标的能力与过程有着实际的或潜在的影响，以其优势对企业的命运产生巨大影响。

四、企业内部环境分析

企业内部环境是企业价值的直接影响因素，是由企业组织结构，文化观念和人、财、物等资源要素组成的统一体。

（一）企业内部环境要素分析

1. 企业的资源环境分析

企业的资源环境包括企业的人力、物力、财务资源，以及与此相关的技术资源、管理资源等方面。事实上，企业战略管理的核心问题就是要在特定的社会宏观环境、行业环境下，在与对手的竞争中，寻找能够有效利用资源、发挥自身优势、克服自身弱点的市场位置。企业战略管理的过程是一个发现资源、配置资源的过程。

2. 企业文化环境分析

企业文化是企业在发展过程中形成的价值观、行为规范、管理理念等要素的总称。在企业战略管理中分析企业文化环境，就是要弄清企业文化对战略管理的促进作用和制约作用。企业战略管理总是在特定的文化背景下完成的。企业管理人员和员工的行为会受到企业文化的极大影响。因此，对企业文化环境因素重视不够、处理不当，会对企业战略管理产生重大不利影响。

3. 企业的组织结构环境分析

企业的组织结构环境是指企业管理系统和操作系统的具体组合形式，它通常包括管理职能部门的设置与人员的配备，职能部门的权限分工与合作方式，操作层的责权利关系，正式组织与非正式组织的联结渠道等内容。

（二）企业内部环境分析的方法

1. 竞争对手比较法

与目前或潜在的竞争对手进行比较是企业发现优势和劣势的重要方法。一般来说，同一产业中的不同企业在营销、资金来源、生产设施、专门技术、品牌形象以及管理能力等方面都存在差异，这些差异形成了企业之间的相对优（劣）势。因此，企业在制定战略时，有必要将本企业主要内部战略要素与竞争对手相比较，从而准确定位企业的优劣势。

2. 加乘评分法

加乘评分法是一种直观判断方法。评价者按照规定标准用分数作为衡量的尺度进行判断。

3. 财务比率分析法

财务比率分析法是利用企业财务报表（资产负债表、利润表、现金流量表以及有关附表为特征的报表体系），通过对有关财务比率的计算，获得企业在某一时点或一段时期的情况，或相当于整个行业平均水平的情况。

4. 产业成功要素比较法

产业成功要素比较法是以产业分析来评价企业的关键战略要素，并协助制定战略。这种方法是企业战略管理中普遍采用的方法。

5. 战略要素评价矩阵法

战略要素评价矩阵法是企业内部战略条件分析的有效方法，它可以帮助企业经营战略决策者对企业内部各个职能领域的主要优劣势进行全面综合评价。

五、中国资产评估协会发布的企业价值评估相关准则修改情况对照

扫描下方二维码，阅读相关内容。

中国资产评估协会发布的企业价值评估相关准则修改情况对照

企业价值评估

一、业务内容

1）项目执行基本程序参见“项目五”。

2）资产基础法业务内容见“项目六”至“项目十”部分。

3）收益法评估业务内容（以现金流量折现法为例）。

1. 获取并分析相关资料

1）评估人员在进行评估时，首先关注被评估企业是否存在合并会计报表的情况需

要根据委托评估的要求，合理界定评估对象企业的会计主体，妥善处理好“分公司”和“子公司”的关系。

2）明确被评估企业的主营业务范围，区分一些分公司和子公司以及一些长期投资单位的“收益”是否应该算入评估对象主体收益中。

3）分析评估对象评估基准日资产负债表，识别非经营性资产、溢余资产、负息负债等。对评估对象评估基准日收益表分析，确定主营业务收入、非主营业务收入，其他业务收入等内容。关于评估报表之外的事项，评估人员需要了解或有负债、未决诉讼、担保抵押等情况；了解有关财务政策；获取企业产品近 5 年产量、销售额、销售成本、销售收入、生产成本、管理费用、财务费用、税金明细项目等资料，并分析其增长性。

4）对国家或地区宏观经济发展趋势进行分析；对评估对象主营业务所在行业的过去、现在的发展情况进行分析，确定未来发展的趋势，了解国家对相关行业制定的法律、法规和产业政策等；对评估对象近年的发展趋势进行分析；对评估对象主要产品市场分布情况和主要竞争对手情况进行分析。

了解评估对象与主要竞争对手的竞争策略；了解评估对象科技开发和新产品投入方面的政策；了解评估对象目前的生产经营状况；了解评估对象产品生产的主要过程和工艺流程，采用的主要核心技术状况；了解评估对象产品生产的主要原材料、原材料供应商和供应渠道等方面的问题；了解评估对象产品生产能力状况等。

2. 评定估算

1）收益期的确定。收益期的确定应当按照法律、行政法规规定，结合被评估单位企业性质、企业类型、所在行业现状与发展前景、协议与章程约定、经营状况、资产特点和资源条件等。因企业收益期一般较长，甚至采用永续期，实际操作中将收益期分为两段，即详细预测期和详细预测期后的收益期。企业经营达到相对稳定前的时间区间是确定详细预测期的主要因素。

2）评估对象的主营业务利润预测。应该在宏观经济和行业经济发展趋势指导下，根据评估对象历史发展情况，在考虑企业市场竞争因素、生产能力因素、市场开发等多方面因素基础上，参考企业管理层提供的未来经营预测，做出评估预测。

①主营业务收入预测：主营产品结构的确定；产品价格确定和产品年销量确定；分析企业历史营业收入的构成及变化趋势；分析企业产品的销售量、价格的变化趋势；分析变化趋势时应说明依据和原因；预测营业收入时应说明方法，并应与被评估资产范围配比。

②主营业务成本预测：主营业务成本单位成本的确定；分析企业历史成本费用的构成及变化趋势；分析变化趋势时应说明依据和原因；成本费用的预测应说明方法，并应与被评估资产范围配比；对于可能发生的土地使用权、商标、专利技术等租赁费应特别提示说明。

③营业税金及附加预测。营业税金及附加主要包括增值税、城建税和教育费附加等。

④期间费用预测。包括销售费用、管理费用和财务费用。

⑤以前年度亏损弥补和所得税。

3）现金流预测。现金流通常包括企业自由现金流和股权自由现金流。实务中采用企业自由现金流折现模型的情况比较多，在主营业务利润预测基础上确定企业自由现金流的预测。

①确定固定资产折旧与无形资产摊销。

②确定利息费用。

③确定营运资产的增加额。

④确定资本性支出。资本性支出包括维持原生产规模需要的资本性支出和扩大生产规模需要的资本性支出。在企业价值评估中一般仅考虑维持原生产规模的资本性支出。

⑤企业自由现金流计算公式为

企业自由现金流＝主营业务收入－主营业务成本－营业税金及附加－期间费用－所得税＋利息支出＋折旧摊销－资本性支出－营运资金净增加额

4）折现率确定。

5）编制收益现值计算表。

评估对象股权价值计算公式为

评估对象股权价值＝企业自由现金流折现值－负息负债＋非经营性资产－非经营性负债＋溢余资产净额

3. 撰写收益法评估报告

（四）市场法业务内容

1）选择比较对象（比较公司/比较案例）;

2）分析、调整财务报表数据；

3）选择并计算各“比较对象”的价值比率；

4）调整/修正各“比较对象”的价值比率；

5）确定目标企业的价值比率；

6）估算目标企业相关参数，计算得出一个结果作为评估初步结论；

7）考虑是否需要应用折价/溢价调整；

8）最低营运资金需求量与实际拥有量差异调整；

9）在采用各价值比率估算得出的结论中选择一个较为合理的作为最终评估结论；

10）加上非经营性资产净值（一般适用控股权评估）。

二、业务执行人

企业价值评估项目组。企业价值评估项目组人员比较多，一般按业务内容分成非实物资产及负债评估小组、机器设备评估小组、不动产评估小组、无形资产评估小组，需要采用收益法或市场法评估的还要组成专门评估小组。

三、业务执行应注意问题

1）国有资产评估项目，评估对象应与经济行为文件一致，在评估业务合同书中明确表述评估对象及评估范围，关注账外资产或业务。

2）评估基准日尽量选择在会计期末（月末、季度末、年中或年末），国有资产评估项目应关注核准、备案的时间要求，评估基准日应有利于经济行为实现。

3）关注相关监管的特别要求，关注过往相同股权或可能被比较的股权价值评估结果，关注过往评估报告对应经济行为是否实现，实现价值与评估结果的关系。

4）关注规范性文件是否存在有效期的规定及相关内容对评估的影响。

5）关注报告披露事项是否按准则要求进行完整、充分的披露。

6）只需要保留支持评估结论的工作底稿，但应反映评估程序实施的全过程；关注从相关当事方获得的资料是否都经过签字或盖章确认，评估专业人员自己做的操作底稿是否由执行人签字，并注明时间。

7）采用资产基础法进行企业价值评估、业务执行应注意问题，见本书“项目六”至“项目十”部分。

8）运用收益法应注意问题：

（1）收益法常用的具体方法包括股利折现法和现金流量折现法。股利折现法通常适用于缺乏控制权的股东部分权益价值的评估。现金流量折现法通常包括企业自由现金流折现模型和股权自由现金流折现模型。

（2）评估师及评估专业人员应当关注未来收益预测中主营业务收入、毛利率、营运资金、资本性支出等主要参数与评估假设的一致性。当预测趋势与企业历史业绩和现实经营状况存在重大差异时，评估师应当在评估报告中予以披露，并对产生差异的原因及其合理性进行分析。

（3）评估师及评估专业人员应当根据国家有关法律法规、企业性质、类型及所在行业现状与发展前景、协议与章程约定、企业经营状况、资产特点和资源条件等，恰当确定收益期；评估师应当在对企业产品或服务剩余经济寿命、替代产品或服务的研发情况、收入成本结构、资本结构、资本性支出、投资收益和风险水平等综合分析的基础上，结合宏观政策、行业周期及其他影响企业进入稳定期的因素，合理确定详细预测期。

（4）折现率的确定应当综合考虑评估基准日的利率水平、市场投资收益率等资本市场相关信息和所在行业、被评估企业的特定风险等相关因素。

（5）评估师及评估专业人员应当根据被评估企业的具体情况选择恰当的预期收益口径，并确保折现率与预期收益的口径保持一致。

9）运用市场法应注意问题：

（1）上市公司比较法中的可比企业应当是公开市场上正常交易的上市公司，评估结论应当考虑控制权和流动性对评估对象价值的影响。

（2）运用交易案例比较法时，应当考虑评估对象与交易案例的差异因素对价值的影响，应当考虑评估对象与交易案例在控制权和流动性方面的差异及其对评估对象价值的影响。

（3）可比企业选择可以在可比性质量和数量之间平衡，即选择 2～3 家可比性很强的交易案例或上市公司，或者采用可比性较弱的大样本（如多于 30 家的可比公司）。

10）按证券、国资部门监督管理的要求，原则上企业价值评估采用两种基本方法即可，但要说明第三种方法不适用的原因；当母公司为纯投资公司（无投资以外其他业务）时，主要长期投资应采用两种以上方法来评估；在持续经营的前提下，资产基础法一般不应当作为唯一使用的评估方法。

任务一：阅读相关准则和法律

（1）阅读《资产评估执业准则——企业价值》。

（2）阅读《资产评估操作专家提示——上市公司重大资产重组评估报告披露》。

（3）阅读《资产评估操作专家提示——收益法中的敏感性分析》（征求意见稿）。

（4）阅读《中华人民共和国公司法》。

任务二：企业价值评估案例操作

企业价值评估案例

一、案例基本情况

T 股份有限公司拟出售其拥有的 A 有限公司 80%的股权，评估基准日为 2017 年 6 月 30 日，委托诚信资产评估有限公司对 A 有限公司股东全部权益价值进行评估。

被评估企业 A 公司成立于 2009 年 1 月，注册资本为人民币 1 500 万元。A 公司为电子元器件生产企业，主要业务：电子元件、电子材料及电子专用设备的生产、制造、销售，无线电器材和家用电器产品销售等。其所在行业发展比较成熟，行业内的企业竞争比较充分，经过多年的发展，A 公司已在区域市场占据比较稳定的市场份额，其客户总体比较稳定。

截至评估基准日 2017 年 6 月 30 日，A 公司股权结构如表 2-21 所示。

表 2-21　A 公司股权结构表

序号	股东	所持比例/%	注册资本/万元
1	T 股份有限公司	80	1 200.00
2	L 投资有限公司	20	300.00
	合　计	100	1 500.00

A 公司近 3 年的资产、负债状况和经营业绩如表 2-22 所示。

表 2-22　资产、负债和经营业绩表　　单位：元

财务状况	2017 年 6 月 30 日	2016 年 12 月 31 日	2015 年 12 月 31 日
资产总计	72 947 729.85	79 751 238.10	74 942 815.81
负债合计	35 429 837.95	37 129 707.66	32 135 742.34
所有者权益合计	37 517 891.90	42 621 530.44	42 807 073.47
经营时间	2017 年 1—6 月	2016 年度	2015 年度
营业收入	6 298 534.37	30 010 054.89	29 182 315.44
利润总额	–5 139 507.31	–185 543.03	587 222.70
净利润	–5 139 507.31	–185 543.03	587 222.70
经营活动产生的现金流量净额	–123 047.46	24 721 976.22	–9 174 907.17

2017 年 6 月 30 日会计报表经会计师事务所审计，并出具无保留意见的资产清查专项审计报告。

本次评估的评估对象为被评估企业的股东全部权益。评估范围为被评估企业的全部资产及负债。流动资产主要包括货币资金、应收票据、应收账款、预付账款、其他应收款、存货等。非流动资产包括长期股权投资、固定资产、无形资产。流动负债主要包括应付账款、预收账款、应付职工薪酬、应交税费、其他应付款、其他流动负债等，没有非流动负债。

任务二操作要求：

要求一：列出此项目评估所需要资料清单。

要求二：计算截止评估基准日，A 公司账面总资产为________元，负债总额为__________元，净资产为________元。

二、收益法评估技术过程

（一）收益法概述及应用

1. 收益法概述

作为一个持续经营的整体企业，其真实、内在的价值取决于企业整体能为所有者或产权主体创造的未来收益。收益法是通过估算被评估企业在未来的预期收益，并采用适当的折现率折现成基准日的现值，求得被评估企业在评估基准日时的市场价值。

在采用收益法评估时，要求被评估企业预期收益口径与折现率的口径必须是一致的。

1）关于收益类型——自由现金流

本次评估采用的收益类型为企业全部资本所产生的自由现金流，自由现金流等于

企业的无息税后净利润（将公司不包括利息收支的利润总额扣除实付所得税税金之后的数额）加上折旧及摊销等非现金支出，再减去营运资本的追加投入和资本性支出后的余额，它是公司所产生的税后现金流量总额，可以提供给公司资本的所有供应者，包括债权人和股东。

2）关于折现率

为了确定委估企业整体价值，我们采用了加权平均资本成本（Weighted Average Cost of Capital，WACC）估价模型。

计算权益资本成本时，我们采用资本资产定价模型（Capital Asset Pricing Model，CAPM）。CAPM 模型是普遍应用的估算投资者收益以及股权资本成本的方法。

3）关于收益期

本次评估采用永续年期作为收益期。其中第一阶段为 2017 年 7 月 1 日至 2021 年 12 月 31 日，详细预测期为 4.5 年。在此阶段中，对公司的历史业绩及未来市场分析，判断公司收益状况逐渐趋于稳定。第二阶段为 2022 年 1 月 1 日至永续经营，在此阶段中，A 有限公司的净现金流在 2021 年的基础上将保持稳定。

本次评估通过将自由现金流折现还原为基准日的净现值，确定出评估基准日的企业全部资本（含投入资本和借入资本）的市场价值，再扣减企业借入资本价值，计算出委估股东全部权益价值。

任务二操作要求：

要求三：写出 WACC 估价模型计算公式。

要求四：写出 CAPM 计算公式。

2. 收益法适用条件

收益法，是将评估对象置于一个完整、现实的经营过程和市场环境中，对企业整体资产进行评估的方法。评估基础是对企业资产未来收益的预测和折现率的取值，因此被评估资产必须具备以下前提条件：

（1）委估资产持续经营并能产生经营收益，且经营收益可以用货币计量。

（2）委估资产在未来经营中面临的风险可以计量。

3. 收益法评定估算步骤

4. 收益法评定估算公式

任务二操作要求：

要求五：针对本例情况，写出收益法评定估算基本步骤。

要求六：写出收益法评定估算公式。

要求七：写出“企业整体价值”计算公式、“股东全部权益价值”与“企业整体价值”之间的关系式。

要求八：解释非经营性资产、溢余资产、有息债务概念。

（二）收益预测的基础和假设条件

1. 收益预测的基础

对被评估单位的收益预测是根据企业历史年度的财务及经营资料、生产能力以及目前该公司的经营规划，考虑该公司主营业务类型、主要产品的销售情况和发展前景，以及该公司管理层对企业未来发展前途、市场前景等的预测等基础资料，并遵循国家现行的法律、法规和企业会计制度的有关规定，本着客观求实的原则，采用适当的方法编制。

2. 收益预测的假设条件

采用收益法进行本次评估时，遵循哪些假设前提条件？

任务二操作要求：

要求九：根据案例基本情况及收益法的适用条件等，列出对本案例采用收益法评估时应提出的假设。

（三）宏观经济分析

（1）全球经济分析

（2）国内经济分析

（四）行业状况及发展前景分析

（1）行业生命周期分析

（2）竞争环境分析

（五）企业经营状况和竞争能力分析

（1）企业经营及资产状况分析

（2）企业竞争能力分析

任务二操作要求：

要求十：根据案例基本情况，列出以上分析需要的资料清单，以及获取资料的渠道来源。

要求十一：什么是行业的生命周期？进行行业生命周期分析可以采用哪些方法？

要求十二：企业竞争能力分析有哪些方法？

（六）被评估企业未来收益预测

1. 主营业务收入的预测

企业现已形成年加工甲产品 20 万只、乙产品 80 万只、丙产品 150 万只的生产能力。企业的主要产品采取订单式的销售模式。其中主要利润增长点在乙产品。其历史销售量如表 2-23 所示。

A 公司 2015—2017 年的历史的营业收入如表 2-24 所示。

表 2-23 A 公司历史产品销量表 单位：万只

	产品	2015 年	2016 年	2017 年 1—6 月
1	甲	3.27	3.68	1.45
2	乙	13.04	11.77	3.12
3	丙	0.20	0.18	4.08

表 2-24 A 公司历史营业收入表 单位：万元

项目	历史		
	2015 年	2016 年	2017 年 1—6 月
甲	264.27	240.63	101.82
乙	2 363.88	2 464.99	441.94
丙	11.32	142.69	79.36

A 公司产品品牌的知名度较高，产品的品质受到整机厂的认可，经过多年的积累，现在市场有一定知名度，有相对稳定客户群。产品市场占有率占国内市场份额的 10%左右。根据目前国内的经济形式综合分析，本次预测以企业未来五年规划为依据，基于稳健性考虑，同时考虑市场情况及未来发展趋势，预计 2017 年、2018 年、2019 年、2020 年、2021 年 A 有限公司三种产品销售量增幅分别为上一年的 10%、10%、15%、20%、10%；之后，企业进入经营稳定期，销量保持稳定。

根据目前国内的经济形式综合分析，预计销售价格将保持在 2017 年的销售价格水平，以后将在此基础上保持相对稳定，如表 2-25 所示。

表 2-25 销售价格预测表 单位：万元

产品名称	2017 年 7—12 月	2018 年	2019 年	2020 年	2021 年
甲	80.00	80.00	80.00	80.00	80.00
乙	163.00	163.00	163.00	163.00	163.00
丙	52.00	52.00	52.00	52.00	52.00

任务二操作要求：

要求十三：完成产销量预测表（见表 2-26）。

表 2-26 2017—2021 年产销量预测表 单位：万只

产品名称	2017 年 7—12 月	2018 年	2019 年	2010 年	2021 年
甲					
乙					
丙					

要求十四：根据上述预测资料，编制销售收入预测表（见表 2-27）。

表 2-27　2017—2021 年主营业务收入预测表　　单位：万元

项目	预　测				
	2017 年（7—12 月）	2018 年	2019 年	2020 年	2021 年
甲					
乙					
丙					
合计					

2. 主营业务成本的预测

A 公司目前的主要销售成本为主要材料、辅助材料、包装物、燃料、电费、工资、社会保险费、折旧和制造费用。

综合前面的市场分析结合企业历史成本，评估人员考虑企业在产量增长的情况下，未来成本水平将有一定幅度的增长。企业正在通过节能降耗等手段，降低生产成本；并与原料供应商保持长效合作机制以保证原料的供应及维持现有原料价格水平。评估人员在此基础上，根据历史营业成本占营业收入的比例，测算企业近三年销售成本率，A、B、C 三种产品的销售成本率分别为 85%、42%和 75%。在分析其合理性基础上，进行销售成本预测。

任务二操作要求：

要求十五：根据上述预测资料，编制销售成本预测表（见表 2-28）。

表 2-28　2017—2021 年主营业务成本预测表　　单位：万元

产品名称	预　测				
	2017 年 7—12 月	2018 年	2019 年	2020 年	2021 年
甲					
乙					
丙					
合计					

3. 营业税金的预测

本次在 A 公司的历史实际税负的基础上对其未来的营业税金及附加进行了预测（见表 2-29）。

表 2-29　2017—2021 年营业税金及附加预测表　　单位：万元

项目	预　测				
	2017 年 7—12 月	2018 年	2019 年	2020 年	2021 年
税金及附加	8.80	28.97	32.59	36.21	39.83

目前公司按照17%的税率交纳增值税。营业税金及附加包括城乡维护建设税、教育费附加及地方教育费附加，税（费）率都按照应交增值税的5%计算缴纳。公司根据预计营业收入测算增值税销项税额，根据预计营业成本中原材料及能源费等因素占产品成本的比例测算进项税额，然后计算出应交增值税，在此基础上计算出应交城乡维护建设税和教育费附加。

4. 期间费用的预测

历史年度期间费用见表2-30。

表2-30 历史年度期间费用表 单位：万元

项目	历史		
	2015年	2016年	2017年1—6月
销售费用	287.66	283.29	108.73
管理费用	1 115.35	1 051.68	493.65
财务费用	0.35	–5.96	–0.02

1）销售费用：销售费用依据费用的性质进行预测。影响未来销售费用的主要因素包括工资、广告费、差旅费等。评估人员依据企业历史年度数据，结合未来销售情况和各项费用未来的变化趋势逐项进行测算。

2）管理费用：管理费用依据费用的性质进行预测。影响未来管理费用的主要因素包括管理人员工资、工会经费、各类保障费用、差旅费、办公费、折旧费、保险费、税费、业务招待费以及其他费用等。评估人员考虑到企业在产量增长的情况下，管理费用也将有一定幅度的增长。根据企业的未来发展和各项费用未来的变化逐项测算。

3）财务费用：经向企业财务人员及管理人员了解，企业目前及未来无重大购建项目，且企业流动资金充足，故本次评估对财务费用——手续费按每年3 000元进行测算。

2017—2021年期间费用预测数据见表2-31。

表2-31 2017—2021年期间费用预测数据表 单位：万元

项目	预测				
	2017年7—12月	2018年	2019年	2020年	2021年
销售费用	109.35	360.38	405.47	450.63	495.77
管理费用	813.10	950.00	1 045.00	1 243.17	1 360.77
财务费用	0.30	0.30	0.30	0.30	0.30

5. 资产减值损失

公司历史年度资产减值损失主要为应收款项的坏账损失。根据本公司目前面临的市场情况、经营现状及回款情况，公司预计在预测期内不会发生应收款项的坏账损失和其他的资产减值损失。

6. 投资收益

2017 年 6 月末公司无长期投资，且管理层预计预测期内不会对外投资。因此未来年度不考虑对外投资收益。

7. 营业外收入

根据谨慎性原则及历史资料，预测期内不考虑营业外收入。

8. 营业外支出

公司营业外支出的发生具有不确定性，因此预测期内不考虑营业外支出。

9. 所得税

预测期间的所得税费用根据预测的利润总额和公司法定税率 25%进行预测。未来期间预测时未考虑递延所得税资产和递延所得税负债，预测所得税费用时只考虑当期所得税。

10. 折旧和摊销

经现场勘查，企业无改变现行模式经营的计划。申报的自有固定资产——设备类资产扣除不良资产（指因工艺调整等原因而进行处置的资产）后的有效资产能够保障公司经营的顺利进行及完成设计生产能力范围内的产品生产计划，因此，现固定资产规模可满足现有生产能力下企业未来正常经营的需要，不需要新增重大的固定资产投资支出。公司账面无形资产按照评估值及剩余使用年限进行摊销。未来年度折旧及摊销具体预测数据如表 2-32 所示。

表 2-32 2017—2021 年折旧和摊销预测数据表 单位：万元

项目	预 测				
	2017 年 7—12 月	2018 年	2019 年	2020 年	2021 年
折旧	123.00	246.00	246.00	246.00	246.00
摊销	3.53	7.07	7.07	7.07	7.07
合计	126.37	252.74	252.74	252.74	252.74

11. 资本性支出

A 有限公司已于 2012 年进行大规模的生产改造，根据 A 有限公司历史数据，结合企业现有资产状况预计企业将于 2021 年及以后年度进行设备更新，因此我们假定 2021 年及以后的每年的资本性支出等于其每年的折旧额。

12. 运营资金的增量

营业流动资金等于营业流动资产减去无息负债。营业流动资产包括公司经营所使用或需要的所有流动资产，包括某些现金余额、应收款项及存货等。本次评估将营业流动资产减去无息负债，计算2017—2021年营运资金的增量（见表2-33）。

表 2-33 2017—2021 年运营资金预测数据表 单位：万元

项目	预测				
	2017年7—12月	2018年	2019年	2020年	2021年
营运资金增量	0.00	288.84	105.21	105.21	105.21

13. 企业自由现金流的确定

任务二操作要求：

要求十六：根据上述预测资料，编制企业投资资本自由现金流预测表（见表2-34）。

表 2-34 企业自由现金流预测表 单位：万元

年度	2017年7—12月	2018年	2019年	2020年	2021年	2022年及以后
主营业务收入						
减：主营业务成本						
税金及附加						
销售费用						
管理费用						
财务费用						
资产减值损失						
加：公允价值变动收益						
投资收益						
营业利润						
加：营业外收入						
减：营业外支出						
利润总额						
所得税税率	0.25	0.25	0.25	0.25	0.25	0.25
减：所得税费用						
净利润						
加：折旧和摊销						
利息支出						0
减：资本性支出					246.02	246.00
运营资本增量						
净现金流						

（七）非经营性资产（负债）和溢余资产

1. 非经营性资产（负债）

非经营性资产（负债）是指与企业收益无直接关系的，不产生效益的资产（负债）。此类资产不产生利润，会增大资产规模，降低企业利润率。2017 年 6 月 30 日，A 有限公司非经营性资产（负债）主要包括其他应付款等。我们以资产基础法评估的结果确认评估基准日 A 有限公司非经营性资产（负债）价值。经测算，确定非经营性资产为–1 574.81 万元，即非经营性负债为 1 574.81 万元。

2. 溢余资产

溢余资产是指与公司经营收益无直接关系的，超过公司正常经营所需的多余资产。经分析，确定 A 有限公司溢余资产为 127.13 万元。

（八）折现率等重要参数的获取来源和形成过程

我们首先运用资本资产定价模型（CAPM）来计算投资者股权资本成本，在此基础上运用 WACC 模型计算加权平均资本成本，并以此作为被评估单位未来投资资本自由现金流的折现率。

1. 运用 CAPM 计算权益资本成本

CAPM 是国际上普遍应用的估算投资者股权资本成本的方法。

在 CAPM 分析过程中，我们采用了下列步骤：

1）长期国债期望回报率（R_{f1}）的确定。本次评估采用的数据为评估基准日距到期日十年以上的长期国债的年到期收益率的平均值，经过汇总计算取值为 4.20%。

2）ERP，即股权市场超额风险收益率（$E[R_m]-R_{f2}$）的确定。一般来讲，股权市场超额风险收益率即股权风险溢价，是投资者所取得的风险补偿额相对于风险投资额的比率，该回报率超出在无风险证券投资上应得的回报率。我国目前通常采用证券市场上的公开资料来研究风险报酬率。

（1）市场期望报酬率（$E[R_m]$）的确定

在本次评估中，我们借助 Wind 资讯的数据系统，采用沪深 300 指数中的成分股投资收益的指标来进行分析，采用几何平均值方法对沪深 300 指数中成分股的投资收益情况进行分析计算。得出各年度平均的市场风险报酬率。

（2）确定 2007—2017 年各年度的无风险报酬率（R_{f2}）

本次评估采用 2007—2017 年各年度年末距到期日十年以上的中长期国债的到期收益率的平均值作为长期市场预期回报率。

（3）按照几何平均方法分别计算 2007 年 12 月 31 日至 2017 年 6 月 30 日期间，每年的市场风险溢价，即 $E[R_m]-R_{f2}$。我们采用其平均值 6.32%作为股权市场超额风险收益率。

3）确定可比公司市场风险系数 β。首先收集多家同行业上市公司的资料，选取在业务内容、资产负债率等方面与委估公司相近的 5 家上市公司作为可比公司，查阅取得每家可比公司在距评估基准日 36 个月期间的采用周指标计算归集的相对与沪深两市（采用沪深 300 指数）的风险系数 β，并剔除每家可比公司的财务杠杆后（Un-leaved）系数 β，计算其平均值作为被评估企业的剔除财务杠杆后（Un-leaved）的系数 β。

任务二操作要求：

要求十七：写出无财务杠杆 β_U 的计算公式。

要求十八：确定被评估企业 β_L。

4）特别风险溢价 Alpha 的确定，我们考虑了以下因素的风险溢价：

（1）规模风险报酬率的确定

世界多项研究结果表明，小企业要求的平均报酬率明显高于大企业。通过与入选沪深 300 指数中的成分股公司比较，被评估企业的规模相对较小，因此我们认为有必要进行规模报酬调整。根据我们的比较和判断结果，评估人员认为追加 1%（通常为 0～4%）的规模风险报酬率是合理的。

（2）个别风险报酬率的确定

个别风险指的是企业相对于同行业企业的特定风险，个别风险主要有：①企业所处经营阶段；②历史经营状况；③主要产品所处发展阶段；④企业经营业务、产品和地区的分布；⑤公司内部管理及控制机制；⑥管理人员的经验和资历；⑦对主要客户及供应商的依赖；⑧财务风险。

出于上述考虑，本次评估中的个别风险报酬率确定为 1%（通常为 0～3%）。

任务二操作要求：

要求十九：根据以上分析计算，确定用于本次评估的权益期望回报率。

2. 运用 WACC 模型计算加权平均资本成本

WACC 模型是国际上普遍应用的估算投资资本成本的办法。

在 WACC 分析过程中，我们采用了下列步骤：

1）权益资本成本（K_e）采用 CAPM 模型的计算结果。

2）对企业的基准日报表进行分析，确认企业的资本结构。

3）所得税率（T）采用目标公司适用的法定税率 25%。

根据以上分析计算，我们确定用于本次评估的投资资本回报率，即加权平均资本成本为 11.28%。

三、评估结论

通过实施必要的评估程序，经过上述分析和估算，使用收益法评估出 A 有限公司的股东权益于 2017 年 6 月 30 日的持续经营价值。

任务二操作要求：

要求二十：根据以上分析，完成计算结果表（见表 2-35）。

表 2-35 企业价值评估收益法计算结果表 单位：万元

项 目	预 测						
	2017 年 7—12 月	2018 年	2019 年	2020 年	2021 年	2022 年	2023 年及以后
净现金流							
折现率							
折现年数							
折现系数							
现金流折现现值							
现金流折现现值之和							
加：溢余资产							
长期股权投资							
非经营性资产							
减：付息负债	0						
股东权益的公允市场价值							

要求二十一：根据上述资料，对此案例进行分析，找出存在的问题或不足之处。

模块三

综合实践

熟悉资产评估基本程序要求，掌握车辆及不动产评估相关知识，掌握针对车辆及不动产进行评估所需要的资料，掌握《资产评估执业准则——评估报告》对评估报告的撰写要求。

学习现场勘查车辆与不动产，并填写现场勘查记录；通过项目基本事项调查、现场勘查等来锻炼与委托方的沟通、协调能力；通过市场询价等环节来锻炼市场调查能力，进一步锻炼沟通能力；通过评定估算环节，进一步熟悉各种评估方法的适用条件、参数取值要求等。

一、学生前期准备环节

（1）班级内学生自由分组，每组5～6人，小组成立虚拟资产评估机构，通过团队合作完成实践任务。小组名单上报教师，小组作为演示和考核的基本单位。

（2）进行虚拟评估机构人员分工，准备基本管理类资料。

二、教师前期准备环节

（1）做出模拟实习计划表。

（2）根据学生分组数量找到相应数量的学校教师作为委托方。

（3）与委托方沟通，交代需配合完成的工作（采用书面形式）。

（4）建立模拟机构与委托方的联系方式（交换电话号码）。

三、前期准备环节操作参考资料

1. 资产评估委托合同参考格式

扫描二维码，阅读资产评估委托合同参考格式。

资产评估委托合同参考格式

2. 项目前期基本事项调查表参考格式

扫描二维码，阅读项目前期基本事项调查表参考格式。

项目前期基本事项调查表参考格式

3. 评估项目（单项资产）工作计划参考格式

扫描二维码，阅读评估项目（单项资产）工作计划参考格式。

评估项目（单项资产）工作计划参考格式

4. 综合实习计划表参考格式

扫描二维码，阅读综合实习计划表参考格式。

综合实习计划表参考格式

5. 给委托方的沟通函参考格式

扫描二维码，阅读给委托方的沟通函参考格式。

给委托方的沟通函参考格式

项目十二 车辆评估项目模拟

车辆评估是一项专业技术性很强的工作，我们在现阶段对评估对象二手车的属性、技术性能等没有太多的了解，还需要在实践工作中不断学习。但是作为一类资产，我们比较容易获得其产权资料，能够较为方便地进行现场勘查，同时也能够通过各种媒

体、二手车市场及4S店等获得相应的信息。因此，将车辆作为着重于“资产评估程序”的实践对象比较适当。

在“车辆模拟评估”项目中，要求学生了解资产评估程序各阶段要完成的工作，加强学生对“现场”勘查环节重要性的认识，对评估对象权属资料收集的重要性的认识，以及对评估工作底稿的认识。

一、汽车基本知识

（一）汽车分类

根据 GB/T 3730.1–2001《汽车和挂车类型的术语和定义》第 2.1 条，汽车分为两大类：乘用车和商用车。

乘用车是主要用于载运乘客及其随身行李物品的汽车，包括驾驶员座位在内，不超过 9 个座位。商用车主要用于商业用途，运送人员和货物。

（二）汽车结构

汽车的组成见图 3-1。

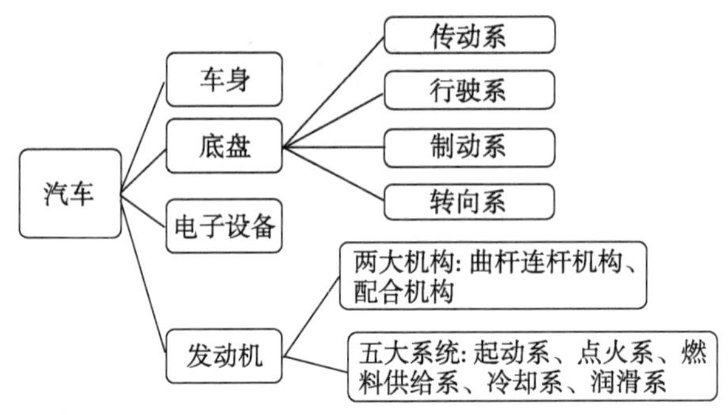

图 3-1　汽车的组成

汽车的总成拆分见图 3-2。

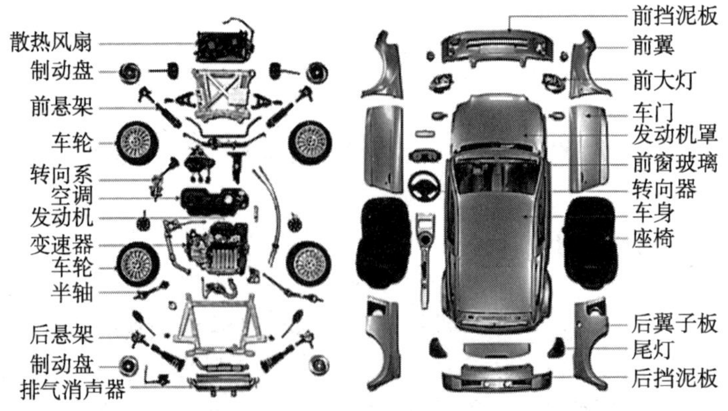

图 3-2　汽车总成拆分平面图

（三）国产汽车型号编制规则

按照 GB 9417–88《汽车产品型号编制规则》国产汽车型号应能表明汽车的厂牌、类型和主要特征参数等，包括首部、中部和尾部三部分：

首部——由 2～3 个汉语拼音字母组成，是识别企业名称的代号。例如 CA 代表第一汽车制造厂，EQ 代表第二汽车制造厂，SH 代表上海等。

中部——由 4 位阿拉伯数字组成，分为首位、中间两位和末位数字三部分，表示车辆类别、特征参数和序列。

尾部——分为两部分，前部由汉语拼音字母组成，表示专用汽车分类代号，例如 X 表示厢式汽车，G 表示罐式汽车等；后部是企业自定代号，可用汉语拼音字母或阿拉伯数字表示。基本型汽车的编号一般没有尾部，其变型车（例如采用不同的发动机、加长轴距、双排座驾驶室等）为了与基本型区别，常在尾部加 A、B、C 等企业自定代号。

例：BJ 2020S、CA 772、EQ 1092 等。

（四）车辆识别代号 VIN

1. 组成、标识

车辆识别代号 VIN（Vehicle Identification Number）由 17 位字符组成，俗称十七位码。它包含了车辆的生产厂家、年代、车型、车身型式及代码、发动机代码及组装地点等信息。

17 位的 VIN 码可以根据其各自代表的含义划分成三个部分，它们分别是世界制造厂识别代号（WMI）、车辆说明部分（VDS）和车辆指示部分（VIS），如图 3-3 所示。

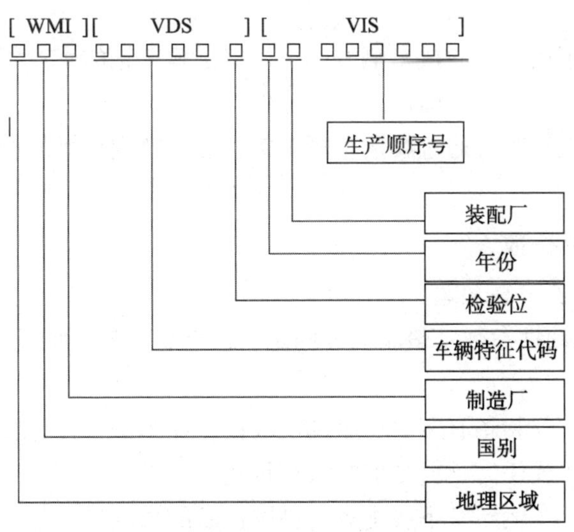

图 3-3 VIN 组成示意图

例 1：日本丰田汽车公司编码 JT1GK12E7S9092125。

J 表示日本，T 表示丰田汽车公司，1 表示车辆类型为乘用车，G 表示发动机为 1MZ-FE3.0LV6，K 表示车辆品牌为佳美，1 表示汽车种类为 MCV10L 型，2 表示汽车系列为 LE 系列，E 表示车身类型为 4 门轿车，7 表示检验数，S 表示车型生产年份为 1995 年，9 表示装配厂为日本，092125 表示汽车的生产顺序号。

例 2：德国奔驰汽车公司编码 WDBGA57B6PB127810。

W 表示德国，DB 表示戴姆勒–奔驰汽车公司，G 表示车身及底盘系列为 140 系列，A 表示发动机类型为汽油发动机，57 表示车型为 600SEL 四门轿车 5.0 L，B 表示乘员安全保护装置为三点式安全带及防撞安全气囊，6 表示检验数，P 表示车型年款为 1993 年，B 表示总装工厂代码，127810 表示汽车的出厂顺序号。

2. 标示原则

每一车辆都必须具有唯一的车辆识别代号，在多处标示。

3. 作用

（1）各大保险公司通过车辆的 VIN，结合车辆管理部门提供的车辆登记和使用记录，就可以分析车辆的盗抢、交通事故情况等，估计车辆承保的风险程度，从而能够针对不同的车辆制定相应的保险制度。

（2）整车制造厂通过 VIN，结合车辆制造档案就可以明确各批次车辆及零部件的去向和车辆的生产、销售及使用状况，对于调整生产、改进售后服务和实行汽车召回具有重大的指导意义。

（3）维修企业通过车辆 VIN 并查询相关的 VIN 规则说明，可以确定车辆的车型、生产年份以及相应的配置状况，从而选择合适的仪器设备和相关的车型维修资料，正确地进行故障诊断和车辆维修。另外，通过 VIN 能明确车辆配置及其生产年限、批次，从而找到正确的零件。

（4）在二手车市场上，通过车辆 VIN，可以了解车辆的生产年份、产地、车型、车身型式、发动机配置等，以确定合理的价位。

（5）购买进口汽车时，通过解读车辆 VIN，能了解到车辆的产地、配置、生产年份、装配厂等信息。

（五）汽车主要参数

1）外形尺寸：长 × 高 × 宽。

2）通过性及机动性参数：最小离地间隙、前悬、后悬、接近角、离去角。

3）重量参数。

（1）整车自重：仅装备有车身、全部电气设备和车辆正常行驶所需要的设备的完整车辆质量（没有加载任何燃料之前的汽车重量）。

（2）整备质量：车辆新车下线配齐各种附件后的总质量。包括灭火器、千斤顶、润滑油、燃料、随车工具、备胎等所有装置的质量。

（3）总质量：汽车在道路上行驶时的最大装载质量。

①对于轿车：

$$汽车总质量＝整备质量＋驾驶员＋乘员＋行李质量$$

②对于客车：

汽车总质量＝整备质量＋驾驶员＋乘员＋行李＋附件质量

（4）轴荷分配：汽车前轴、后轴承担汽车质量的比例。

4）容量参数：载质量、座位数、货厢容积、行李厢容积、燃油箱容积等。

5）车身外部名词：车头部分、车身部分、车尾部分。

6）性能参数。

（1）发动机最高转速：发动机曲轴每分钟的回转数，用 n 表示，单位为 r/min。

（2）最大爬坡度：满载的汽车在良好路面上挂 1 挡时克服的最大坡度，体现汽车的爬坡能力。

（3）起步加速时间：指汽车从静止状态下，由 1 挡起步，并以最大的加速强度（包括选择最恰当的换挡时机）逐步换至高挡后，到某一预定的距离车速或车速所需的时间。

（4）百公里油耗量：汽车在道路上行驶时每百公里平均燃料消耗量。是汽车耗油量的一个衡量指标。

（5）制动距离：指车辆处于某一时速的情况下，从开始制动到汽车完全静止，车辆行驶的路程。

二、《机动车强制报废标准规定》（商务部、发改委、公安部、环境保护部令 2012 年第 12 号）摘录

扫描下方二维码，阅读相关材料。

《机动车强制报废标准规定》摘录

三、GB/T 30323–2013《二手车鉴定评估技术规范》摘录

扫描下方二维码，阅读相关材料。

《二手车鉴定评估技术规范》摘录

四、车款定义

车款第一级：品牌，以每个车的车标为唯一的标记。

车款第二级：系列，与国际上的叫法相同。同系列的汽车基于同一技术平台研发

而成。国外的汽车品牌都有统一的系列名称，例如宝马 3 系列。

车款第三级：车型，外形一样的就属于同一车型，例如宝马 3 系列下面的车型有宝马 320i、宝马 320li。

车款第四级：车款，在车型下面用不同的配置来定义的车，例如车型桑塔纳 2000 下分桑塔纳 2000 手动基本型、桑塔纳 2000 自动基本型等车款。在给车款命名时，遵循以下原则。

年份：汽车款式的年份标志，顺序从远到近。

系列：汽车的系列，与品牌划分的系列相同。

车型：同品牌划分的车型。

发动机形式：排量（气缸排列方式及个数）、涡轮增压、气门数（1.6L/2V）。

变速箱形式：手动、自动、手自一体、无极变速。

配置描述：导入型、基本型、经济型、精英型、豪华型等。

备注：天窗版、电子导航版、运动版、纪念版等。

五、中国资产评估协会发布的资产评估报告相关准则修改情况对照

扫描下方二维码，阅读相关材料。

中国资产评估协会发布的资产评估报告相关准则修改情况对照

一、项目基本情况

委托方为自然人××，拟出售一辆家用汽车，委托评估公司对此车辆进行评估，以确定其在评估基准日的市场价值，为其出售提供价值参考，评估基准日确定为现场勘查日。

二、模拟项目程序

（一）前期沟通

1）各模拟机构与委托方电话联系，了解基本情况，约定现场勘查时间；

2）填写项目前期基本事项调查表。

（二）勘查前准备相关资料

1）资产评估委托合同；

2）相关表格（申报表、车辆基本情况表、现场勘查表等）的设计；

3）列出须向委托方索要资料的清单，一般有以下内容：

（1）车辆评估申报明细表；（2）车辆购置发票；（3）车辆行驶证；（4）机动车登记证书；（5）车辆完税凭证；（6）机动车保险单（交强险保单、商业险保单）；（7）车辆事故或大修情况说明；（8）委托方身份证明。

相关资料要求评估人员查看原件并留存复印件，委托方提供资料要签字确认！

4）编制评估计划。

（三）现场勘查

1）确定车辆是否存在，确定车辆权属，鉴定当前使用状态；

2）填写车辆现场勘查表，形成现场勘查工作底稿。

（四）市场调查与资料搜集

1）确定市场调查方法，拟定调查方案；

2）按分工进行市场调查与资料搜集并形成工作底稿。

（五）选择评估方法并进行适用性分析

（六）评定估算

（七）撰写评估报告

（八）评估报告内部审核

（九）评估档案归档

三、综合实践成果

（一）资产项目档案一份

扫描下方二维码，阅读相关材料。

资产项目档案

（二）车辆评估模拟实验报告一份

扫描下方二维码，阅读相关材料。

车辆评估模拟实验报告

四、业务执行应注意问题

1）资产评估基本程序的八个步骤，在实际执行时可能会有交叉，评估小组复核人要检查各程序阶段的工作痕迹是否清晰，责任人是否明确。

2）关注委托方提供资料的签字确认情况。

3）关注自行搜集资料是否注明来源出处。

4）关注参数取值的来源依据。

5）关注评估报告形式内容是否完整。

6）关注对评估方法逻辑推理过程的阐述是否完整。

项目十三　不动产评估项目模拟

不动产评估也称房地产评估，是资产评估业务涉及的重要评估对象。在对不动产进行评估的实务工作中，资产评估师与注册房地产估价师的业务范畴有所区别。资产评估师从事的不动产评估业务主要是基于国有资产评估管理的需要，也就是凡是涉及国有资产的不动产评估业务（征收除外）均由资产评估机构完成。资产评估师执业遵循的是资产评估准则，注册房地产估价师执业执行的是房地产估价规范，虽然二者的执业标准不同，但是从执业程序和方法系统看，并没有本质的差别。本项目模拟仍然是从资产评估师执业规范角度去演练。鉴于实践条件，我们没有找到合适的国有企业房地产评估项目，仍以个人住宅项目为例，按照国有资产评估思路来进行评估，最终按《企业国有资产评估报告指南》形成资产评估报告。

一、不动产相关内容

（一）不动产的概念

《资产评估执业准则——不动产》第二条："本准则所称不动产是指土地、建筑物及其他附着于土地上的定着物，包括物质实体及其相关权益。本准则所称不动产不包含海域、林木等。"

（二）不动产登记

《不动产登记暂行条例》第二条："本条例所称不动产登记，是指不动产登记机构依法将不动产权利归属和其他法定事项记载于不动产登记簿的行为。"

（三）不动产登记的主要内容

不动产登记的内容是不动产权利归属和其他法定事项，包括：

1）不动产的坐落、界址、空间界限、面积、用途等自然状况；

2）不动产权利的主体、类型、内容、来源、期限、权利变化等权属状况；

3）涉及不动产权利限制、提示的事项；

4）其他相关事项。

（四）需要统一登记的不动产

按照国务院《不动产登记暂行条例》，所有不动产都要统一到一个部门登记。不动产登记对象包括：（1）集体土地所有权；（2）房屋等建筑物、构筑物所有权；（3）森林、林木所有权；（4）耕地、林地、草地等土地承包经营权；（5）建设用地使用权；（6）宅基地使用权；（7）海域使用权；（8）地役权；（9）抵押权；（10）法律规定需要登记的其他不动产权利。

（五）过去依法办理的证书是否有效？

在不动产统一登记后，过去依法办理的土地使用证和房屋所有权证，都是有效的，并且效力不变。

（六）新证与老证的区别

（1）证书变了。现在的证书统一为不动产权证书、不动产登记证明。

（2）新证书上，增加了一个二维码，作为存储不动产登记信息的标识。

（3）新证书上既有土地信息，也有房屋信息，内容比原来更多，更细。比如，新的不动产权证书上有两张图纸，一张是宗地图，反映的是土地的界址、界线、邻宗地等信息；另一张是房屋平面图，反映的是建筑物、构筑物在宗地上的具体位置。

（七）不动产如何体现"统一"登记？

不动产统一登记，"统一"二字体现在四个方面：登记机构统一，簿册证书统一，登记依据统一，信息平台统一。

（八）小区中配套建设的社会公益事业用地的用途登记

依据各种正式批准文件，小区中配套设置和建设的幼儿园、医院等社会公益事业用地，严禁擅自改变用途。在单独登记时应按《土地利用现状分类》确定的用途登记。其变更登记、转移登记申请之前，应经原批准机关批准。否则，不予受理。

（九）小区内公用设施和物业服务用房的登记

对于小区内依法属于全体业主共有的公共场所、公用设施和物业服务用房等共有部分，不动产登记机构在登记簿上如实记载，不单独颁发不动产权属证书。

（十）房、地可否单独登记？

依法取得国有建设用地使用权，尚未建造房屋的，可以单独申请国有建设用地使用权登记。有建筑物的宗地，土地、房屋都经过依法审批后，可以申请国有建设用地使用权及房屋所有权登记。

（十一）不动产登记簿与不动产权证书的作用

不动产登记簿反映的是不动产的状态以及不动产的各种权利变动，具备一定的法律效力。不动产登记簿在不动产登记制度中处于核心地位。

不动产权证书是不动产登记簿所记载内容的外在表现形式。不动产权证书由权利人保管，它是表明权利归属的一种证明。

（十二）登记机关是否可以依据人民法院、仲裁委员会的生效法律文书或者人民政府的生效征收决定直接办理注销登记?

登记机关完全可以依据人民法院、仲裁委员会的生效法律文书或者人民政府的生效征收决定直接办理注销登记。原因是现实生活中，不少原权利人怠于申请注销登记，而登记簿上记载的仍然是原权利人，与实际的权利状态不符，不仅容易造成登记簿管理上的混乱，还可能影响其他人的合法权益，因此，登记机关可以按照规定依职权直接注销登记。

（十三）房屋买卖合同生效，房屋所有权是否随之转移?

依据《中华人民共和国物权法》有关规定，当事人之间订立的有关不动产物权的合同，除法律另有规定或者合同另有约定外，自合同成立时生效；未办理物权登记的，不影响合同效力。可见，签订房屋买卖合同之后，无论是否办理不动产登记，都不影响合同本身的效力。但是，房屋买卖合同生效之后的法律效力与办理不动产登记产生的法律效力是不同的。也就是说，合同生效不等于所有权变动，只有办理了不动产登记，才产生物权变动的法律效果。

（十四）申请房地产登记应当提交哪些材料?

不动产登记暂行条例第十六条指出，申请人应当提交下列材料，并对申请材料的真实性负责：

（1）登记申请书；

（2）申请人、代理人身份证明材料、授权委托书；

（3）相关的不动产权属来源证明材料、登记原因证明文件、不动产权属证书；

（4）不动产界址、空间界限、面积等材料；

（5）与他人利害关系的说明材料；

（6）法律、行政法规以及本条例实施细则规定的其他材料。

不动产登记机构应当在办公场所和门户网站公开申请登记所需材料目录和示范文本等信息。

（十五）不动产登记信息怎样查询

一般来说，不动产权利人、与不动产权利有利害关系的人，可以依法查询、复制不动产登记资料。另外，司法部门可以在有需要时查询权利人的不动产信息，但必须提供查询目的和查询的证件，不得将查询获得的不动产登记资料用于其他目的。登记机关工作人员违反规定泄露登记资料，以及查询的单位和个人违反规定泄露查询资料的，都需要承担相应的法律责任。

（十六）不动产登记机构不予登记的情形

凡是申请登记的事项存在根本性缺陷而且无法补救的，不动产登记机构应当做出不予登记的决定。具体包括以下情形：

（1）申请登记的事项违反法律、行政法规规定的；

（2）申请登记的不动产权利，存在尚未解决的权属争议，或正在争议中；

（3）申请登记的不动产权利超过了规定期限；

（4）法律、行政法规规定不予登记的其他情形。

（十七）需要实地查看的登记类型

（1）房屋等建筑物、构筑物所有权首次登记；

（2）在建建筑物抵押权登记；

（3）因不动产灭失导致的注销登记；

（4）不动产登记机构认为需要实地查看的其他情形。

二、不动产评估相关知识

1. 不动产评估的概念

《资产评估执业准则——不动产》第三条："本准则所称不动产评估是指资产评估机构及其他资产评估专业人员遵守法律、行政法规和资产评估准则，根据委托对评估基准日特定目的下的不动产价值进行评定和估算，并出具资产评估报告的专业服务行为。"

不动产评估包括单独的不动产评估和企业价值评估中的不动产评估。

2. 企业价值评估中的不动产评估

在企业的经营中，不动产对企业经营效益的贡献方式存在差异。其在企业经营中的"角色"不同，价值体现的方式也不同。在企业价值评估中，资产评估师应当了解和掌握企业所拥有的各类不动产的"角色"，区分作为企业销售的商品的房地产、投资性房地产、自用房地产之间的异同，合理判断它们对企业经营效益的贡献方式，以及它们的价值构成，从而选择适当的方法。不动产相关会计核算科目与对应不动产类型见表 3-1。

表 3-1 不动产相关会计核算科目与对应不动产类型表

会计核算科目	对应不动产类型
存货（房地产开发企业）	空地、已建成房地产、在建工程
投资性房地产	已出租土地、持有并准备增值后转让的土地、已出租建筑物
固定资产（自用）	建筑物（不含土地，或含地价）
在建工程——土建工程	在建工程（房、地）
无形资产	土地使用权

一、项目基本情况

委托方为自然人××，拟出售一套住宅，委托评估公司对此住宅进行评估，以确定其在评估基准日的市场价值，为其出售提供价值参考，评估基准日确定为现场勘查日。

二、模拟项目程序

（一）前期沟通

（1）各模拟机构与委托方电话联系，了解基本情况，约定现场勘查时间。

（2）填写项目前期基本事项调查表。

（二）勘查前准备相关资料

（1）资产评估委托合同；

（2）相关表格的设计（申报表、房屋基本情况表、住宅现场勘查表等）；

（3）列出需要向委托方索要资料的清单，一般有以下内容：

①固定资产——房屋建筑物评估申报明细表；②产权证明文件（房屋所有权证、土地使用证或不动产权证等）；③共有产权人出具同意出售说明；④房屋购置发票、契税、售房合同等资料；⑤委托方身份证明。

相关资料要求评估人员查看原件并留存复印件，委托方提供资料要签字确认。

（4）编制评估计划。

（三）现场勘查

（1）确定住宅房地产是否存在及其权属，鉴定当前使用状态；

（2）填写住宅现场勘查表，形成现场勘查工作底稿。

（四）市场调查与资料搜集

（1）确定市场调查方法，拟定调查方案；

（2）按分工进行市场调查与资料搜集，并形成工作底稿。

（五）选择评估方法并进行适用性分析

（六）评定估算

（七）撰写评估报告

（八）资产评估报告的内部审核

（九）评估档案归档

三、综合实践成果

（一）资产项目档案一份

扫描下方二维码，阅读相关材料。

资产项目档案

（二）综合实践报告一份

扫描下方二维码，阅读相关材料。

综合实践报告

四、业务执行应注意问题

（1）资产评估基本程序的八个步骤，在实际执行时可能会有交叉，评估小组复核人关注各程序阶段的工作痕迹是否清晰，责任人是否明确。

（2）关注委托方提供资料的签字确认情况。

（3）关注自行搜集资料是否注明来源出处。

（4）关注参数取值的来源依据。

（5）关注评估报告形式内容是否完整。

（6）关注对评估方法逻辑推理过程的阐述是否完整。

（7）关注评估报告披露的充分性。

模块四

能力提升实践

进一步掌握资产评估基本程序要求，熟悉各种评估方法在评估实务中的应用，掌握《资产评估执业准则——资产评估报告》《企业国有资产评估报告指南》对资产评估报告撰写的要求，进一步熟悉针对不同评估对象进行评估所需要的资料。

客观评价一份资产评估报告，并能找出其存在的问题，针对存在的问题提出解决建议；按不同评估项目修改评估报告模板。能力提升实践模块主要是要提高学生的专业实践综合能力。

项目十四　企业价值评估案例

资产评估师刘洋作为项目负责人，不仅需要具体协调各方面关系，对项目进行具体的管理，对现场负责人难以解决的工作难点及技术问题提出解决方案，同时也要对现场负责人撰写的资产评估报告进行初步审核，有时也要亲自撰写资产评估报告（中小资产评估机构或一些较小的评估业务，一般由项目负责人撰写资产评估报告）。

刘洋需要掌握资产评估相关执业准则对资产评估报告撰写的各项规范要求，也要具备正确分析已有资产评估报告的能力。

一、资产评估方法

资产评估方法，是指评定估算资产价值的途径和手段。

（一）资产评估方法种类

资产评估方法包括成本法（企业价值评估中的资产基础法）、市场法和收益法三种基本方法及其衍生方法。

成本法是从资产重置的角度评估资产的价值。该方法通常适用于评估缺少市场交易、收益较难确定的资产价值，其主要缺点是没有反映出资产之间的组合功效。

市场法按照市场替代的原则，根据市场上类似资产的价格评估资产的价值。当待评估的资产存在于充分活跃的交易市场，该市场上能够找到与待评估资产相同或相似的资产，从而能够通过调整相同或相似的资产得到待评估资产的价值时，通常适合采用该方法。该方法使用的前提是能找到可以参照的相似资产和存在活跃的交易市场。

收益法是从决定资产市场价值的基本依据——资产的预期获利能力的角度评估资产，符合市场经济条件下的价值观念。从理论上讲，收益法的评估过程和结论更符合市场上投资者的投资理念，该方法评估的资产价值更多体现了待评估资产未来的获利情况，其主要缺点是对资产未来收益的预测可能存在评估人员的主观判断，同时易受未来不可预见因素的影响。

（二）方法选择

资产评估方法的选择受到各种评估方法运用所需资料及主要经济技术参数能否搜集的制约，每种评估方法的运用都需要充分的数据资料作为依据，同时，评估方法还会受到评估对象的类型、理化状态的制约。

《资产评估执业准则——资产评估方法》第二十一条指出，资产评估专业人员应当熟知、理解并恰当选择评估方法。资产评估专业人员在选择评估方法时，应当充分考虑影响评估方法选择的因素。选择评估方法所考虑的因素包括：

（1）评估目的和价值类型；

（2）评估对象；

（3）评估方法的适用条件；

（4）评估方法应用所依据数据的质量和数量；

（5）影响评估方法选择的其他因素。

《资产评估执业准则——资产评估方法》第二十二条指出，当满足采用不同评估方法的条件时，资产评估专业人员应当选择两种或者两种以上评估方法，通过综合分析形成合理评估结论。

对具有经营收益的企业价值评估可以采用收益法，而对有类似交易且评估对象和类似资产的差异可以通过修正获得的企业价值评估，可以采用市场法。

（三）企业价值评估中评估方法运用

1. 资产基础法的运用

资产基础法是以企业的会计报表——资产负债表作为导向的评估方法。应用资产基础法是对企业所有的资产及负债分别进行评估，包括可识别的各项表外资产、负债。各项资产的价值，应当根据其具体情况，通过选用适当的具体评估方法来得出。

应用资产基础法的前提条件：

（1）被评估企业资产和负债构成明确；

（2）具备可利用的历史资料，资产基础法的应用是建立在历史资料基础上的，许多信息资料、指标需要通过历史资料获得。

一般情况下，评估既无市场参照，又无经营记录的企业价值，可以采用资产基础法。

2. 收益法的运用

企业价值评估中的收益法是通过将未来预期收益经折现或本金化处理来估测评估对象价值。它涉及被评估企业的预期收益，折现率或资本化率，以及被评估企业取得预期收益的持续时间这三个基本要素。

应用收益法的前提条件：

（1）被评估企业的预期收益可以预测，并可以用货币来衡量；

（2）被评估企业获得预期收益所承担的风险也可以估计；

（3）被评估企业预期获利年限可以预测。

对具有经营收益的企业价值评估可以采用收益法。

3. 市场法的运用

市场法的理论基础是同类、同经营规模并具有相同获利能力的企业，其市场价值是相同的（或相似的）。企业价值评估中常用的市场法包括上市公司比较法和交易案例比较法。上市公司比较法是指获取并分析可比上市公司的经营和财务数据，计算价值比率，在与被评估单位比较分析的基础上，确定评估对象价值的具体方法。交易案例比较法是指获取并分析可比企业的买卖、收购及合并案例资料，计算价值比率，在与被评估单位比较分析的基础上，确定评估对象价值的具体方法。

应用市场法的前提条件：

（1）产权交易市场、证券交易市场成熟、活跃，相关交易资料公开、完整；

（2）可以找到适当数量的可比上市公司（或可比企业交易案例）；

（3）被评估企业与可比上市公司（或可比企业交易案例）在价格方面的差异可以通过不同因素反映出来，并且这些差异可以量化。

二、中国资产评估协会发布的《企业国有资产评估报告指南》修改情况对照

中国资产评估协会发布的《企业国有资产评估报告指南》修改情况对照

扫描二维码，阅读相关材料。

三、案例分析报告基本格式要求

（一）内容要求

1. 案例点评

围绕案例提出问题，根据所给评估项目发现问题。将案例与现行评估准则和相关评估规范进行对比分析研究，明确指出问题。反映的问题要有代表性，分析

应准确、翔实。

在对案例的分析中既要有总括的分析，也要有具体的分析。具体分析要针对哪些评估环节不规范，哪些评估依据不充分，哪些评估方法运用不当或哪些做法较好、有特点，哪些参数确定缺乏必要的依据过程等方面。阐述案例中正确的做法或违反的规定，并分析其产生的积极意义或造成的不良后果，最后得出总结性的结论。

除非在计算等方面存在明显的错误，措辞上，通常不使用“错误的”“不正确的”“不应当”“不该”等可能引起不良导向作用的用词，建议使用“值得商榷的”“值得研究的”“值得考虑的”“值得完善的”等表述。

一般格式为：

（1）指出相关评估准则条款原文，评估行业的通常做法。

（2）指出本案例与评估准则相比，存在的差异、不足、缺陷、疏忽、错误等。

（3）指出存在的问题可能产生的后果。

2. 总结与启示

对案件进行透彻分析，提出总结性的结论，或提出有待进一步探讨的问题以及规范管理的政策建议等。

（1）总结问题的成因，分析其是个别的行为，还是行业普遍存在的问题，有针对性地提出建议，指出是规范个别行为还是完善政策制度，提出如何规范或完善，要切中主题，有实际导向意义。

（2）对于个别行为，应明确指出加强哪些方面的专业知识学习，提高哪些专业能力，指出应加强哪些评估准则的学习研究，指出应注重哪些方面（如相关理论的研究、相关政策信息收集等）的日常积累。

（3）对于行业普遍存在的问题，应提出相关行业政策建议，加强哪些方面的研究、宣传；建议完善执业规范的相关建议；指出对评估行业健康发展的影响。

在可能的情况下，可以反映（借鉴）相关行业（如会计行业）同样性质的问题，引以为鉴，警示评估师不断树立执业风险意识，研究探讨风险防范的做法。

（二）格式要求

1. 标题

一级标题，宋体，三号，加粗；二级标题，宋体，四号，加粗；若有三级标题，则用宋体，四号，加粗。标题序号依次用“一、”“(一)”“1.”。

2. 正文

正文主体部分用小四号字，宋体，行距固定值 20 磅。

3. 页面设置

用 A4 纸，单面打印，页面设置为“上 3 厘米，下 3 厘米，左 2.5 厘米，右 2.5 厘米”。

企业价值评估案例

案例设置说明

此案例保留了原报告的完整格式，目的是通过案例分析使学生掌握《企业国有资产评估报告指南》对一份企业国有资产评估报告规范性和完备性的要求。

案例基本内容

报告题目：B集团有限公司拟改制为股份公司所涉及的A有限公司股东全部权益项目资产评估报告书。

报告文号：PG评报字〔2016〕第02号。

报告封面、目录、评估师声明、摘要，以下内容根据报告整理：

报告书正文

B集团有限公司：

PG评估公司（以下简称“本公司”）接受B集团有限公司的委托，根据有关法律、法规和资产评估准则、资产评估原则，采用资产基础法，按照必要的评估程序，对B集团有限公司拟改制涉及的A有限公司全部股东权益在评估基准日2015年12月31日所表现的市场价值进行了评估。评估结果的使用有效期为一年。资产评估结果如下。

一、委托方、被评估企业及其他评估报告使用者

（一）委托方简介

（二）被评估企业简介

1. 注册信息

略。

2. 企业历史沿革

A有限公司原名JJ省广大原种场。该场始建于1952年，隶属中垦集团，2006年下放JJ省，由省国资委资产经营管理有限公司管理，2009年1月组建并注册成立。经济性质：有限公司。

3. 近三年的资产负债及经营业绩情况

具体情况如表4-1、表4-2所示。

表4-1　资产负债表　　单位：元

项目名称	2013-12-31	2014-12-31	2015-12-31
流动资产	80 870 000.00	80 300 000.00	57 223 000.00
长期股权投资	260 000.00	0.00	0.00
固定资产净值	52 300 000.00	21 600 000.00	43 300 000.00
在建工程	3 510 000.00	0.00	0.00

续表

项目名称	2013-12-31	2014-12-31	2015-12-31
无形资产	32 200 .000.00	10 800 000.00	20 000 000.00
非流动资产合计	88 270 000.00	32 400 000.00	62 300 000.00
资产总计	169 140 000.00	112 700 000.00	119 523 000.00
流动负债	88 900 000.00	122 100 000.00	121 686 000.00
非流动负债	8 600 000.00	5 800 000.00	35 000 000.00
负债合计	97 500 000.00	127 900 000.00	156 686 000.00
所有者权益合计	71 640 000.00	−15 200 000.00	−37 163 000.00

表 4-2　经 营 状 况　　单位：元

项目名称	2013 年 1—12 月	2014 年 1—12 月	2015 年 1—12 月
营业收入	14 397 672.65	5 523 884.43	10 553 900.08
营业成本	29 242 200.00	24 851 201.79	24 119 513.34
营业税金及附加	38 360.00	1 512.00	1 680.00
营业利润	−14 882 887.35	−19 328 829.36	−13 567 293.26
利润总额	−9 464 187.35	−16 971 279.36	−13 612 410.43
所得税	17 437.50	0.00	0.00
净利润	−9 481 624.85	−16 971 279.36	−13 612 410.43

以上数据，2013 年度、2014 年度数据已经递交 D 会计师事务所审计。2015 年 1—12 月数据已经 S 会计师事务所审计，并出具了××19 号专项审计报告。

（三）委托方与被评估企业关系

B 集团有限公司是 A 有限公司 100%股权持有单位。

（四）其他评估报告使用者

本评估报告仅供委托方和国家法律、法规规定的评估报告使用者使用。

二、评估目的

因 B 集团有限公司股改，PG 资产评估有限公司接受 B 集团有限公司的委托，对该经济行为所涉及的 A 有限公司股东全部权益价值进行了评估，以评估后的股东全部权益价值作为股份制改造的价值参考依据。

三、评估对象和评估范围

根据本次评估目的，评估对象是 B 集团有限公司拟股改涉及的 A 有限公司全部股东权益价值。评估范围是 A 有限公司申报的全部资产及负债。

以上评估范围与委托评估的范围及产权持有单位申报评估的资产范围一致。

四、价值类型及其定义

根据评估目的和委估资产的特点，确定本次评估结论的价值类型为市场价值。市场价值是指自愿买方和自愿卖方，在各自理性行事且未受任何强迫的情况下，评估对象在评估基准日进行正常公平交易的价值估计数额。

五、评估基准日

本报告的评估基准日是2015年12月31日。确定评估基准日，要确保经济行为发生时间与评估基准日尽可能接近，并考虑本次经济行为的实现、企业会计核算、会计资料的完整性、利率和汇率变化等因素确定。企业申报资料均基于评估基准日，评估中所采用的价格也来自评估基准日。

本报告的评估基准日与业务约定书的评估基准日一致。

六、评估依据

扫描二维码，阅读相关材料。

评估依据

七、评估方法

资产评估基本方法包括市场法、收益法和资产基础法。

市场法，指将评估对象与可比上市公司或者可比交易案例进行比较，确定评估对象价值的评估方法。

收益法，指将预期收益资本化或者折现，确定评估对象价值的评估方法。

资产基础法，指以被评估单位评估基准日的资产负债表为基础，合理评估企业表内及表外各项资产、负债价值，以确定评估对象价值的评估方法。

按照《资产评估准则——基本准则》，评估应根据评估目的、价值类型、资料收集情况等相关条件，恰当选择一种或多种资产评估方法。

由于目前国内类似企业股权转让在公开市场缺乏交易案例和查询资料，故本次评估不宜采用市场法。

由于近年来种子市场供过于求已经成为常态，被评估单位所在区域种子市场受国外品种的冲击严重，被评估单位的主导品种产品市场占有率降低，无法预测被评估单位未来收益及风险，不具备采用收益法实施评估的操作条件，故本次评估不宜采用收益法。

由于被评估单位各项资产、负债能够根据会计政策、企业经营等情况被合理识别，评估中有条件针对各项资产、负债的特点选择适当、具体的评估方法，并具备实施这些评估方法的操作条件，本次评估可以选择资产基础法。

根据本次评估目的和评估对象的特点，以及评估方法的适用条件，选择资产基础法进行评估。

具体的评估方法如下。

（一）流动资产

本次评估将其分为以下几类，采用不同的评估方法分别进行评估：

1）货币类流动资产。包括现金、银行存款，通过现金盘点、核实银行对账单、银行函证等进行核实，本次评估以核实后的账面值确定评估值。

2）实物类流动资产。主要是存货类的原材料、产成品和在用低值易耗品。首先将申报表与会计报表、明细账、总账进行核对，再查阅相关的会计记录和原始凭证。

（1）原材料。A 有限公司核算的原材料是用于育种的玉米父本和母本等种子的成本，该种子技术具有保密性和独特性，评估人员核实其入账成本的真实性，以核实的成本确定其评估值。

（2）产成品。核算的产成品是企业生产的各种品种的玉米种子，盘点中发现库龄已超过 3 年的产成品的出芽率达不到要求，本次对于此部分产成品按销售普通商品粮价格予以评估。对于其他正常销售的产成品，评估人员统计了所有产成品的销售价格和有关税费情况，发现由于市场价格变动的影响，近期企业产成品的价格有一定波动，此次评估我们采用企业提供的近期的产品平均售价，并抽取了近期的销售合同对平均价格进行了核实。根据我们收集的资料按如下公式计算产成品价格：

产成品评估值＝基准日库存数量×单位售价×（1－销售费率－销售税金及附加率－销售收入所得税率－适当数额的税后净利润）

（3）在用低值易耗品。主要核算的在用低值易耗品为办公桌椅、沙发、书柜等办公用品。本次对其购入时间和入账金额进行了核实；本次评估人员采用重置成本法，以重置成本单价和数量及成新率确定评估值。

在用低值易耗品评估值＝全新低值易耗品的成本单价×数量×成新率

3）债权类流动资产。包括应收账款、预付账款、其他应收款等，对应收类流动资产，主要是在清查核实其账面余额的基础上，根据每笔款项可能回收的数额确定评估值；对预付款项，根据所能收回的货物或者服务，以及形成的资产或权利确定评估值。

（二）非流动资产

本次评估将其分为以下几类，采用不同的评估方法分别进行评估：

1. 房屋建（构）筑物

评估方法采用重置成本法。其计算公式：

评估净值＝评估原值×综合成新率（%）

（1）评估原值的确定

重置价值＝建筑安装工程综合造价＋前期及其他费用＋附属工程费＋投资利息＋投资利润＋税金

其中：

建筑安装工程综合造价指建设单位直接投入工程建设，支付给承包商的建筑费用。

建筑安装工程综合造价＝建筑工程造价＋装饰工程造价＋安装工程造价

评估人员按被评估建筑物的用途分类归集，选择同类用途和结构中有一定代表性的建筑物，根据所搜集的反映其工程量的设计、预决算及合同等资料，利用房屋建筑物所在地的建设工程概预算定额及工程造价信息，确定其在评估基准日的建筑安装工程综合造价。

其他房屋建筑物，则以评估人员计算的同类用途及结构有代表性建筑物的建筑安装工程造价，或评估人员搜集的类似工程的建筑安装造价为基础，结合房屋建筑物评估常用的数据与参数，采用类比法，通过差异调整测算出这些房屋建筑物的建筑安装工程综合造价。

前期费用及其他费用指工程建设应发生的，支付给工程承包商以外的单位或政府部门的其他费用，根据国家和房屋建筑物所在地相关主管部门规定的计费项目和标准、专业服务的收费情况，以及被评估建设项目的特点加以确定。对评估基准日尚未履行建设项目报建手续的被评估房屋建筑物，评估时未考虑项目报建应缴纳的行政事业性收费，但根据被评估房屋建筑物的建设要求和评估基准日有效的标准计取了勘查设计等专业服务费用和建设单位管理费。

附属工程费是指在本项目评估中未单独列项的附属设施，如管道沟槽、电线电缆、给排水外网等，本次评估取费按建安工程费的 10%计算。

投资利息是指项目建设完成所发生的必要费用中应计算的利息，来源包括自有资金和借贷资金。

本次评估中建安成本、配套及前期费用和管理费用按均匀投入考虑。根据建筑复杂程度及规模，参考建筑工程施工周期定额，确定的施工周期为一年。评估基准日半年至一年期的银行贷款基准利率为 4.35%，则

投资利息＝（建安成本＋前期及其他费用＋附属工程费）×贷款利率×合理工期×1/2

项目的利润是指建设单位所获得的利润。根据委估资产的具体情况，经市场调查结合同行业上市公司的历史数据，一般房地产开发的利润率为 15%～20%，本次根据不同房屋使用性质计取投资利润率，则

投资利润＝（建安成本＋前期及其他费用＋附属工程费＋投资利息）×利润率

税金包括销售税金及附加（包括营业税、城市维护建设税和教育费附加），共计 5.6%。

税金＝（建安成本＋前期及其他费用＋附属工程费＋投资利息＋投资利润）÷（1－税率）×税率

（2）综合成新率的确定

综合年限法和打分法两种结果，按以下公式计算得出综合成新率：

综合成新率＝打分法确定的成新率×60%＋年限法确定的理论成新率×40%

其中：

年限法成新率＝房屋建筑物尚可使用年限÷（房屋建筑物已使用年限＋房屋建筑物尚可使用年限）×100%

尚可使用年限，根据国家规定的房屋建筑物经济寿命年限，结合其使用维护状况加以确定。

打分法成新率，根据房屋建筑物成新率评分标准，结合对被评估房屋建筑物结构、装饰、设备（设施）现场勘查情况加以确定。

打分法成新率＝结构部分成新得分 $\cdot G$＋装修部分成新得分$\cdot S$＋设备（设施）部分成新得分$\cdot B$

G、S、B，分别是结构、装修、设备（设施）部分的造价权重。

被评估房屋建筑物成新率的评分标准，根据国家和地方颁布的房屋完损等级、新旧程度评定标准，结合相关房屋建筑物的设计、使用要求确定。

2. 机器设备

根据评估目的和被评估设备的特点，主要采用重置成本法进行评估。

采用重置成本法评估的：

评估价值＝重置全价×综合成新率

（1）设备重置全价的确定

重置全价一般包括设备购置费、运杂费、安装调试费、前期和其他费用和资金成本；设备购置费以外费用（成本）的计取内容和方式，根据相关设备特点、评估中获得的设备价格口径及交易条件加以确定。其中：

设备购置费根据相关设备的近期成交价格，对供应厂商的询价结果，以及评估人员搜集的其他公开价格信息加以确定。对无法取得直接价格资料的设备，采用替代产品信息进行修正。无法实施替代修正的，在对其原始购置成本实施合理性核查的基础上，采用物价指数调整法加以确定。

运杂费主要由采购费、运输费、装卸费、保管费等构成。根据被评估设备的类型、运距、运输方式等加以确定。

安装调试费，根据被评估设备的用途、特点、安装难易程度等加以确定。对需要单独设置基础的设备还根据其使用、荷载等计取基础费用（设备基础费已在厂房建设费用中统一考虑的除外）。

运输车辆价格，按照评估基准日同类车辆现行市场价，并考虑其相应的购置附加税、牌照费及手续费等确定。

电子设备价格，主要查询评估基准日相关报价资料确定。

（2）设备综合成新率的确定

①机器、电子设备

一般综合年限法和勘查打分法两种结果，按以下公式计算得出综合成新率：

综合成新率＝勘查打分法确定的成新率×60%＋年限法确定的理论成新率×40%

其中

年限法成新率＝设备尚可使用年限÷（设备已使用年限＋设备尚可使用年限）×100%

勘查打分法成新率，根据被评估设备满足生产使用要求情况，由评估人员通过对设备使用条件、运行维护记录和实际状态核实、勘查并加以确定。

价值量较小设备，综合成新率按年限法成新率确定。

②运输车辆

分别运用年限法、里程法计算其成新率，取二者之中的较低值作为理论成新率，在此基础上，依据对车辆的现场勘查情况，确定对理论成新率的修正系数，以修正后的理论成新率作为其综合成新率。

综合成新率＝理论成新率×修正系数

其中

理论成新率＝min（年限法成新率，里程法成新率）

年限法成新率＝（经济使用年限－已使用年限）÷经济使用年限×100%

里程法成新率＝（规定行驶里程－已行驶里程）÷规定行驶里程×100%

3. 无形资产——土地使用权

根据待估宗地的特点及评估项目实际情况（宗地用途、评估目的、地产市场等），依据《城镇土地估价规程》和《农用地估价规程》的规定，采用以下方法确定价格。

（1）市场比较法

对于出让用地，主要采用市场比较法进行估价。采用这种方法评估的原因是近期待估宗地附近类似土地交易较多，可以加以比较、修正以得出土地价格。

市场比较法是在求取待估土地的价格时，根据替代原则，将待估宗地与近期内同一供需圈内的类似土地实例加以比较对照，并依据后者已知的价格，参照该土地的交易情况、期日、个别因素、区域因素等差别，修正得出待估宗地在评估期日价格的一种方法。

其基本公式为

估价对象价格＝比较案例价格×交易时间修正×交易方式修正×区域因素修正×个别因素修正

（2）成本逼近法

对于划拨农用地，根据 GB/T 28406-2012《农用地估价规程》，本次采用成本逼近法进行估价，即以新开垦农用地或土地整理过程中所耗费的各项客观费用之和为主要依据，加上一定的利润、利息、应缴纳的税金和农用地增值收益，并进行各种修正来确定农用地价格的方法。

其基本计算公式为

农用地价格＝（土地取得费＋农用地开发费＋税费＋利息＋利润＋农用地增值收益）×（1＋修正系数）

本次申报的租赁土地，主要是租赁集体土地使用权，被评估单位分别与安国村和大良村的村委会签订的土地租赁合同，租金和使用期限均按照合同规定执行，本次评估按照剩余租赁期内的租金摊余价值确认租赁土地的评估值。

4. 无形资产——其他无形资产

本次申报评估的无形资产——其他无形资产主要是种子品种权，本次共计申报 10 项，其中 2 项品种使用权和 8 项品种所有权，参考专利权等知识产权价值评估的基本方法，评估方法主要有收益法、市场法和成本法。评估人员可根据植物新品种权本身具备的特点及评估目的的不同而选择适合的方法。

植物新品种权与品种权、著作权、商标权一样，属于知识产权的范畴。由于知识产权是一种民事权利，因此，植物新品种权也是一种民事权利。

本次植物新品种权未来具有盈利能力，因此选用收益法评估最为适合。其未来预期收益及获得预期收益所承担的风险可被预测，并可以用货币来衡量，预期获利年限也可以被预测，故采用了收益法进行评估。不同品种权对所对应产品的生产、销售过程中创造的利润是有贡献的，采用适当方法估算确定植物新品种权对产品所创造的收入贡献率，再选取恰当的折现率，将产品中每年植物新品种权对收益的贡献折为现值。同时，本次评估对该收益的预测期采用有限年法，对企业的预期净收益采取逐年预测折现累加的方法。

根据本次评估目的、评估对象的具体情况，本次评估选用收益途径下的利润分成法计算净收益，再选取恰当的折现率，收益预测期采用有限年法，对于企业的预期净收益采取逐年预测折现累加的方法求出评估值。计算公式为

$$P=\sum_{t=1}^{n}\frac{a\,A_t}{(1+R)^t}$$

式中，P——待估植物新品种权的评估价值；

A_t——预测第 t 年委估资产的净利润；

a——植物新品种权利润分成率；

R——折现率；

t——年序号；

n——折现期，本次评估采用植物新品种权的尚可使用年限作为收益折现期。

（三）负债

负债评估值根据企业实际需要承担的负债项目及金额确定。

八、评估程序实施过程和情况

评估人员于2016年1月3日—2016年1月10日对纳入此次评估范围的资产进行了评估。主要评估过程如下：

1. 接受委托

本公司接受委托前，与B集团有限公司的有关人员进行了会谈，详细了解了此次评估的目的、评估对象与评估范围、评估基准日等。在此基础上，本公司遵照国家有关法规与B集团有限公司签署了资产评估业务约定书，并拟定了相应的评估计划。

2. 资产清查

根据A有限公司提供的评估申报资料，评估人员于2016年1月3日—2016年1月6日对申报的全部资产和负债进行了必要的调查、核实，听取A有限公司有关人员对评估资产历史和评估对象的介绍，对申报的资产进行账账核实、账表核实、账实核实。

3. 评定估算

评估人员在进行必要的市场调查、询价的基础上，对企业各项资产和负债选用适当的具体评估方法进行评估测算，从而确定被评估企业的股东权益价值。

4. 评估汇总及报告

本次评估是按《资产评估准则——评估报告》《企业国有资产评估报告指南》的要求对评估结果进行汇总、分析、撰写资产评估报告书和评估说明，并对评估报告进行了三级复核。

九、评估假设

（1）国家和地方的现行法律、法规、制度及社会政治和经济政策无重大变化；

（2）国家现行的税赋基准、税率以及其他政策性收费等无重大变化；

（3）假设相关资产在原地继续使用；

（4）无其他人力不可抗拒及不可预见因素造成的重大不利影响。

若将来实际情况与上述评估假设产生差异时，将对评估结论产生影响。报告使用者应在使用本报告时充分考虑评估假设对本评估结论的影响。

十、评估结论

在评估基准日2015年12月31日，持续经营前提下，经资产基础法评估，A公司总资产账面价值为11 952.30万元，评估值为16 051.55万元，增值额为4 099.24万元，增值率为34.30%；总负债账面价值为15 668.60万元，评估值为15 318.20万元，减值额为350.40万元，减值率为2.23%；净资产账面价值为－3 716.30万元，评估值为733.35万元，增值额为4 449.64万元，增值率为119.73%。评估结果详见表4-3。

表 4-3　资产评估结果汇总表

评估基准日：2015 年 12 月 31 日　　　　单位：万元

项目		账面价值	评估价值	增减值	增值率%
		A	B	C＝B－A	D＝C/A×100%
1	流动资产	5 722.30	5 720.75	－1.56	－0.03
2	非流动资产	6 230.00	10 330.80	4 100.80	65.82
3	其中：可供出售金融资产				
4	持有至到期投资				
5	长期应收款				
6	长期股权投资				
7	投资性房地产				
8	固定资产	4 230.00	6 572.41	2 342.41	55.38
9	在建工程				
10	工程物资				
11	固定资产清理				
12	生产性生物资产				
13	油气资产				
14	无形资产	2 000.00	3 758.39	1 758.39	87.92
15	开发支出				
16	商誉				
17	长期待摊费用				
18	递延所得税资产				
19	其他非流动资产				
20	**资产总计**	**11 952.30**	**16 051.55**	**4 099.24**	**34.30**
21	流动负债	15 318.20	15 318.20	—	—
22	非流动负债	350.40	—	－350.40	－100
23	**负债合计**	**15 668.60**	**15 318.20**	－350.40	**－2.23**
24	**净资产（所有者权益）**	**－3 716.30**	**733.35**	**4 449.64**	**119.73**

A 公司基准日 2015 年 12 月 31 日股东全部权益价值：人民币 733.36 万元。

十一、特别事项说明

本评估报告中陈述的特别事项是指在已确定评估结果的前提下，评估人员发现的可能影响评估结论，但非评估人员执业水平和能力所能评定的有关事项。

1）遵循相关法律、法规，评估师仅对评估对象价值进行估算并发表专业意见，对评估对象的法律权属状况给予必要的关注，但不对评估对象的法律权属做任何形式的保证，本评估报告的结论仅为本次评估目的服务，不能作为确认产权的依据。

2）提供必要的资料并保证所提供资料的真实性、合法性和完整性，恰当使用评估报告是委托方和当事方的责任。本评估报告中涉及的资产状况原始资料及相关产权证明文件、财务数据及有关资料由委托方及产权持有单位提供，委托方及产权持有单位对上述资料的真实性、合法性、准确性及有效性已做出书面承诺。

3）在评估有效期以内，资产数量及作价标准发生变化时，不能直接使用评估结果，应根据原评估方法对资产额进行相应的调整；当资产价格标准发生变化，并对资产评估值产生明显影响时，委托方应及时聘请评估机构重新确定评估值。

4）此次只对委托评估的资产进行价值估算并发表专业意见，为报告使用人提供价值参考依据，对评估对象法律权属确认或发表意见不属于我们的执业范围，我们不对评估对象的法律权属提供保证。我们未考虑评估对象产权归属对于评估价值的影响，也未考虑将来产权发生变化时，可能发生的交易对资产价值的影响，A 有限公司对所提供评估对象法律权属资料的真实性、合法性和完整性承担责任。

5）评估基准日会计报表已经 D 会计师事务所（特殊普通合伙）审计，并出具了专项审计报告。

6）存货盘点时发现：

（1）在用低值易耗品中，2006 年购入的电焊机 1 台、诺基亚 6131 型手机 2 部已无实物存在，本次评估值确认为 0。

（2）盘点中发现部分产成品的库龄已超过 3 年，详见表 4-4。

表 4-4　过期产成品清查表

序号	名称	产品量/kg	金额/元
1	01	707 290.00	5 540 000.00
2	12	41 000.00	380 000.00
3	14	8 360.00	61 600.00
4	05	5 660.00	52 000.00
合计		762 310.00	6 033 600.00

根据企业提供的说明，以上产成品的出芽率已达不到要求，本次对于此部分产成品按销售普通商品粮价格予以评估。

7）房屋建筑物。

（1）本次申报评估的 52 项房屋建筑物中，有证房屋 29 项，建筑面积 16 870.00 m^2，其中房屋所有权人为被评估单位的有 26 项，有 3 项房屋的房屋所有权人为个人和其他单位，未办理更名过户手续。无证房屋 23 项，建筑面积 5 253.00 m^2，尚未办理房屋产权证，根据被评估单位提供的相关说明，无证房屋主要由该单位自建和购买所得，为其所有，本次评估列入评估范围，暂予以正常评估。

（2）本次申报评估的房屋建筑物中，有 9 项房屋已抵押，具体抵押明细如表 4-5 所示。

表 4-5　抵押房屋清查表

序号	权证编号	建筑物名称	结构	建成年月	建筑面积/m²
1	D 市房权证*字第 072387	办公楼	砖混	1992	1 069
2	J 房权证*字第 SY012618	白泉种子库	钢混	1995	1 002
3	D 市房权证*字第 060464	后院种子库	钢混	1996	700
4	D 房权证*字第 053785	包衣车间	砖混	1995	945
5	J 房权证*字第 SY012620	白泉种子加工库房	钢混	1992	1 270
6	D 市房权证*字第 070408、070409	低温库及检验中心	砖混	2004	990
7	L 房权证*字第 014010 号	渭津大良科研所	砖混	2004	1 730
8	D 房权证*字第 222979	原市公司办公楼	砖混	2004	1 070
9	房权证字第 230473 号	河湾试验站 1	砖混	2012	375

（3）本次申报的房屋建筑物中有 1 项房屋——云顶农业站已拆除，有 1 项房屋——安石种子直销处拆除并转入他人名下，被评估单位未进行账务处理，本次评估确认值为 0。

8）机器设备中*DM2778 摩托、*D58885 切诺基、*D12586 解放半截货车已报废，存于仓库中，本次按残余价值确认评估价值。

9）土地使用权。

（1）本次评估无形资产——土地使用权，有 5 宗土地使用权设定抵押权，详见表 4-6。

表 4-6　抵押土地使用权清查表

土地使用权证编号	土地位置	取得日期	用地性质	土地用途	准用截止日期	面积/m²
D 国用（2005）第 042200191 号	D 县泉太镇小街	2005-09-07	出让	工业	2055-08-22	375.00
D 国用（2004）第 205200140 号	D 市工农乡大良村四组	2004-07-29	出让	科研设计	2054-07-29	84 966.37
L 国用（2004）第 040200065 号	D 市**区**大街 198 号	2004-11-22	出让	商业	2044-11-02	8 468.34
D 国用（2005）第 042200194 号	D 市 D 县白泉镇	2005-09-07	出让	工业	2055-08-22	22 450.00
D 国用（2014）第 040200111 号	D 市**区寿山镇山湾村	2014-04-29	出让	科教用地	2064-05-18	6 290.34

（2）本次申报的无证土地一宗，主要为云顶农业站土地，根据 A 有限公司提供的说明，云顶农业站的土地使用权已给予他人，但财务未进行账务处理。

（3）本次申报的租赁土地，主要是租赁集体土地使用权，被评估单位分别与安国村和大良村委会签订的土地租赁合同，租金和使用期限均按照合同规定执行，本次评估按照剩余租赁期内的租金摊余价值确认租赁土地的评估值。

10）无形资产——其他无形资产主要是种子品种权，本次共计申报 10 项，其中 2 项品种使用权和 8 项品种权，账面价值 800 000.00 元，具体详见表 4-7。

表 4-7 无形资产——种子品种权清查表

序号	无形资产名称和内容	取得日期	法定（预计）使用年限/年	账面价值/元	尚可使用年限/年
1	04 品种使用税	2001-07-01	15	620 000.00	2.49
2	05 品种使用权	2014-05-17	15	180 000.00	15.38
3	09 号（品种权号 CNA***.0）	2013-05-01	15		14.33
4	01 号（品种权号 CNA***.9）	2011-03-01	15		12.16
5	12 号（品种权号 CNA***.0）	2009-05-01	15		10.33
6	13 号（品种权号 CNA***.1）	2010-01-01	15		11.00
7	14 号（品种权号 CNA***.7）	2013-05-01	15		14.33
8	15 号（品种权号 CNA***.3）	2010-01-01	15		11.00
9	02 号（品种权号 CNA***.7）	2012-05-01	15		13.33
10	16 号（品种权号 CNA***.5）	2013-05-01	15		14.33

本次申报评估的无形资产——其他无形资产品种权中，04 品种和 12 号根据 2015 年 1 月 21 日《JJ 第七批主要农作物品种拟退出种子市场通知》中相关要求退出种子市场。通知中提出："按照《JJ 省主要农作物审定品种退出管理办法》和《农业部 公安部 国家工商行政管理总局关于进一步做好打击侵犯品种权和制售假劣种子行为的工作意见》(农种发〔2013〕5 号）精神，通过广泛地市场调研和省农作物品种审定委员会审批，品种给予退出。"

十二、评估报告使用限制说明

十三、评估报告日

本评估报告提出日期：二〇一六年二月一日。

十四、评估师、评估机构签章

报告附件为资产评估申报明细表和资产评估说明。
资产评估申报明细表略。资产评估说明如下：

第一部分 关于评估说明使用范围的声明

本评估说明仅供国有资产监督管理机构（含所出资企业）、相关监管机构和部门使用。除法律、行政法规规定外，材料的全部或部分内容不得提供给其他任何单位和个人，不得见诸公开媒体。

本评估说明涉及部分机密材料，敬请阅读者注意保密。

第二部分　企业关于进行资产评估有关事项的说明

此部分由委托方和被评估企业共同撰写，此处略。

第三部分　资产评估说明

一、评估对象与评估范围说明

根据本次评估目的，评估对象是B集团有限公司拟改制涉及的A有限公司全部股东权益价值。评估范围是A有限公司申报的全部资产及负债。

（一）评估对象与评估范围

本次评估的资产总额119 523 000.00元，其中流动资产57 223 000.00元，固定资产42 300 000.00元，无形资产20 000 000.00元。负债总额156 686 000.00元，其中流动负债121 686 000.00元。净资产－37 163 000.00元。详细见表4-8。

表4-8　2015年12月31日资产负债表

资　　产	金额/元	负债及所有者权益	金额/元
流动资产合计	57 223 000.00	流动负债合计	121 686 000.00
货币资金	453 000.00	短期借款	48 000 000.00
交易性金融资产		交易性金融负债	
应收票据		应付票据	
应收账款	3 500 000.00	应付账款	310 000.00
预付款项	1 970 000.00	预收款项	3 504 000.00
应收利息		应付职工薪酬	109 000.00
应收股利		应交税费	763 000.00
其他应收款	36 300 000.00	应付利息	
存货	15 000 000.00	应付股利	
一年内到期的非流动资产		其他应付款	69 000 000.00
其他流动资产		一年内到期的非流动负债	
非流动资产合计	62 300 000.00	其他流动负债	
可供出售金融资产		非流动负债合计	35 000 000.00
持有至到期投资		长期借款	
长期应收款		应付债券	
长期股权投资		长期应付款	
投资性房地产		专项应付款	
固定资产	42 300 000.00	预计负债	
在建工程		递延所得税负债	
工程物资		其他非流动负债	35 000 000.00

续表

资　　产	金额/元	负债及所有者权益	金额/元
固定资产清理		负债合计	156 686 000.00
生产性生物资产		实收资本	100 580 000.00
油气资产		其中：国有法人资本	
无形资产	20 000 000.00	资本公积	
开发支出		盈余公积	550 000.00
商誉		其中：法定盈余公积	
长期待摊费用		法定公益金	
递延所得税资产		未分配利润	－138 293 000.00
其他非流动资产		所有者权益合计	－37 163 000.00
资产总计	119 523 000.00	负债及所有者权益合计	119 523 000.00

以上评估范围与委托评估的范围及被评估企业所申报评估的资产范围一致，并且经 DD 会计师事务所有限责任公司审计，出具无保留的审计报告。

（二）实物资产的分布情况及特点

本次 A 有限公司申报评估的实物资产主要包括存货、房屋建筑物、机器设备、车辆、电子设备、在建工程及土地使用权等。

（1）存货账面价值 15 000 000.00 元，包括原材料、产成品及在用低值易耗品。原材料主要包括用于育种的父母本玉米等，产成品主要包括 01、02、16 等玉米种子，在用低值易耗品为办公桌椅、沙发、书柜等办公用品，其中 2008 年购入的电焊机 1 台、诺基亚 6131 手机 2 部已无实物存在。

（2）房屋建筑物类账面原值 30 000 000.00 元，账面净值为 20 000 000.00 元，房屋建筑物共计 52 项房屋建筑物中，主要包括科研办公楼、种子经销站、种子库房和种子加工车间等，建筑面积合计 22 123.00 m^2。其中有 1 项房屋已拆除，有 1 项房屋已转让并拆除，未进行账务处理，其他房屋均使用正常。

房屋建筑物及构筑物主要建成于 1992—2014 年，房屋大部分为砖混结构，个别房屋为砖木结构。其中 9 项房产为本公司借款设定抵押详见前文表 4-5。

本次申报评估的 52 项房屋建筑物中，有证房屋 29 项，建筑面积 16 870.00 m^2，其中房屋所有权人为被评估单位的 26 项，有 3 项房屋的房屋所有权人为个人和其他单位，未办理更名过户手续。无证房屋 23 项，建筑面积 5 253.00 m^2，尚未办理房屋权证，根据被评估单位提供的相关说明，无证房屋主要由该单位自建和购买所得，为其所有；本次申报的房屋建筑物中有 1 项房屋——云顶农业站已拆除，有 1 项房屋——安石种子直销处拆除并转入他人名下，被评估单位未进行账务处理。

（3）A 有限公司设备类账面原值 37 613 355.00 元，账面净值 22 300 000.00 元，包括机器设备、车辆和电子设备，共计 300 项。

机器设备主要有种子加工设备、种子干燥设备、储藏设备等设备，共计 50 项；车辆主要有五菱客车、越野车等，共计 38 项；电子设备主要为打印机、空调机、电脑、复印机、音响、实验室仪器等，共计 212 项。

机器设备、车辆和电子设备主要分布在 A 有限公司的经营地点。经评估人员现场勘查，发现如下事项：*DM2778 摩托、*D58885 切诺基、*D12586 解放半截货车报废后存于仓库中。

（4）土地使用权分布情况及特点如下：

①账面价值 19 200 000.00 元，共 12 宗土地使用权，其中有 5 宗土地使用权设定抵押权，详见前文表 4-6。

②本次申报的无证土地一宗，主要为云顶农业站土地，根据 A 有限公司提供的说明，云顶农业站的土地使用权已给予他人，但财务未进行账务处理。

③本次申报二宗租赁土地，主要是租赁集体土地使用权，被评估单位分别与安国村和大良村委会签订了土地租赁合同。

（5）本次申报评估的无形资产——其他无形资产主要是种子品种权，本次共计申报 10 项，其中 2 项品种使用权和 8 项品种所有权，账面价值 800 000.00 元，详见前文表 4-7。

本次申报评估的无形资产——其他无形资产品种权中，04 品种、12 号根据 2015 年 1 月 21 日《JJ 第七批主要农作物品种拟退出种子市场通知》中相关要求退出种子市场。通知中提出："按照《JJ 省主要农作物审定品种退出管理办法》和《农业部 公安部国家工商行政管理总局关于进一步做好打击侵犯品种权和制售假劣种子行为的工作意见》（农种发〔2013〕5 号）精神，通过广泛地市场调研和省农作物品种审定委员会审批，品种给予退出。"

二、资产核实情况总体说明

（一）资产核实人员组织、实施时间和过程

1. 清查组织工作

接受委托后，我公司评估人员根据 A 公司提供的资产评估清查申报明细表（初步），组成评估工作小组，并制定了详细的现场清查实施计划，于 2015 年 12 月 24 日至 2016 年 1 月 6 日深入现场，对实物资产主要采用逐项清查和抽查的方式，现场清查核实了 A 公司所申报评估资产的存在和使用情况，验证其所提供的文件资料。在此基础上，补充或调整了原评估申报明细表。

2. 清查实施步骤

第一步，指导公司财务与相关资产管理人员在资产清查的基础上，按照评估机构提供的"资产评估申报明细表""资料清单"及其填写要求，进行登记填报，同时收集被评估资产的产权归属证明文件和反映性能、状态、经济技术指标等情况的文件资料。

第二步，初步审查被评估企业提供的资产评估申报明细表。评估人员先了解涉及

评估范围内具体对象的详细状况，然后审查各类资产评估申报明细表，检查有无填写不全、错填、漏填、资产项目填写不明确等现象，并要求被评估企业人员及时更正。

第三步，现场实地勘察。评估人员依据资产评估申报明细表，于 2015 年 12 月 24 日至 2016 年 1 月 6 日对申报资产进行清点和现场勘察，对实物资产主要采用逐项清查和抽查，针对不同的资产性质及特点，采取不同的勘察方法。在现场勘察过程中，查阅主要设备的竣工验收记录、运行日志等技术资料和文件，并通过与设备管理人员和操作人员的广泛的交流，了解设备的购置日期、产地、各项费用的支出情况。对房屋建筑物逐一进行现场勘察，查阅了主要房屋建筑物的预（决）算书及施工图纸等，根据房屋的技术状况和检修记录填写房屋现场勘察记录表；收集相关权证资料，查阅了相关账、证等原始资料并作了现场勘察记录。

第四步，补充、修改和完善资产评估申报明细表。根据现场实地勘察结果，进一步完善资产评估申报明细表，以做到“表”“实”相符。

第五步，核实产权证明文件。对评估范围的房屋建筑物、设备、土地使用权、无形资产——其他无形资产和车辆的产权进行调查，以确认做到产权清晰。

3. 各项资产清查过程

（1）货币资金的清查，包括库存现金及银行存款。

库存现金：存放在企业财务部的保险柜中。我们核对了总账、现金日记账和会计报表，2016 年 1 月 4 日与 A 公司财务人员一起对现金进行了现场盘点，并根据盘点日至评估基准日间的收入支出倒推出评估基准日现金的余额，经盘点金额无差异。

银行存款：我们查阅了 A 公司 2015 年 12 月 31 日银行对账单，并对银行存款发函进行询证，经核对，银行存款明细账与银行对账单及询证函等相符。

（2）往来账款的清查：纳入本次评估范围的往来账款主要是应收账款、预付账款、其他应收款等。首先将申报表与会计报表、明细账、总账进行核对，对每笔往来款项进行逐项清查核实，并进行必要的取证核实，对大额款项进行函证。

（3）存货的清查：首先将申报表与会计报表、明细账、总账进行核对，并查阅相关的会计记录和原始凭证。同时根据评估申报表对存货进行了监盘，对价值较大的存货进行逐一盘点，对单位价值较小且数量繁多的存货进行了抽查，盘点抽查比例为总存货 60%左右。在盘点结果的基础上，根据盘点日至评估基准日的出入库倒推出评估基准日的数量。在盘点过程中，同时关注存货存放环境、存放时间、使用情况等；盘点中发现，2008 年购入的电焊机 1 台、诺基亚 6131 型手机 2 部已无实物存在。

（4）机器设备的现场勘察：评估人员在 2016 年 1 月 3 日进驻评估现场后，根据资产评估申报表，评估小组对设备进行了逐台清查核对，注意核对有无未入账的和已核销的设备，并向设备管理和使用人员了解设备的使用维护、修理和技术改造情况。

对车辆进行现场核查，了解企业车辆资产的使用特点和维护保养情况，掌握车辆的性能状态，同时核对企业申报的机动车行驶证。

除现场勘察机器设备外，还结合企业填写的“设备状况调查表”对机器设备进行了核实。如果表格中存在漏填、错填、重填等情况，企业应对表格进行完善。

（5）建筑物的现场勘察：被评估单位评估人员在进驻评估现场后，对于建筑物、构筑物，根据企业提供的建筑物、构筑物评估申报表，所列项目的项数、面积、结构类型、其他主要参数、装饰，以及给排水、供电照明、采暖通风等设备配备情况进行了现场清查核实，收集核对了房产证等权属资料。

（6）土地使用权的清查：现场查看土地使用权所在位置及周边情况，检查土地使用权证、土地使用权出让合同、出让金支付凭证等资料。

（7）其他无形资产的清查：本次委托评估的其他无形资产主要是指 A 公司使用的种子品种权，本次共计申报 10 项，其中 2 项品种使用权和 8 项品种权，我们对其形成原因、付款情况进行了调查，并与财务账进行了核对。

（8）负债的清查：A 公司负债主要为包括短期借款、应付账款、预收账款、应付职工薪酬、应交税费、其他应付款和其他非流动负债等。在清查时，将申报表与会计报表、明细账、总账进行核对，同时查阅了相关原始凭证及合同，对每笔款项逐一核实，确认其债务的存在与否，并对大额款项进行函证。

（二）影响资产核实的事项及处理方法

见评估报告正文“十一、特别事项说明”中第 6—10 款，此处略。

（三）核实结论

通过对评估范围内的资产产权进行核实，对实物资产的数量和状况进行现场盘点和勘察，对其他资产及负债进行真实性检查，发现存在上述影响资产核实的事项，除此之外未发现与账面记录存在差异，达到了账账、账实、账表相符。

三、资产基础法评估技术说明

（一）流动资产评估技术说明

1. 流动资产概况

评估范围为 A 公司申报评估的各项流动资产，包括货币资金、应收账款、预付账款、其他应收款以及存货。上述资产在评估基准日的账面值如表 4-9 所示。

表 4-9　流动资产申报汇总表

科目名称	账面价值/元	占流动资产比率/%
货币资金	473 066.84	0.84
应收账款	3 493 325.69	6.19
预付账款	1 974 390.50	3.50
其他应收款	36 287 328.36	64.31
存货	14 195 182.34	25.16
合计	56 423 293.73	100.00

2. 评估依据

（1）A 公司提供的原始会计资料、资产评估申报明细表及相关的证明材料等；

（2）银行提供的基准日银行对账单等；

（3）评估人员现场了解和掌握的资料；

（4）其他与评估有关的资料。

3. 评估过程

评估过程主要划分为以下三个阶段：

1）准备阶段

对确定的评估范围内的流动资产的构成情况进行初步了解，提交评估准备资料清单和评估申报明细表示范格式，指导企业填写流动资产申报明细表。

2）现场调查阶段

（1）核对账目：根据企业提供的流动资产评估申报资料，首先对报表、总账、财务明细账和资产评估申报表进行互相核对，然后将存货科目明细账进行相互核对。对流动资产各科目名称或数量不符、重复申报、遗漏未报项目进行改正，由企业重新填报，做到账表相符。

（2）现场查点：评估人员、财务部等部门有关人员，对 2015 年 12 月 31 日基准日的各项实物流动资产进行了现场盘点。填写了“现金盘点表”和“存货抽查盘点记录”。

3）综合处理阶段

（1）将核实调整后的流动资产申报明细表，录入计算机，建立相应数据库。

（2）对各类资产，遵照国有资产评估管理办法的规定，确定其在评估基准日的公允价值，编制相应评估汇总表。

（3）提交流动资产的评估技术说明。

4. 评估方法

1）货币资金

（1）现金的评估说明

现金账面值 1 060.00 元，由财务部出纳专人保管，存放于财务部保险柜中。2016 年 1 月 4 日，我们对现金进行了盘点，由财务负责人、出纳、评估人员参加，评估人员监盘，按面额逐张核实，盘点完成后参加人员签字并编制现金盘点表。采取盘点倒推方法验证，基准日现金余额与企业现金总账、日记账及评估申报明细表相一致，本次评估以经核实的账面值确定评估值。经过上述评估，现金的评估值为 1 060.00 元。

（2）银行存款的评估说明

银行存款账面值 451 940.00 元，均为人民币存款，共计 3 户。银行存款明细如表 4-10 所示：

表 4-10　银行存款清查表

序号	开户银行	账号	币种	账面价值/元
1	D 县信用联社	0740221010000002011116	人民币	190 930.00
2	××银行 D 支行	0308011000000282	人民币	45 610.00
3	××基本户 D 支行	0308031000000888	人民币	215 400.00
	合计			451 940.00

评估人员将银行存款账面值同银行对账单、未达账项的双向调节表进行了核对，账户金额相符。同时评估人员还向银行进行了询证，函证结果与对账单记录相符。本次以核实后账面值确认评估值。

经上述评估，银行存款评估值为 451 940.00 元。

2）应收账款

应收账款账面值为 7 403 000.00 元，坏账准备 3 903 000.00 元，净值 3 500 000.00 元，主要是尚未收回的货款。评估人员查阅了相关原始凭证、原始单据，对部分应收账款进行了函证，就应收账款情况向企业财务人员进行了调查核实。据调查应收账款对方单位的营业状况正常，所涉及款项不存在诉讼。本次评估过程中，评估人员参考企业及会计师计提坏账准备的方法，采用账龄分析及个别认定相结合的方法对该部分应收账款计提风险损失。

经过上述评估，应收账款评估值为 3 500 000.00 元。

3）预付账款

预付账款账面值 1 974 390.50 元。主要核算的是企业预付的购货款等。评估人员查阅了相关原始凭证、原始单据并询问了财务、业务相关人员，对预付账款进行了调查核实，在核实其业务单位、业务内容和预付比例无误的基础上，依据其形成的资产或拥有的权益确认评估值。

经过上述评估，预付账款评估值为 1 974 390.50 元。

4）其他应收款

其他应收款账面值为 2 953 000.00 元，坏账准备 983 000.00 元，账面净值为 1 970 000.00 元，主要为单位往来款及个人借款等。其中应收 B 集团往来款 706 017.13 元，应收甲国有资产经营有限责任公司借款 1 000 000.00 元。评估人员查阅了相关原始凭证、原始单据，并询问了财务、业务相关人员，对其他应收款进行了调查核实，确认无误。本次评估过程中，评估人员参考企业及会计师计提坏账准备的方法，采用账龄分析及个别认定相结合的方法，对该部分其他应收款计提风险损失。

经过上述评估，其他应收账款评估值为 1 970 000.00 元。

5）存货

存货基本情况：评估基准日存货账面净值为 15 000 000.00 元，详见表 4-11。

表 4-11 存货申报汇总表

科目名称	账面价值/元
原材料	1 859 050.00
产成品	20 023 750.00
在用低值易耗品	820 200.00
合 计	22 703 000.00
减：存货跌价准备	7 703 000.00
合 计	15 000 000.00

（1）原材料：原材料账面值为 1 859 050.00 元，核算的是企业用于育种的玉米父本、母本等种子。评估人员于 2016 年 1 月 3 日与企业财务人员、仓库保管人员根据制订的盘点路线对原材料进行了集中盘点，我们针对实际情况对所有库房进行了抽查盘点。由于核算的是用于育种的玉米父本和母本等种子的成本，该种子技术具有保密性和独特性，评估人员核实对其入账成本的真实性，以核实的成本确定其评估值。

经评定估算汇总得出，原材料的评估值为 1 859 050.00 元。

（2）产成品：产成品账面值为 20 023 750.00 元，核算的是企业生产的各种品种的玉米种子。评估人员于 2016 年 1 月 3 日在财务人员、仓库保管人员的陪同下对企业的产成品进行了盘点，经过盘点我们认为企业产成品管理良好，基本无盘盈盘亏现象，企业申报的产成品数量可予确认。

盘点中发现部分产成品的库龄已超过 3 年。

由于部分产成品的出芽率已达不到要求，本次对于此部分产成品按销售普通商品粮价格予以评估。

对其他正常销售的产成品，评估人员统计了所有正常销售产成品的销售价格和有关税费情况，发现随着市场价格变动的影响，近期企业产成品的价格有一定波动。此次评估我们采用企业提供的近期的产品平均售价，并抽取了近期的销售合同对平均价格进行了核实。我们根据收集的资料，按如下公式计算产成品价格：

产成品评估值＝基准日库存数量×单位售价×（1－销售费率－销售税金及附加率－销售收入所得税率－适当数额的税后净利润）

案例：产成品中玉米种子 16 号（见表 4-7），数量为 80 200.00 kg，评估基准日执行的销售价为 14.00 元/kg。

销售费用率为 28.73%，销售税金及附加比率为 0.04%，根据有关文件，A 公司农产品免交企业所得税，因此税费率为 0，净利润率为－63.76%（负数取 0）。各项费率主要通过对该公司 2012—2016 年损益表相关数据分析计算得出。

产成品评估值＝基准日库存数量×单位售价×（1－销售费率－销售税金及附加率－销售收入所得税率－适当数额的税后净利润）

$$=80\ 200.00\times14.00\times(1-28.73\%-0.04\%-0-0\times50\%)$$

$$\approx80\ 200.00\times9.97$$

$$\approx799\ 594.00（元）$$

经上述评估，产成品的评估值为 799 594.00 元。

（3）在用低值易耗品：在用低值易耗品账面值为 820 200.00 元，主要核算的在用低值易耗品为办公桌椅、沙发、书柜等办公用品。本次对其购入时间和入账金额进行了核实。本次评估人员采用重置成本法，以重置成本单价和数量以及成新率确定评估值。

在用低值易耗品评估值＝全新低值易耗品的成本单价×数量×成新率

经上述评估，在用低值易耗品的评估值为 310 200.00 元。

5. 评估结论及分析

流动资产评估结果见表 4-12。

表 4-12　流动资产评估结果汇总表

科目名称	账面价值/元	评估值/元	增减值/元	增值率/%
货币资金	453 000.00	453 000.00	0.00	0.00
应收账款	3 500 000.00	3 500 000.00	0.00	0.00
预付账款	1 974 390.50	1 974 390.50	0.00	0.00
其他应收款	1 970 000.00	1 970 000.00	0.00	0.00
存货	15 000 000.00	14 984 450.00	－15 550.00	－0.10
合计	57 223 000.00	57 207 450.00	－15 550.00	－0.03

流动资产减值 15 550.00 元，减值率为 0.03%，主要是存货减值，存货整体减值率为 0.10%，主要由于存货的在用低值易耗品评估值比账面价减值 510 000.00 元，减值的主要原因是在用低值易耗品大多使用时间较长，而企业采用五五摊销法核算，因此造成减值。

（二）房屋建筑物评估技术说明

1. 评估范围及对象

评估范围：A 公司申报评估的全部房屋建筑物及其他附属设施。

评估对象：种了科研、加工、经营用房屋建筑物和构筑物，房屋建筑物主要有科研办公楼、种子经销站、种子库房和种子加工车间等，附属房屋主要有锅炉房、泵房和职工住宅楼等，构筑物主要有围墙、晒台等。

截至 2015 年 12 月 31 日，A 公司申报评估的房屋建筑物账面原值为 30 000 000.00 元，账面净值为 20 000 000.00 元，见表 4-13。

表 4-13　房屋建筑物申报汇总表

编号	科目名称	账面原值/元	账面净值/元
	房屋建筑物类合计	30 000 000.00	20 000 000.00
1	房屋建筑物	28 400 000.00	19 500 000.00
2	构筑物及其他辅助设施	900 000.00	300 000.00
3	管道及沟槽	700 000.00	200 000.00

2. 工程概况描述

本次申报评估的 52 项房屋建筑物中，有证房屋 29 项，建筑面积 16 870.00 m^2，其中房屋所有权人为被评估单位的26项，有3项房屋所有权人为个人和其他单位，未办理更名过户手续。无证房屋23项，建筑面积5 253.00 m^2，尚未办理房屋权证，根据被评估单位提供的相关说明，无证房屋主要为自建和购买所得，为被评估单位所有；本次申报的房屋建筑物中有1项房屋——云顶农业站已拆除，有1项房屋——安石种子直销处被拆除并转入他人名下，被评估单位未进行账务处理。

A公司此次申报的房屋建筑物共计52项，主要包括科研办公楼、种子经销站、种子库房和种子加工车间等，建筑面积合计22 123.00 m^2。其中有2项房屋已被拆除，有1项房屋已转让并被拆除，未进行账务处理，其他房屋均使用正常。

房屋建筑物及构筑物主要建于1992—2014年，房屋大部分为砖混结构，个别房屋为砖木结构。

评估人员现场了解到，A公司对房屋建筑物进行日常维护，保养情况较好，房屋主体结构完好，尚可使用。

3. 评估方法

采用重置成本法。计算公式为

评估净值＝评估原值×综合成新率（%）

4. 评估过程

评估准备、房屋建筑物现场勘查及评估调查、评定估算、汇总整理等。

5. 评估原值的确定

评估人员选择对同类用途和结构中有一定代表性的典型房屋和构筑物进行测算，利用测出的典型房屋和构筑物的评估原值，根据建筑面积、层高、檐高、建材及施工工艺、装修及设备设施配置等，将其余房屋和构筑物与典型房屋和构筑物进行类比分析，通过调整差异求得其评估原值。

评估人员首先根据被评估建筑物在建造年代、建筑结构、建筑规模、建筑质量等方面的不同情况，具体分析，明确重点，依据当地相关部门关于建筑工程造价的有关规定，采用相应方法合理确定建筑安装工程造价。在此基础上考虑必要的前期工程费、其他相关费用和建设期资金成本等，确定建筑物的重置价值。计算公式为

重置价值＝建筑安装工程综合造价＋前期及其他费用＋附属工程费＋投资利息＋投资利润＋税金

1）建筑安装工程造价的确定

建筑安装工程造价＝建筑工程造价＋装饰工程造价＋安装工程造价

建筑安装工程造价指建设单位直接投入工程建设，支付给承包商的建筑费用，主要采用预决算调整法或重编预算法和类比法计算。

评估人员按被评估建筑物的用途分类归集、选择同类用途和结构中有一定代表性的建筑物进行决算指标调整，根据当地有关土建（建筑及装饰）、安装等工程造价资料，将有代表性的参照建筑物的价格调至评估基准日建筑安装工程造价。

本次评估中评估人员获得了部分被评估房屋建筑物的建筑安装工程竣工决算资料，搜集到一些与被评估房屋建筑物类似工程的技术经济指标，以及被评估房屋建筑物所在地的建设工程概预算定额及造价信息，这为评估人员结合专业知识，利用所搜集的工程设计及现场勘查资料采用预（决）算调整法或重编预算法获得有代表性房屋建筑物的建筑安装工程造价创造了条件。

对其他房屋建筑物，以所计算的有代表性建筑物的建筑安装工程造价、评估人员所搜集的类似工程建筑安装造价为基础，结合房屋建筑物评估常用的数据与参数，采用类比法，将被评估房屋建筑物的具体施工用料、建筑面积、层高、檐高、跨度、进深、开间、平面形式、宽长比、装修等影响其造价的参数与评估人员选定的类似房屋建筑物参数进行类比，通过差异调整测算出这些房屋建筑物的建筑安装工程造价。

2）前期费用及其他费用

前期费用及其他费用指工程建设应发生的，支付给工程承包商以外的单位或政府部门的其他费用。包括建设单位管理费、勘察设计费等。具体内容详见表 4-14。

表 4-14　前期费用及其他费用表

序号	项目名称	计费基础	规定费率/%	计费依据
	建筑安装工程总造价			
1	前期工作咨询费	工程造价	0.80	计价格〔1999〕1283 号
2	勘察设计费	工程造价	3.50	计价格（2002）10 号
3	工程招标代理费	工程造价	0.55	发改价格〔2011〕534 号
4	建设工程监理费	工程造价	2.15	发改价格〔2007〕670 号
5	工程造价咨询服务费	工程造价	0.93	JJ 省价经字〔2003〕9 号
6	建设单位管理费	工程造价	2.00	财建〔2002〕394 号
7	环评费	工程造价	0.60	计价格〔2002〕125 号
	小计		10.53	
8	配套费	建筑面积	60.00	JJ 省价经字〔2003〕25 号 JJ 发改收管联字〔2006〕356 号 JJ 发改收管联字〔2008〕450 号
9	新型墙体材料专项基金	建筑面积	10.00	JJ 财非税〔2009〕463 号
10	防雷装置跟踪监测验收费	建筑面积	1.10	JJ 省价经字〔2004〕9 号
	小计		71.1	

3）附属工程费

附属工程费是指在本项目评估中未单独列项的附属设施，如管道沟槽、电线电缆、给排水外网等，本次评估取费按建安工程费的 10%计算。

4）投资利息

投资利息是指项目建设完成所发生的必要费用应计算的利息，来源包括自有资金和借贷资金。

本次评估中建安成本、配套及前期费用和附属工程费按均匀投入考虑。根据复杂程度及建筑规模，参考建筑工程施工周期定额，确定的施工周期为一年。评估基准日半年至一年期的银行贷款基准利率为4.35%，则

投资利息=（建安成本+前期及其他费用+附属工程费）×贷款利率×合理工期×50%

5）投资利润

项目的利润是指建设单位所获得的利润。根据委估资产的具体情况，经市场调查，结合同行业上市公司的历史数据得出。一般房地产开发的利润率为15%~20%，本次根据不同房屋使用性质分别取不同的投资利润率，则：

投资利润=（建安成本+前期及其他费用+附属工程费+投资利息）×利润率

6）税金

包括税金及附加（包括营业税、城市维护建设税和教育费附加），共计5.6%。

税金=（建安成本+前期及其他费用+附属工程费+投资利息+投资利润）÷（1−税率）×税率

6. 综合成新率的确定

被评估房屋建筑物成新率的测算采用年限法和打分法两种方法计算。

1）年限法

以房屋建筑物尚可使用年限占其全部经济寿命年限的比率作为该房屋建筑物的使用年限成新率，用公式表示为

房屋建筑物使用年限成新率=房屋建筑物尚可使用年限÷（房屋建筑物已使用年限+房屋建筑物尚可使用年限）×100%

对于正常维护保养的房屋建筑物，评估人员根据国家规定的房屋建筑物经济寿命年限，减去其已使用年限，求取其尚可使用年限。对使用环境和维护保养特殊的房屋建筑物应结合其使用维护状况对以公式计算的尚可使用年限进行修正。

2）打分法

依据房屋建筑物成新率的评分标准，对被评估房屋建筑物的不同构成部分进行勘查、对比、打分，汇总得出其现场勘查成新率。

根据《房屋完损等级评定标准》《勘查房屋新旧程度的参考依据》及《房屋不同成新率的评分标准及修正系数》进行现场勘查，主要勘查内容：

（1）结构部分

地基基础有无足够承载能力，是否有不均匀沉降现象，对上部结构是否产生影响；承重构件，如屋架、屋面板、柱、墙，是否产生下沉开裂等；非承重墙墙体有无轻微裂缝、面层破损，墙板节点是否牢固；屋面防水、隔热、保温、排水设施是否完好；楼地面整体面层是否牢固，有无空鼓、起砂、下沉裂缝等。

（2）装饰部分

门窗开关是否灵活，玻璃、五金、油漆是否齐全完好，内外粉饰是否完整、是否黏结牢固，有无空鼓、裂缝、剥落；清水勾缝砂浆是否密实；顶棚面层有无损坏、下

垂变形等。

（3）设备部分

水卫系统中上下水管道是否畅通，有无锈蚀，各种卫生器具是否完好无损，零件是否齐全，电器线路及各种照明装置是否老化、零乱，是否符合绝缘要求，暖通管道、设备是否完好，有无堵漏、锈蚀等。

根据上述标准，按房屋的结构、装修、设备等组成部分实际状况分别计取结构部分、装修部分、设备部分的成新率分值，再根据以下公式测算打分法的成新率。

打分法成新率＝结构部分得分 $\cdot G$＋装修部分得分$\cdot S$＋设备部分得分$\cdot B$

式中，G——结构部分的评分修正系数；

S——装修部分的评分修正系数；

B——设备部分的评分修正系数。

3）综合成新率的确定

综合成新率结合年限法和打分法的结果，综合（加权）判定。

综合成新率＝打分法确定的成新率×60%＋年限法确定的成新率×40%

7. 典型案例分析

办公楼是此次被评估建筑物中比较典型的，也是 A 公司的主要房产。

1）工程特征

办公楼建成于 1992 年，砖混结构，6 层，层高 3 m，建筑面积为 1 069 m^2，砖砌条形基础，外墙为 370 墙砖，内墙为 240 墙砖，钢窗，混凝土现浇，砖墙承重，设构造柱及圈梁，保温防水卷材，内粉混合砂浆，刷乳胶漆，涂料粉刷外墙、散水工程——平顶、铸铁管，照明采用吊灯，铸铁暖气片，上下水。

2）评估原值的确定

（1）工程综合造价

根据该房屋的实体特征，以 2015 年《JJ 省建筑工程消耗量定额基价表》《JJ 省装饰装修工程消耗量定额基价表》和《JJ 省安装工程消耗量定额基价表》为基础确定其相关分部分项工程直接费，按照 2015 年《JJ 省建筑安装工程费用定额》所规定的工程造价计算程序及费率标准，参考 D 市工程造价、JJ 工程造价信息网等反映评估基准日 JJ 省建筑市场人工、材料等价格信息资料计算该房屋的分部分项工程造价，汇总后得出其建筑安装工程造价。

扫描下方二维码，阅读相关材料。

土建工程计价程序表

安装工程计价程序表

装饰工程计价程序表

该房屋单位建筑安装工程造价＝单位建筑工程造价＋单位装饰工程造价＋单位安装工程造价

＝1 136.76＋334.68＋334.93

＝1 806.38（元/m^2）

（2）前期费用及其他费用

根据JJ省政府相关部门对建设项目所涉行政事业性收费的规定标准，相关专业机构对经营性服务的收费水平，结合业界惯例，同时考虑企业实际缴纳情况，确定该房屋建筑物在评估基准日应计取的前期费用及其他费用如表4-15所示：

表4-15 前期费用及其他费用

项目名称	计费基础	规定费率	金额/元/m^2	收费依据
前期工作咨询费	工程造价	0.80%	14.45	计价格〔1999〕1283号
勘察设计费	工程造价	3.50%	63.22	计价格〔2002〕10号
工程招标代理费	工程造价	0.55%	9.94	发改价格〔2011〕534号
建设工程监理费	工程造价	2.15%	38.84	发改价格〔2007〕670号
工程造价咨询服务费	工程造价	0.93%	16.80	JJ省价经字〔2003〕9号
建设单位管理费	工程造价	2.00%	36.13	财建〔2002〕394号
环评费	工程造价	0.60%	10.84	计价格〔2002〕125号
小计		10.53%	190.21	
配套费	建筑面积	60.00元/m^2	60.00	JJ省价经字〔2003〕25号 JJ发改收管联字〔2006〕356号 JJ发改收管联字〔2008〕450号
新型墙体材料专项基金	建筑面积	10.00元/m^2	10.00	JJ财非税〔2009〕463号
防雷装置跟踪监测验收费	建筑面积	1.10元/m^2	1.10	JJ省价经字〔2004〕9号
小计		71.1元/m^2	71.1	
合计			261.31	

（3）附属工程费是指在本项目评估中未单独列项的附属设施，如管道沟槽、电线电缆、给排水外网等，本次评估取费按建安工程费的10%计算。

附属工程费＝建安工程费×附属工程费费率

＝（1 806.38＋261.31）×10%

≈206.77（元/m^2）

（4）投资利息

根据委估房屋建筑物所在企业的投资项目特点及建筑规模，评估人员核定其合理建设工期为1年，选取评估基准日有效的相应期限贷款利率，并假设投资建设资金均匀投入，计算其利息：

投资利息＝（建安成本＋前期及其他费用＋附属工程费）×贷款利率×合理工期

＝（1 806.38＋261.31＋206.77）×4.35%×1×0.5

≈49.47（元/m^2）

（5）投资利润

项目的利润是指建设单位所获得的利润。根据委估资产的具体情况，经市场调查结合同行业上市公司的历史数据，一般房地产开发的利润率为 15%～20%，本次评估投资利润率取 15%，则

投资利润＝（建安成本＋前期及其他费用＋附属工程费＋投资利息）×利润率

计算可得投资利润为 348.59 元/m^2。

（6）税金

税金为销售税金及附加（营业、城市维护建设税和教育费附加）。税率为 5.6%。

税金＝（建安成本＋前期及其他费用＋附属工程费＋投资利息＋投资利润）÷（1－税率）×税率

计算可得税金为 158.54 元/m^2。

（7）评估原值

评估单价＝建安工程造价＋前期及其他费用＋附属工程费＋投资利息＋投资利润＋税金

计算可得评估原值为 2 831.06 元/m^2。

评估原值＝评估单价×建筑面积

＝2 831.06×1 069.00

＝3 026 403.14（元）

取整百位为 3 026 400 元。

3）综合成新率的确定

（1）年限法

以估测出的房屋建筑物尚可使用年限占其全部经济使用寿命年限的比率作为其年限法成新率，用公式表示为

年限法确定的成新率＝建筑物尚可使用年限÷（建筑物已使用年限＋尚可使用年限）×100%

待估房屋为砖混结构，根据相关评估规范规定，待估房屋的经济寿命年限为 50 年。办公楼建于 1994 年，施工质量较好，维护保养一般，基础等主要承重构件均未发现明显质量问题，结合同类工程的经济寿命年限，预计其尚可使用年限为 30 年，据此估算待估房屋的年限法成新率为 60%。

（2）打分法

对被评估房屋进行现场勘查后，依据房屋现场勘查评分标准并结合待估房屋的特点，对被评估房屋的结构进行打分，来计算出该房屋的现场勘查成新率，详见表 4-16。

表 4-16 房屋建筑物现场记录及分数评定表

序号	分项		标准分	评定分	评定依据
①	结构	基础	20	15	承载能力足够，轻微不均匀沉降
②		承重构件	30	22	承重墙体有轻微裂缝
③		非承重结构	15	8	部分间隔墙、面层局部损坏
④		屋面	20	10	局部轻微漏雨
⑤		地面	15	8	整体面层轻微空鼓、裂缝
A	小计	63	100	63	（①+②+③+④+⑤）×权重（0.63）=40
⑥	装修	门窗	25	10	部分开关不灵，有轻微翘曲变形，部件残缺朽腐，油漆见酥
⑦		外墙	20	10	有轻微空鼓、裂缝、风化脱落，勾缝砂浆严重酥松、脱落，墙面渗水
⑧		内墙	20	10	勾缝砂浆严重酥松、脱落，墙面渗水
⑨		顶棚	20	10	面层有破烂和下垂变形现象，吊筋有轻微腐朽、蛀蚀
⑩		细目装修	15	8	有腐朽、蛀蚀、残缺、油漆脱落现象
B	小计	19	100	48	（⑥+⑦+⑧+⑨+⑩）×权重（0.19）=9
⑪	设备	水卫	30	20	卫生器有部分损失、残缺
⑫		电照	35	20	设备陈旧残缺，电线有老化，照明装置有残缺
⑬		暖通	35	20	上下水道有堵塞、锈蚀、漏水现象
C	小计	18	100	60	（⑪+⑫+⑬+⑭）×权重（0.18）=11
勘察成新率		A+B+C，取整为 60%			

（3）综合成新率

打分法得出的成新率是基于评估人员对被评估房屋实际状况的勘查、评定，却不能充分反映不可见部位因材料劣化、疲劳对相关房屋成新水平的影响；年限法得出的成新率基于被评估房屋实际使用年限及评估人员所判断的相关房屋尚可使用年限，而尚可使用年限是评估人员依据被评估房屋结构、用途、使用环境及评估规范所规定的对应经济寿命年限，结合被评估房屋的改善、维修状况加以判定的。两种判断结果均有其合理性。将年限法和打分法得到的成新率分别以 40%和 60%的权重比例计算被评估房屋的综合成新率：

综合成新率=60%×40%+60%×60%=60%

4）评估净值的确定

评估净值=评估原值×综合成新率

=3 026 403.00×60%

≈1 815 842.00（元）

8. 评估结果及分析

经过履行资产核查、取价依据调查和评定估算等程序，对 A 公司申报的房屋建筑物于此次评估基准日的评估结果汇总如表 4-17 所示：

表 4-17　房屋建筑物评估结果汇总表

编号	科目名称	账面值/元		评估值/元		增值率/%	
		原值	净值	原值	净值	原值	净值
	房屋建筑物类合计	30 000 000.00	20 000 000.00	59 941 400.00	42 270 100.00	99.80	111.35
1	房屋建筑物	28 400 000.00	19 500 000.00	58 041 400.00	41 400 100.00	104.37	112.31
2	构筑物及其他辅助设施	900 000.00	300 000.00	1 900 000.00	870 000.00	111.11	190
3	管道及沟槽	700 000.00	200 000.00			−100.00	−100.00

本次评估房屋及构筑物整体评估增值 22 270 100.00 元，增值率 111.35%，增值的主要原因：房屋建成年代较早，大部分为 20 世纪 90 年代建成，近年来建筑材料、人工等较当时上涨幅度较大，因此造成评估增值。

9. 特别事项

略。

（三）机器设备评估技术说明

1. 评估范围

A 公司设备类账面原值 37 613 355.00 元，账面净值 22 300 000.00 元，包括机器设备、车辆和电子设备，共计 297 项。截至 2015 年 12 月 31 日，机器设备账面原值 22 569 000.00 元，账面净值 13 380 000.00 元；车辆账面原值 5 640 955.00 元，账面净值 3 345 000.00 元；电子设备账面原值 9 403 400.00 元，账面净值 5 575 000.00 元。具体见表 4-18。

表 4-18　设备申报汇总表　　单位：元

科目名称	账面价值	
	原值	净值
设备类合计	37 613 355.00	22 300 000.00
机器设备	22 569 000.00	13 380 000.00
车辆	5 640 955.00	3 345 000.00
电子设备	9 403 400.00	5 575 000.00

2. 机器设备概况

（1）机器设备主要有种子加工设备、种子干燥设备、储藏设备等设备，共计 50 项。

（2）车辆主要有五菱客车、越野车等，共计 38 项。

（3）电子设备主要为打印机、空调机、电脑、复印机、音响、实验室仪器等，共计 212 项。

3. 机器设备清查情况说明

评估人员于 2016 年 1 月 3 日至 2016 年 1 月 7 日对 A 公司申报评估的全部机器设

备、运输设备和电子设备进行了清查，同时对设备的使用环境、工作负荷、维护保养情况、自然磨损情况、大修、中修、小修及日常维护等情况进行了考察。在进行逐项清核过程中，对申报表上有关设备的名称、型号、规格、生产厂家、启用日期等错误作了更正，并对申报表上的缺项作了补充。

评估人员通过与设备管理人员及操作人员的广泛接触，详细了解设备的管理、使用情况，以及对设备管理制度的贯彻执行情况；对机器设备进行了现场勘查；对重点设备，查阅了相关技术资料、索取原始合同复印件并进行现场技术鉴定。通过问、观、查，详细了解设备现状，以确定其成新率。

通过现场清查，A 公司此次申报评估的设备共计 297 项。截至 2015 年 12 月 31 日，其账面原值 37 613 355.00 元，账面净值 22 300 000.00 元。机器设备、车辆和电子设备主要分布在 A 公司的经营地点。

4. 评估依据

5. 评估过程

评估准备阶段、现场调查阶段、综合处理阶段。

6. 评估方法

设备采用重置成本法，计算公式为

$$评估值=重置全价\times综合成新率$$

7. 评估计算

1）重置全价的确定

（1）国产标准机器设备。对于国产机器设备，如有近期成交的，我们参照最近一期成交的价格，以成交价为基础，再考虑相应的运费、安装调试费等确定其重置价值；对于无近期成交的设备，如目前市场仍有此种设备，我们采用询价方式，通过向厂家直接询价，再考虑相关费用以确定其重置价值。

（2）电子设备。我们主要查询当期相关报价资料以确定其重置价值。

（3）运输车辆。按照评估基准日同类车辆现行市场价，并考虑其相应的购置税、牌照费及手续费等费用以确定其重置价值。

2）综合成新率的确定

（1）设备

评估人员对 A 公司的设备进行了现场核实，了解了设备的运行情况、维护情况，查看了设备的运行记录及维护制度，对主要设备进行了现场鉴定，填写了鉴定表。A 公司的设备维护情况较好，利用率较高。评估人员在进行现场调查的情况下，采用年限法、现场鉴定打分法两种方法加权平均后综合确定设备的成新率。

公式为

$$综合成新率=年限法成新率\times40\%+鉴定打分法成新率\times60\%$$

其中

年限法成新率＝设备尚可使用年限÷（设备已使用年限＋设备尚可使用年限）×100%

勘查打分法成新率，则根据被评估设备满足生产使用要求情况，由评估人员通过对设备使用条件、运行维护记录和实际状态核实、勘查加以确定。

价值量较小的设备，综合成新率按年限法成新率确定。

（2）车辆

依据《机动车强制报废标准规定》，根据不同类型的汽车分别运用年限法、里程法计算其成新率，取二者之中的最低值作为理论成新率，以此为限，评估人员依据对车辆的现场鉴定情况，对理论成新率予以修正，将修正后的理论成新率作为其综合成新率。

其中：

①年限法确定成新率计算公式为

年限法确定的成新率＝（经济使用年限－已使用年限）÷经济使用年限×100%

②里程法确定成新率计算公式为

里程法确定的成新率＝（规定行驶里程－已行驶里程）÷规定行驶里程×100%

③现场鉴定并确定修正系数。评估人员会同有关专家对车辆进行现场鉴定，并分别向车辆驾驶员、维修及管理人员了解车辆的运行情况、使用强度、使用频度、日常维护保养情况及大修理情况，假设其按现有情况继续使用，是否存在提前报废或延缓报废情况，以此确定修正系数。

8. 典型评估案例

1）种子干燥机

（1）设备概况

安装地点：A 公司白泉库；

启用日期：2015 年 12 月；

账面原值：1 730 000.00 元；

账面净值：1 730 000.00 元。

为生产需要，A 公司于 2015 年 12 月新购置了一套设备，取代原有老式种子干燥机，设备主要包括提升装置、种子干燥机、间接加热炉、干贮仓、电气及温度控制系统。

（2）重置全价的确定

评估人员经分析该设备构成、设备购建安装过程中所需发生的各类费用等，确定该设备重置全价由外购成套设备价格、设备基础费、资金成本等项目加总构成。具体测算过程如下：

①外购成套设备价格

种子干燥机为 A 公司近期成套外购而来，在现场进行安装和调试，因此评估人员认为应参考合同购置价确定其设备重置价格。

经调查，该种子干燥设备合同购置价为 1 730 000.00 元（包含运费及设备安装调试费，其中安装调试费 13 万元，运费 5.5 万元）。参考该合同价款确定种子干燥设备价格为 1 730 000.00 元。

②设备基础费

设备基础费＝设备合同价×设备基础费率

评估人员经调查种子加工设备基础费率的一般水平，确定该设备基础费率为 1%：

设备基础费＝1 730 000.00×1%

＝17 300.00（元）

③资金成本

资金成本＝（外购成套设备价格＋设备基础费）×资金成本计算期×资金成本率÷2

评估人员经分析该设备购置、安装到最终调试的合理期限，确定该设备资金成本计算期为 1 年，资金成本率为 4.35%。

资金成本＝（1 730 000.00＋17 300.00）×1×4.35%÷2

＝38 003.78（元）

④设备重置价格

设备重置价格＝外购成套设备价格＋设备基础费＋资金成本

＝1 730 000.00＋17 300.00＋38 003.78

＝1 785 303.78（元）（取整为 1 785 304.00 元）

（3）成新率的确定

根据构成本生产装置各类设备的制造质量，使用频率和强度，使用年限和实际技术状况，分别采用年限法与现场打分法，测算该装置的年限法成新率和打分法成新率，并按一定比例加权求和确定其综合成新率，即

综合成新率＝年限法成新率×40%＋打分法成新率×60%

年限法成新率＝设备尚可使用年限÷（设备已使用年限＋设备尚可使用年限）×100%

＝（设备主体经济耐用年限－已使用年限）÷设备主体经济耐用年限

打分法成新率是根据本生产装置的实际构成，将构成生产装置的设备分成若干类，分别进行勘查鉴定，根据各自的实际技术状况确定成新率，并将各设备按功能或价值所占生产装置的权重加权求和确定生产装置的现场勘察成新率。

理论成新率的确定：

该设备 2015 年 12 月投入使用，截至评估基准日已运行了 0.08 年，该装置经济耐用年限为 12 年。

年限法成新率＝（12－0.08）÷12

≈99%

因此理论成新率为 99%。

②打分法成新率的确定

通过现场勘察、查阅各类设备的运行记录、检修记录、安全性能检验报告等资料，并与设备管理及操作人员交谈，详细了解生产装置各类设备的运行、管理与维修情况，对该生产装置的设备，企业坚持正常的维修保养制度，经常对设备进行维修保养，及时更换易损件，使本生产装置始终保持良好的使用状态，生产装置运行正常。根据组成本生产装置的各类设备的实际技术状况，采用分解打分法确定其现场成新率为100%。

③综合成新率的确定

综合成新率＝99%×40%＋100%×60%

　　　　　＝99.6%

综合成新率取整为99%。

（4）评估值的确定

评估值＝重置全价×综合成新率

　　　＝1 785 304.00×99%

　　　≈1 767 451.00（元）（取整）

2）丰田4500

车 牌 号：略；

车辆型号：丰田4500；

生产厂家：广汽丰田；

购置时间：2012年9月；

启用时间：2012年9月。

（1）概况

该车自购置投入行驶以来，经磨合期至今，未发生任何事故，表面有轻微磨损，内装完整，预计总行驶里程为600 000 km，现行驶90 000 km。

（2）重置全价的确定

经查询网上车市，基准日该车市场售价为706 000.00（元）

购置税＝706 000.00/1.17×10%

　　　≈60 341.88（元）

牌照及其他费＝300（元）

重置全价＝706 000.00＋60 341.88＋300

　　　　＝766 641.88（元）

取整数为766 642元。

（3）成新率的确定

年限法成新率＝（经济寿命年限－已使用年限）÷经济寿命年限×100%

=（15－3.31）÷15×100%

≈78%

行驶里程成新率=（600 000－90 000）÷600 000×100%

=85%

该车辆的理论成新率为 78%，根据对该车辆的现场鉴定，该车使用正常，修正系数取 1.00，最终确定该车的综合成新率为 78%。

（4）评估值的确定

评估值=重置全价×成新率

=766 600.00×78%

=597 948.00（元）

3）PCR 仪

（1）概况

该设备为重要的实验室检测设备，型号为 CFX Connect，于 2015 年 12 月购置，用于监测细胞 mRNA 表达量的变化，比较不同组织的 mRNA 表达差异，验证基因芯片，获得 siRNA 干扰的实验结果。该设备经济寿命年限为 10 年，已使用 0.08 年。

（2）重量全价的确定

该设备为近期购置，因此采用合同价作为其重置价，其合同价格为 445 000.00 元。

（3）成新率的确定

年限法成新率=（经济寿命年限－已使用年限）÷经济寿命年限×100%

=（10－0.08）÷10×100%

≈99%

通过现场勘察采用分解打分法确定其现场成新率为 100%。

综合成新率=年限法成新率×0.4+打分法成新率×0.6

=99%×0.4+100%×0.6

≈99%

（4）评估值的确定

评估值=重量全价×成新率

=445 000.00×99%

=440 550.00（元）

9. 评估结果

A 公司纳入评估范围的设备类资产账面原值 37 613 355.00 元，账面净值 22 300 000.00 元。评估原值 45 136 000.00 元，评估净值 23 454 000.00 元，评估净值比账面净值增值 1 154 000.00 元，增值率为 5.17%。扫描二维码，阅读评估结果。

评估结果

10. 机器设备评估增减值原因分析

本次 A 公司委托评估的机器设备类资产评估增值 1 154 000.00 元，增值率为 5.17%。增减值原因：企业采取加速折旧的方式导致评估增值。

11. 特别事项说明

A 公司车辆在盘点中发现如下事项：

（1）*DM2778 摩托、*D58885 切诺基、*D12586 解放半截货车报废存于仓库中，本次按残余价值评估。

（2）A 公司属于免税企业，评估人员所做评估值均为含税价格。

（四）土地使用权评估技术说明

1. 总体情况

此次委估的土地使用权账面价值 19 200 000.00 元，土地使用权人为 A 公司，共 12 项，详见表 4-19。

表 4-19　土地使用权申报汇总表

序号	土地权证编号	土地位置	取得日期	用地性质	土地用途	准用年限	面积/m²
1	无证	D 县金洲乡小街	2001-07-01		工业		500.00
2	D 国用（2005）第**191 号	D 县泉太镇小街	2005-09-07	出让	工业	2055-08-22	375.00
3	D 国用（2004）第**40 号	D 市工农乡大良村四组	2004-07-29	出让	科研设计	2054-07-29	84 970.00
4	L 国用（2004）第**65 号	D 市*区*大街 198 号	2004-11-22	出让	商业	2044-11-02	8 470.00
5	D 国用（2005）第**94 号	D 市 D 县白泉镇	2005-09-07	出让	工业	2055-08-22	22 450.00
6		D 市工农乡安国村及 85 户村民	2013-01-01	租用	旱地	2025-12-31	85 800.43
7		D 村租用土地	2013-01-01	租用	旱地	2025-12-31	33 333.50
8	L 国用（2014）第**11 号	D 市*区寿山镇山湾村	2014-04-29	出让	科教用地	2064-05-18	6 290.00
9	L 国用（2014）第**03 号	D 市*区寿山镇山湾村	2014-04-29	划拨	旱地		61 760.00
10	L 国用（2014）第**02 号	D 市*区寿山镇山湾村	2014-04-29	划拨	旱地		23 391.41
11	D 国用（2005）第**86 号	D 市 D 县凌云乡小街	2005-09-07	出让	工业	2055-08-22	194.48
12	D 国用（2005）第**87 号	D 市 D 县安恕镇小街	2005-09-07	出让	工业	2055-08-22	956.00

2. 评估依据

略。

3. 评估基准日

2015 年 12 月 31 日。

4. 评估原则

本次评估过程中，遵循的主要原则：

替代原则、供需原则、协调原则、预期收益原则、最有效利用原则、合法原则、变动原则、多种评估方法相结合的原则。

5. 评估方法

根据待估宗地的特点及评估项目实际情况（宗地用途、评估目的、地产市场等），依据《城镇土地评估规程》和《农用地评估规程》的规定，主要采用以下方法。

（1）市场比较法

对于出让用地，主要采用市场比较法进行评估。采用这种方法评估的原因是待估宗地附近近期类似土地交易较多，可以加以比较对照修正出土地价格，采用市场法较为合适。

市场比较法是在求取待估土地的价格时，根据替代原则，将待估宗地与近期内同一供需圈内的类似土地实例加以比较对照，并依据后者已知的价格，参照该土地的交易情况、期日、个别因素、区域因素等差别，修正得出待估宗地在评估期日价格的一种方法。

其基本公式为

评估对象价格＝比较案例价格×交易时间修正×交易方式修正×区域因素修正×个别因素修正

（2）成本逼近法

对于划拨农用地，根据 GB/T 28406-2012《农用地评估规程》，本次采用成本逼近法进行评估，即以新开垦农用地或土地整理过程中所耗费的各项客观费用之和为主要依据，再加上一定的利润、利息、应缴纳的税金和农用地增值收益，并进行各种修正来确定农用地价格的方法。

其基本计算公式为

农用地价格＝（土地取得费＋农用地开发费＋税费＋利息＋利润＋农用地增值收益）×（1＋修正系数）

（3）本次申报的租赁土地，主要是租赁集体土地使用权，被评估单位分别与安国村和大良村委会签订的土地租赁合同，租金和使用期限均按照合同规定执行，本次评估按照剩余租赁期内的租金摊余价值确认租赁土地的评估值。

6. 典型评估案例一：出让国有土地使用权

1）基本情况

委估宗地为 A 公司以出让方式取得的国有土地使用权。位于 D 市工农乡大良村四组，在评估基准日已办理了土地登记手续，并领取了国有土地使用证，证书编号为“D

国用（2004）第**40 号”，土地使用权人为 A 公司，用途为科研设计用地，土地使用权类型为出让，土地使用权面积为 84 970.00 m^2。该宗地四周为 D 市工农乡大良村四组农田。截至评估基准日，宗地已抵押。

在评估期日，经现场查勘和查阅有关资料，待估宗地上已建有种子培育大棚和试验田，宗地内“三通一平”（通路、通电、通信、场地平整）等配套设施齐全。

2）地价影响因素分析

（1）一般因素

①地理位置

D 市，地处 JJ 省中南部，是 JJ 省中部城市群的组成部分，处于长白山余脉与××平原过渡地带，属低山丘陵区，海拔为 250～400 m，地理概貌为“五山一水四分田”。D 处于东北中心城市发展的轴带上。周边分别与 A 市、B 市、C 市、Y 省西丰县相邻。

②自然环境

a. 地势、地貌

D 市地处百山余脉，哈达岭南部，属低山丘陵区，地势成“马鞍”型。沟川河谷纵横交错。最高处海拔 914 m，最低海拔 230 m。

b. 气候

D 市属半湿润温带大陆性季风气候，大陆度为 77.22，干燥度为 0.86，一年四季分明：3—5 月为春季，寒暖交替，天气变化较大，升温迅速、干燥，多西南大风；6—8 月为夏季，湿热多雨，盛行西南风；9—10 月为秋季，温凉短暂，多晴好天气，盛行偏西风，始降霜雪；从 11 月至翌年 2 月为冬季，严寒干燥而漫长，盛行西风或西北风。

③城市性质

D 市是中国铝产品加工基地、中国琵琶之乡。

④行政区划

D 市辖 2 个市辖区、2 个县。市人民政府驻龙山区。D 市面积为 5 125 km^2，人口 1 176 645 人。A 区面积 257 km^2，人口 28 万。B 区面积 172 km^2，人口 17 万。A 县面积 2 522 km^2，人口 41 万，县人民政府驻 A 镇。B 县面积 2 174 km^2，人口 39 万，县人民政府驻 B 镇。

⑤房地产制度

D 市已经建立了完善的土地收购、储备、交易管理制度，土地已经实行“招”“拍”“挂”“协”等方式供应，房地产业在全市经济中占有重要的位置。

⑥交通状况

D 市相继建成了国道集锡线 D 段、省道九开线 D 段、集锡线 D 北绕城段和省道长东线东段 4 条一级公路，完成了公路主骨架、主动脉、主枢纽和城市外环路建设；

建设了D草线、D大线等6条二级路网公路；建成农村公路3 000 km，使全市100%的乡镇、97.7%的行政村，50%的自然屯和近4万个农户通上了柏油路或水泥路，极大地改善了农村生产生活条件。为加快公路发展，又相继开工建设了伊通至D高速公路D段、环城公路和三座互通立交桥，并着手建设DD段高速公路。

（2）区域因素

①区域概况

JJ省D市A区隶属于JJ省D市，位于JJ省中南部，东辽河上游，地处长白山系老爷岭余脉与西部松辽平原的过渡带。因其境内有龙首山而得名。

A区地处JJ省D市中心城区，坐落于风景秀丽的D河畔，辖区面积257 km^2，辖1镇1乡8个街道办事处、1个工业开发区，总人口28万。这里不仅是D市的政治、经济、文化、交通和商贸中心，也是D加快“两个转型”、深入实施“长春—D1小时经济·生活圈”战略发展的中心区。

A区辖8个街道、1个镇、1个乡：南康街道、北寿街道、东吉街道、西宁街道、站前街道、新兴街道、福镇街道、向阳街道、寿山镇、工农乡。共有27个社区、31个行政村。

D伊长高速公路、四白、D那一级公路和四梅、D西铁路贯区而过，南距沈阳3小时车程，北距省会C市100 km，90分钟可达C市国际机场，铁路可直达首都北京。

“一区”“一园”已初具规模，旧城改造和新城建设同步实施，乡镇城镇化与园区建设统筹规划，真正实现产城融合。重点支持高端制造、生物技术、新材料、节能环保、电子信息、商贸物流、信息服务、文化旅游“八大产业”投资。

②位置及交通条件

委估宗地位于D市A区工农乡大良村，附近有一级公路，周围有乡路，距D火车站约10.9 km，距D高速客运站约13.8 km，距环城高速口约15 km，交通条件一般。

③产业集聚

委估宗地为科研设计使用，主要为种子培育试验田，周围也主要为农田，产业聚集度一般。

④基础设施条件

该地区基础配套设施不齐全，达到“三通”（通电、通讯、通路），其保证率均较高，具体各项设施保证率如下：

通电：国家电网，供电保证率达95%以上。

通讯：市政线路，通畅保证率达95%以上。

道路：主要道路有乡村公路，道路基本通畅。

（3）个别因素

宗地位置：D市A区工农乡大良村四组。

宗地面积：84 970.00 m^2。

土地用途：科研设计。

临街状况：临乡村公路，附近有四浑公路。

宗地形状：较规则。

地质地势条件：地质条件较好，地基承载力较强。

宗地内开发程度：宗地内达到“三通一平”（通电、通讯、通路、场地平整）。市政供电，自用锅炉供暖，宗地内有直拨电话，实现对外联络，上述各项配套设施保障程度均达到95%以上，宗地内场地平整。

3）价格定义

（1）地价内涵

该评估结果为待估宗地设定为工业用地，宗地外“三通”（通电、通讯、通路），宗地内场地平整，现状利用条件下，于评估基准日 2015 年 12 月 31 日，设定为剩余土地使用年限 50 年的国有出让土地使用权价格。地价包括土地取得费、土地开发成本和土地增值收益等。

（2）土地实际用途、实际开发程度

宗地实际用途为科研设计用地，实际开发程度为：宗地外“三通”（通电、通讯、通路），宗地内“三通一平”（通电、通讯、通路、场地平整）。

（3）土地评估设定用途及开发程度

评估设定土地用途为工业用地。评估设定的土地开发程度为宗地外“三通”（通电、通讯、通路），宗地内场地平整。

考虑到宗地红线内基础设施开发费用已计入房产中，为了避免资产重复计算，本次评估设定的土地开发程度均指宗地红线外的基础设施开发程度和红线内场地平整状况。

4）评估方法与评估过程

（1）评估方法

根据待估宗地的特点及评估项目实际情况（宗地用途、评估目的、地产市场等），依据《城镇土地评估规程》的规定，决定采用市场比较法进行评估。采用这种方法评估的原因是待估宗地附近近期类似土地交易较多，可以加以比较对照修正出土地价格，市场法较为合适。

（2）评估过程

①基本原理

市场比较法是在求取待估土地的价格时，根据替代原则，将待估宗地与近期内同一供需圈内的类似土地实例加以比较对照，并依据后者已知的价格，参照该土地的交易情况、期日、个别因素、区域因素等差别，修正得出待估宗地在评估期日价格的一种方法。

其基本公式为

评估对象价格=比较案例价格×交易时间修正×交易方式修正×区域因素修正×个别因素修正

②比较案例的选取

我们从土地交易实例中选取了三宗近期成交土地作为比较案例，具体情况见表 4-20：

表 4-20 比较因素条件说明表

序号	宗地位置	土地用途	取得方式	宗地面积/m²	成交单价/（元/m²）	成交时间	受让人
案例 1	D 市 A 区工业开发园区寿山镇大寿村	工业用地	出让	54 730.00	229	2014-11-03	D 环保能源有限公司
案例 2	D 经济开发区规划地块	工业用地	出让	59 901.00	273	2015-06-03	JJ 省投资有限公司
案例 3	D 市苇塘村融展汽车产业园南侧规划地块	工业用地	出让	21 832.00	282	2014-12-02	D 市华机械有限公司

③比较因素的选择

根据待估宗地的宗地条件，影响待估宗地价格的主要因素有：

a. 交易期日：根据地价指数，确定交易期日修正系数；

b. 交易方式：出让、转让、企业改制、抵押等；

c. 土地使用年期：指待估宗地和比较案例的土地使用年期；

d. 区域因素：主要有距火车站距离、距高速公路入口距离、道路通达度、周边土地利用方向的一致性等；

e. 个别因素：主要指临路状况、宗地面积、宗地形状、容积率、宗地状况等。

④因素条件说明

通过调查，选择了与待估宗地用途相同或相近，在同一供需圈的比较案例，扫描二维码，阅读具体情况。

比较因素条件说明表

⑤比较因素修正说明

根据待估宗地与比较案例各种因素具体情况，编制比较因素条件指数表。比较因素指数确定如下：

a. 交易时间（交易期日修正）

根据待估宗地所在区域的地价变化情况，确定比较案例和待估宗地在不同时间的地价指数。因该类用地地价在此期间内无变化，不予修正。

b. 交易方式

以待估宗地的条件为标准，当待估宗地条件与比较案例条件一致时，无须进行修正；当条件不一致时，须进行修正。本次待估宗地条件与比较案例条件一致时，无须进行修正。

c. 交易情况

根据交易的实际情况分为正常交易、关联方间交易、快速变现等，当待估宗地条件与比较案例条件一致时，无须进行修正；当条件不一致时，须进行修正。本次待估宗地条件与比较案例条件一致，无须进行修正。

d. 用途修正

以待估宗地的条件为标准，当待估宗地条件与比较案例条件一致时，无须进行修正，当条件不一致时，须进行修正。

e. 土地使用年期修正

$$K=\frac{1-1/(1+r)^m}{1-1/(1+r)^n}$$

式中，K——比较案例的土地使用年期修正系数；

r——土地还原率；

n——比较案例土地使用年期；

m——待估宗地土地使用年期。

⑥区域及个别因素修正

以评估对象的影响因素修正指数为 100，综合分析因素对地价的影响程度，确定比较案例各因素的修正指数。

a. 产业集聚度：按照区域工业规模和企业间协作程度，将产业集聚度定性为优、较优、一般、较劣、劣，评估对象产业集聚度一般，比较案例均为较优，本次评估修正 1。

b. 交通便捷度：将交通条件分为好、较好、一般、较差、差，评估对象一般，比较案例均为较优，本次评估修正 1。

c. 地埋位置：工业用地地价与地理位置为正向关系，将地理位置条件定为好、较好、一般、较差、差，评估对象地理位置条件一般，比较案例区域路网条件较好，本次评估修正 1。

d. 公共设施配套程度：评估对象与比较案例均为完善，本次修正 1。

e. 基础设施状况：评估对象为红线外“三通”，比较案例均为红线外“五通”，本次评估修正 1。

f. 环境优劣度：将环境条件定性为有严重污染、有较重污染、有一定污染、无污染，本次评估对象与比较案例均无污染，不作修正。

g. 距离车站距离：将距离车站距离分为近（5 km 以内）、较近（5～10 km）、远（11～15 km）、较远（15 km 以上）。本次评估对象距车站远；比较案例 A 和 B 距车站较近，本次评估修正 1；比较案例 C 距车站更近，本次评估修正 2。

h. 相邻道路状况：将相邻道路状况定为临主干道、临次干道、临支路、临乡路，评估对象为不临主干道，比较案例均为临主干道，本次评估修正 1。

i. 面积：评估对象面积与比较案例面积无大差异，本次评估不作修正。

j. 宗地形状：分为规则、较规则、不规则、极不规则，本次评估对象与比较案例均较规则，不作修正。

k. 周围土地利用类型：评估对象周边相同用途宗地聚集度一般，比较宗地周边相同用途宗地聚集度较好，本次评估修正 1。

比较因素条件指数，见表 4-21。

表 4-21 比较因素条件指数表

比较因素内容		评估对象	案例 1	案例 2	案例 3
交易价格		待估	229	273	282
交易时间		100	100	100	100
交易情况		100	100	100	100
区域因素	产业集聚状况	100	101	101	101
	交通便捷度	100	101	101	101
	地理位置	100	101	101	101
	公共服务配套	100	101	101	101
	基础设施	100	101	101	101
	环境优劣度	100	100	100	100
个别因素	与火车站距离	100	101	101	102
	与客运站距离	100	101	101	102
	距高速公路入口距离	100	101	101	102
	临路状况	100	101	101	102
	宗地面积	100	100	100	100
	宗地形状	100	100	100	100
	周边土地利用方向的一致性	100	101	101	101
	年期	100	102.74	102.74	102.74

⑦实例修正后的地价计算

比较因素修正系数见表 4-22。

表 4-22 比较因素修正系数表

比较因素内容		评估对象	案例 1	案例 2	案例 3
交易价格		待估	229	273	282
交易时间		100/100	100/100	100/100	100/100
交易情况		100/100	100/100	100/100	100/100
区域因素	产业集聚状况	100/100	100/101	100/101	100/101
	交通便捷度	100/100	100/101	100/101	100/101
	地理位置	100/100	100/101	100/101	100/101
	公共服务配套	100/100	100/101	100/101	100/101
	基础设施	100/100	100/101	100/101	100/101
	环境优劣度	100/100	100/100	100/100	100/100

续表

比较因素内容		评估对象	案例 1	案例 2	案例 3
个别因素	与火车站距离	100/100	100/101	100/101	100/102
	与客运站距离	100/100	100/101	100/101	100/102
	距高速公路入口距离	100/100	100/101	100/101	100/102
	临路状况	100/100	100/101	100/101	100/102
	宗地面积	100/100	100/100	100/100	100/100
	宗地形状	100/100	100/100	100/100	100/100
	周边土地利用方向的一致性	100/100	100/101	100/101	100/101
	年期	100/100	100/102.74	100/102.74	100/102.74
修正系数			0.881 1	0.881 1	0.847 1
比准价格/（元/m^2）			202	241	239
评估价格/（元/ m^2）		227			

单位面积地价：227 元/m^2

总地价＝227×84 970

＝19 288 190.00（元）（取整）

人民币大写金额：壹仟玖佰贰拾捌万捌仟壹佰玖拾元整。

7. 典型评估案例二：划拨国有土地使用权

1）基本情况

委估宗地为 A 公司以划拨方式取得国有土地使用权。位于 D 市 A 区寿山镇山湾村，在评估基准日已办理了土地登记手续，并领取了国有土地使用证，证书编号为“L 国用（2014）第**11 号”，土地使用权人为 A 公司，用途为农用旱地，土地使用权类型为划拨，土地使用权面积为 61 760.00 m^2。该宗地四周为 D 市寿山镇山湾村农田。截至评估基准日，宗地未设定抵押、担保等事项。

在评估期日，经现场查勘和查阅有关资料，待估宗地主要为种子培育试验田，宗地为农用地。

2）地价影响因素分析

（1）一般因素

地理位置、自然环境、气候、城市性质、行政区划、交通状况等。

（2）区域因素

区域概况、位置及交通条件、产业集聚、基础设施条件等。

（3）个别因素

宗地位置：D 市龙山区寿山镇山湾村；

宗地面积：61 760.00 m^2；

土地用途：旱地；

临街状况：临乡村公路，附近有辽那一级公路；

宗地形状：较规则；

地质地势条件：农用地类型、质量符合用地要求；

宗地内开发程度：宗地为农用旱地，为农业生产服务用的水井、沟渠等配套设施齐全。

3）价格定义

（1）地价内涵

该评估结果为待估宗地设定为国有农用地，现状利用条件下，于评估基准日2015年12月31日，设定为剩余土地使用年限50年的国有划拨土地使用权价格。地价主要包括土地开发成本和土地增值收益等。

（2）土地实际用途、实际开发程度

宗地实际用途为国有农用地，实际开发程度为：为农业生产服务的配套设施齐全。

（3）土地评估设定用途及开发程度

评估设定土地用途为国有农用地。评估设定的土地开发程度为宗地外“三通”（通电、通讯、通路）。

4）评估方法与评估过程

（1）评估方法

根据待估宗地的特点及评估项目实际情况（宗地用途、评估目的、地产市场等），依据《农用地评估规程》的规定，决定采用成本逼近法进行评估。采用这种方法评估的原因是待估宗地为国有农用地，有较成熟的征地区片地价体系，采用成本逼近法比较合适。

成本逼近法即以新开垦农用地或土地整理过程中所耗费的各项客观费用之和为主要依据，再加上一定的利润、利息、应缴纳的税金和农用地增值收益，并进行各种修正来确定农用地价格的方法。

其基本计算公式为

农用地价格＝（土地取得费＋农用地开发费＋税费＋利息＋利润＋农用地增值收益）×（1＋修正系数）

（2）评估过程

采用成本逼近法评估。

（3）土地取得费

①土地补偿费

农用地取得费主要表现为取得未利用土地或中低产田客观发生的费用。本次参照《D市人民政府关于公布全市征地统一年产值标准和征地区片综合地价的通知》（D府发〔2010〕37号）的文件规定，征地统一年产值标准和区片综合地价包括土地补偿费和安置补助费，不包含青苗和地上物补偿费。

根据《D 市人民政府关于公布全市征地统一年产值标准和征地区片综合地价的通知》（D 府发〔2010〕37 号）的文件规定，D 市辖区实施征地区片综合地价，具体按以下规定执行：一级区片 120 元/m^2，二级区片 95 元/m^2，三级区片 65 元/m^2，四级区片 40 元/m^2。详见表 4-23：

表 4-23　D 市征地区片综合地价表

区域编号	区片综合地价/（元/m^2）	区域范围描述
Ⅰ级	120	太阳升村、七一村
Ⅱ级	95	东孟村、古仙村、富强村、新力村、灯塔村、胜利村、西孟村、五一村、兴国村、友谊村、向阳村、工农村、永兴村、东升村、国庆村、山湾村、忠诚村
Ⅲ级	65	丰收村、建国村、高古村、谦和村、大良村、安国村、建新村、村后村、王家村、苇塘村、连昌村、大寿村、寿山村、朝阳村、永康村、福山村
Ⅳ级	40	全康村、古洞村、大房村、太和村、成山村、正风村、沐雨村、碾山村、英华村、金河村、龙背村、卫国村、三合村、六间村、录山村、永治村、礼让村、黑牛村、热闹村

本次委估宗地位于 D 市龙山区寿山镇山湾村，因此为二级区片。区片综合地价为 95 元/m^2，即土地补偿费为 95 元/m^2。

②青苗及地上物补偿费

根据《D 市人民政府关于公布全市征地统一年产值标准和征地区片综合地价的通知》（D 府发〔2010〕37 号）的文件规定征用土地的补偿费用包括土地补偿费、安置补助费和青苗补偿费，被征收土地上有青苗的，菜田的青苗按照 3.50 元/m^2 给予补偿，水田的青苗按照 1.80 元/m^2 给予补偿，旱田的青苗按照 1.30 元/m^2 给予补偿。被征用土地的青苗补偿费按一个栽培期产值计算，因此按照 1 倍补偿。该宗地为旱地，则

青苗补偿费＝1.30 元/m^2

小计：土地取得费＝95＋1.30＝96.3（元/m^2）

（4）确定农用地开发费

农用地开发费是为使土地达到一定的农业利用条件而进行的各种投入的客观费用，如农田平整、耕作层处理、农田水利设施建设、田间道路、田间防护林等。

根据农业生产的要求，农用地的开发程度主要包括以下几方面：

①道路：分通田间人行路、机耕路等情况；

②灌溉：分上游有蓄水设施的自然灌溉、地下水灌溉、喷灌灌溉、滴灌灌溉等；

③排水：分析能否顺畅地自然排水、有无排水沟渠等；

④通电：考察田间耕作时能否方便地使用电力；

⑤土地平整：平整度应能满足农业生产的基本要求，有至少 20 cm 的疏松土壤的耕作层。

根据待估农用地的开发程度，即通路、有地下水灌溉、有排水沟渠、通电、有满足耕种的土地平整情况和土壤耕作层，根据取得宗地后投资单位的投入情况，经咨询当地建设行政主管部门中低产田改造中农田设施配套建设情况，宗地红线外通路、通灌排水（泵站灌水、沟渠排水）、通电、具备耕种农用设施的开发费用按土地面积计算平均在 4.85 元/m^2，其中宗地外道路费用分摊 0.3 元/m^2；供电系统费用分摊 0.05 元/m^2；通沟渠泵站灌排水费用分摊 0.5 元/m^2；土地平整费用为 2 000 元/亩，约 3 元/m^2；宗地内沟渠排水等设施 1 元/m^2。

（5）确定各项税费

主要是指取得待开发农用地和在进行农用地开发过程中所应支付的有关税费。

①征地管理费

根据 JJ 省价经字〔2001〕19 号文件《JJ 省物价局、财政厅关于降低征地管理费标准的通知》规定，对于全包方式，征用耕地 66.67 公顷以下，其他土地 133.34 公顷以下的，征地管理费按不超过 2.8%收取。

征地管理费＝96.3×2.8%≈2.70（元/m^2）

②耕地占用税

根据 JJ 省人民政府关于发布《JJ 省耕地占用税实施办法》的通知的规定，占用耕地建房或者从事其他非农业建设的单位或者个人，为耕地占用税的纳税人，应当依照国家相关规定及本办法缴纳耕地占用税，委估宗地主要从事农业生产，因此无须缴纳耕地占用税。

③新菜地开发建设基金

根据《JJ 省土地管理条例》第二十七条规定："征用城市郊区菜地的，缴纳新菜地开发建设基金，不缴纳耕地开垦费。"本次评估宗地为非菜地，因此无须缴纳新菜地开发建设基金。

④防洪基础设施建设资金

依据 JJ 省人民政府令〔1999〕第 105 号《JJ 省防洪基础设施建设资金征收使用办法》，防洪基础设施建设资金征收标准为：菜田 1200 元/亩，约 1.80 元/m^2；旱田按 1.20 元/m^2 计收。参照宗地征地的用地类型，确定防洪基金标准。确定防洪基础设施建设资金为 1.20 元/m^2。

⑤用地管理费

根据《关于公布土地系统管理收费项目及标准的通知》（JJ 省价房涉字〔1997〕33 号）。对划拨的国有荒山、荒地进行农业开发项目的土地管理费标准，各地可在每平方米不超过 0.015 元的范围内根据当地实际情况制定。

小计：

有关税费＝征地管理费＋耕地占用税＋新菜地开发建设基金＋防洪基础设施建设基金＋用地管理费

＝3.915（元/m^2）

（6）确定农用地开发利息

土地的取得费用和开发费用均可根据其投资的特点和所经历的时间计算利息，利息率按评估期日的中国人民银行公布的贷款利息率确定，土地开发期为 1 年以内的利息率按单利计算，开发期超过 1 年以上的利息率按复利计算。

计息期间以农用地开发周期为基础，考虑各项投资的投入特点来确定。农用地开发周期根据农用地开发的总面积、农用地开发程度和开发难度等方面确定，本次评估根据待估宗地开发程度，开发期为 1 年。

利息＝（土地取得费用＋相关税费）×4.35%×1＋开发费用×4.35%×50%

＝（96.3＋3.915）×4.35%×1＋4.85×4.35%×50%

≈4.47（元/m^2）

（7）确定农用地开发利润

利润是对农用地开发投资的回报，是土地取得费用和开发费用在合理的投资回报率（利润率）下应得的经济报酬。利润率根据开发农用地所处地区的经济环境、开发农用地的利用类型（行业特点）和开发周期等方面确定。

投资利润是把土地作为一种生产要素，以固定资产方式投入，发挥作用而得到的回报，因此投资利润应与同行业投资回报相一致。根据 D 市农业投资利润率近两年的水平在 15%左右。故综合确定本土地评估的投资利润率为 15%。

根据待估宗地的土地取得费、宗地红线外土地开发费和宗地红线内土地平整费用，则

利润＝（土地取得费＋相关税费＋土地开发费）×利润率

＝（96.3＋3.915＋4.85）×15%

≈15.76（元/m^2）

（8）确定农用地增值收益

农用地增值收益是指待估农用地因追加投资进行农用地开发整理，使农用地生产能力得到提高，而引起的农用地价格的增值。农用地增值收益率根据开发农用地所处地区的经济环境、开发农用地的利用类型（行业特点）等方面确定。

本次采用成本逼近法评估地价是以待估宗地所在区域土地取得费和土地开发费平均标准为主要依据，加上一定的利息、利润、税金和土地增值收益来确定地价。

农用地地价＝土地取得费＋税费＋土地开发费＋利息＋利润＋土地增值收益

D 市人民政府及 D 市各级政府近些年来不断加大中低产田改造与新农地的建设。考虑到待估宗地所在区域农用地的现状，经过分析多宗案例，发现农用地的成本地价与农地市场价格的差额在 20%左右，综合确定待估宗地所在区域农用地市场价格与成本价格的差额一般为成本价格的 20%。

农用地增值收益＝（土地取得费＋相关税费＋土地开发费＋利息＋利润）×土地增值率

$=（96.3+3.915+4.85+4.47+15.76）\times 20\%$

≈ 25.06（元/m^2）

（9）土地状况修正

①土地权利状况修正

上述地价为国有出让土地使用权价格，评估对象为国有划拨土地使用权，未补办土地使用权出让手续，未缴纳土地出让金，须进行土地权利状况修正。因此，核定待估宗地国有划拨土地使用权土地资产量时，须在待估宗地总地价中扣除土地出让金。根据国家土地管理局令第 1 号《划拨土地使用权管理暂行办法》的规定："土地使用权出让金，区别土地使用权转让、出租、抵押等不同方式，按标定地价的一定比例收取，最低不得低于标定地价的 40%。" 按上述规定，待估宗地国有划拨土地使用权地价款最高不得超过本次评估总地价的 60%。本次评估，土地评估师向 D 市国土资源局咨询及调查，当地农用地土地使用权出让金一般为 40%。本次土地权利状况修正 40%。

②区位修正

因本次求取的为区域平均地价，而区位对于农用地的经营类型有一定的影响，因此需要对农用地价格进行区位修正，本次综合考虑土地状况确定修正 6%，见表 4-24。

表 4-24　区位因素修正系数表

比较因素		待估宗地状况	修正/%
自然因素	地形坡度	0	0
	盐渍化程度	无	0
社会经济因素	耕作难易程度	容易	2
	交通通达性	距公路 200m	2
特殊因素	特殊土壤条件		2
合计			6

5）无限年期土地使用权价格

依据成本逼近法计算公式，则

无限年期土地使用权价格＝土地取得费＋相关税费＋土地开发费＋投资利息＋投资利润＋土地增值收益）×（1＋土地状况修正系数）

$=（96.3+3.915+4.85+4.47+15.76+25.06）\times（1-40\%+6\%）$

≈ 99.23（元/m^2）

6）有限年期土地使用权价格

根据有限年期地价测算公式：

$$Vn = V_N \cdot [1-1/(1+r)^n]$$

式中，Vn——待估宗地设定年期土地使用权价格（元/m^2）；

V_N——无限年期土地使用权价格（元/m^2）；

r——土地还原率 8%（根据《D 市人民政府关于公布实施新一轮城镇基准

地价的通告》确定）；

n——待估宗地设定年期（50 年）。

待估宗地地价＝有限年期土地使用权价格＝97.11 元/m^2

7）评估结果

因委估宗地为国有划拨土地使用权，该土地价格为有限年期土地使用权价格：

最终的土地评估结果＝97.11×61 760

＝5 997 513.60（元）

取整为 5 997 513 元。

8. 评估结果

经逐宗土地进行评估汇总后，被评估单位申报的 24 宗土地评估结果汇总如表 4-25 所示：

表 4-25　土地使用权评估结果汇总表

科目名称	账面价值/元	评估值/元	增减值/元	增值率/%
无形资产——土地使用权	19 200 000.00	34 560 000.00	15 360 000.00	80

经测算土地使用权增值 15 360 000.00 元，增值率 80%。增减值原因：土地取得较早，近年来土地价格上涨导致增值。

9. 特别事项说明

略。

（五）其他无形资产评估技术说明

本次申报评估的无形资产——其他无形资产主要是种子品种权，本次共计申报 10 项，其中 2 项品种使用权，账面价值 800 000.00 元，8 项品种所有权，企业未入账，无账面值。具体详见表 4-26。

表 4-26　其他无形资产申报汇总表

序号	无形资产名称和内容	取得日期	法定（预计）使用年限/年	账面价值/元	尚可使用年限/年
1	04 品种使用税	2003-07-01	15	620 000.00	1.49
2	05 品种使用权	2016-05-17	15	180 000.00	14.38
3	09 号（品种权号 CNA***.0）	2015-05-01	15		13.33
4	01 号（品种权号 CNA***.9）	2013-03-01	15		11.16
5	12 号（品种权号 CNA***.0）	2011-05-01	15		9.33
6	13 号（品种权号 CNA***.1）	2012-01-01	15		10.00
7	14 号（品种权号 CNA***.7）	2015-05-01	15		13.33
8	15 号（品种权号 CNA***.3）	2012-01-01	15		10.00
9	02 号（品种权号 CNA***.7）	2014-05-01	15		12.33
10	16 号（品种权号 CNA***.5）	2015-05-01	15		13.33

1. 资产概况

1）植物新品种权概念

植物新品种权是指对完成植物新品种育种或者对发现的野生植物加以开发，并具备新颖性、特异性、一致性、稳定性的单位或者个人对其授权命名的新品种，享有排他的独占权。

植物新品种权与品种权、著作权、商标权一样，属于知识产权的范畴。由于知识产权是一种民事权利，因此，植物新品种权也是一种民事权利。

2）植物新品种权法律保护

《中华人民共和国植物新品种保护条例》规定，植物新品种的申请权和品种权属于工业产权的一种类型，品种权的保护期限，自授权之日起，藤本植物、林木、果树和观赏树木为20年，其他植物为15年。植物品种权可以依法转让或者许可他人使用，如未经申请人许可，为商业目的生产或者销售该授权品种的繁殖材料的单位和个人，品种权人享有追偿的权利。植物新品种权的成功推广，能带来巨大的社会效益和经济效益，比如说杂交水稻，因此它具备了无形资产的资产属性和价值内涵，当品种权利人发生工商注册、增资扩股、合资合作、许可使用、担保抵押、租赁承包、清算拍卖等经济行为时，应对其价值进行评估量化。

2. 评估依据

略。

3. 评估过程

略。

4. 评估方法

植物新品种权与品种权、著作权、商标权一样，属于知识产权的范畴。由于知识产权是一种民事权利，因此，植物新品种权也是一种民事权利。

本次参考品种权等知识产权价值评估的基本方法，评估方法主要有收益法、市场法和成本法。评估人员可根据植物新品种权本身具备的特点及评估目的的不同而选择适合的方法。

本次植物新品种权未来具有盈利能力，因此选用收益法评估最为适合。其未来预期收益及获得预期收益所承担的风险可以预测，并可以用货币来衡量，预期获利年限亦可以预测，故采用了收益法进行评估。不同品种权对所对应产品的生产、销售过程中创造的利润是有贡献的，采用适当方法估算植物新品种权对产品所创造的收入贡献率，再选取恰当的折现率，将产品中每年植物新品种权对收益的贡献折为现值。同时，本次评估对该收益的预测期采用有限年法，对于企业的预期净收益采取逐年预测折现累加的方法。

根据本次评估目的、评估对象的具体情况，本次评估选用收益途径下的利润分成法计算净收益，再选取恰当的折现率，收益预测期采用有限年法，对于企业的预期净

收益采取逐年预测折现累加的方法求出评估值。计算公式为

$$P = \sum_{t=1}^{n} \frac{a \cdot A_t}{(1+R)^t}$$

式中，P——待估植物新品种权的评估值；

A_t——预测第 t 年委估资产的净利润；

a——植物新品种权利润分成率；

R——折现率；

t——年序号；

n——折现期。本次评估采用植物新品种权的尚可使用年限作为收益折现期。

因为仅具有对购入的种子的使用权，而不具备对其所有权，享有的权利是根据合同约定的，所以本次评估对该类品种使用权按照尚可使用年限，计算出其剩余年限的摊余价值作为该品种使用权的价值。

5. 评估测算案例

本次以主打品种 16 号为评估案例。

1）资产概况

品种名称：16 号；

申请日：2009 年 3 月 16 日；

申请号：20070149.5；

授权日：2015 年 5 月 1 日；

品种权号：CAN**.5；

公告日：2015 年 5 月 1 日；

公告号：CAN*G；

培育人：张×、刘×、姜×；

品种权人：A 公司；

品种权人地址：JJ 省 D 市 S 大街 198 号（136200）；

品种来源：16 号是 A 公司培育的一个玉米品种，该品种母本 KX，来源于德国杂交种导入热带早熟材料；父本 D22，来源于（掖 478×7922）×6314。在中等肥力以上地块栽培，每亩适宜密度 3 500 株左右，平均亩产 706.1 kg。

特征特性：在东北地区出苗至成熟 125 天，比吉单 261 早熟 2 天，需有效积温 2 600 ℃左右。幼苗叶鞘深紫色，叶片绿色，叶缘紫色，花药深紫色，颖壳紫色。株型半紧凑，株高 270 cm，穗位高 108 cm，成株叶片数为 17 片。花丝绿色，果穗短锥型，穗长 21 cm，穗行数为 16 行，穗轴红色，籽粒黄色、硬粒型，百粒重 36 g。

经 JJ 省农业科学院植物保护研究所两年接种鉴定，感大斑病、丝黑穗病、茎腐病、弯孢菌叶斑病和玉米螟。农业部谷物及制品质量监督检验测试中心（哈尔滨）测定，籽粒容重 720 g/L，粗蛋白占 8.54%，粗脂肪占 4.22%，粗淀粉占 75.73%，赖氨酸占

0.24%，属高淀粉品种。

产量表现：2005—2008 年参加东北早熟玉米品种区域试验，两年平均亩产 706.1 kg，比对照增产 11.1%。2008 年生产试验，平均亩产 697.7 kg，比吉单 261 产量高 9.2%。

栽培技术：在中等肥力以上地块栽培，每亩适宜密度 3 500 株左右，注意防治丝黑穗病和玉米螟。

适应区域：适宜在辽宁省东部山区、吉林省中熟区、黑龙江省第一积温带、内蒙古自治区赤峰和通辽地区种植，丝黑穗病和玉米螟重发区慎用。

2）收益预测的基础

考虑到该品种权未来收益主要是来自玉米种子生产，因此本次收益预测是根据评估基准日后被评估企业该系列产品销售状况和能力计划，主要的预测基础是该品种产品目前在市场的销售情况和发展前景，并考虑该公司管理层对该品种产品未来发展前途、市场前景的预测等基础资料，并遵循国家现行的法律、法规和企业会计制度的有关规定，本着客观求实的原则，采用适当的方法编制的。

3）预测的假设条件

对 16 号品种权未来收益进行预测是采用收益法进行评估的基础，而任何预测都是在一定假设条件下进行的，本次评估收益预测建立在以下假设条件基础上。

（1）一般性假设

①A 公司在经营中所需遵循的国家和地方的现行法律、法规、制度及社会政治和经济政策无重大变化；

②A 公司将保持持续经营，并在经营方式上与现时保持一致；

③无其他人力不可抗拒及不可预见因素造成的重大不利影响。

（2）针对性假设

①A 公司各年间的技术队伍及其高级管理人员保持相对稳定，不会发生重大的核心专业人员流失问题；

②A 公司各经营主体现有和未来经营者是负责的，且公司管理层能稳步推进公司的发展计划，保持良好的经营态势；

③A 公司未来经营者遵守国家相关法律和法规，不会出现影响公司发展和收益实现的重大违规事项；

④A 公司提供的历年财务资料所采用的会计政策和进行收益预测时所采用的会计政策与会计核算方法在重要方面基本一致。

4）评估过程

（1）本次评估过程介绍

略。

（2）行业发展现状和发展趋势

①行业发展现状

中国玉米产业的发展史同时也是玉米种子的优化史。改革开放以来，玉米品种经历了六代更替，玉米产量增长经历了两个阶段：

a. 20 世纪 70 年代至 90 年代，玉米单产增幅较大，涨幅超过 50%，但种植面积增加较小，总产量的提高主要是由于单产增加，而新品种选育与推广成为推动单产增加的第一要素。

b. 2002 年至今，单产增速有所下降，播种面积快速增加，总产量提高的驱动因素中播种面积占据主要位置。据有关部门的研究推算，玉米新品种的推广利用在玉米增产总额中发挥 40%的作用。在未来玉米种植面积增速将总体趋缓的背景下，玉米产量持续增长将主要依赖于良种开发带来的单产提高。

从研发主体看，科研院所虽牢牢占据品种话语权，但研发主体向企业推进的趋势日益明显。主要表现在：企业申请数和授权数不断增加，且已超过科研院所。这主要得益于近年来国家对种业研发的政策支持，具体为： 2014 年，发改委启动“生物育种和产业化”专项，扶持 41 家企业开展生物育种与产业化；财政部和国家税务总局出台了关于扶持“育繁推一体化”企业的减免税政策，建立了总额 15 亿元的现代种业发展基金，大力支持企业进行品种的自主研发；农业部修订了《农作物种子生产经营许可管理办法》，大幅提高了种子企业的准入门槛，有效推进了企业的兼并重组，各种子企业研发优势得以整合；对知识产权的重视日益提高，企业排他性推广自主研发品种的热情日渐增长。

②玉米种子市场发展趋势分析

a. 玉米种子市场规模快速增长

玉米种业市场规模的快速增长主要得益于：玉米种子科技含量提升，品种改良致使价格提高；消费市场（口粮、饲料、工业）的扩大增加了对玉米的需求，拉动了玉米种业的发展；玉米种子价值营销推动售后服务延伸，新增精细化服务价值；政府对种业的扶持创造了良好的宏观环境。

b. 从生产布局看，杂交玉米制种基地不断向西北集中

从生产布局看，中国目前玉米三大制种基地为：东北地区（辽宁、吉林、黑龙江）、华北地区（河北、山西、内蒙古）以及西北地区（甘肃、宁夏、陕西）。中国杂交玉米制种基地不断向西北集中，截至 2012 年，甘肃、宁夏和新疆的制种面积已占全国制种面积的 64.1%，产量占全国的 75.8%。

c. 供过于求已成常态

从供需端分析，玉米种子供给过剩已成常态。2013 年全国杂交玉米种子制种面积 382 万亩，产种量 13.6 亿公斤，有效库存 10 亿公斤，2015 年可供种 23.6 亿公斤，预计玉米种植面积 5.5 亿亩，需种量 11.5 亿公斤，余种量约 12.1 亿公斤，库存远超警戒

线。若考虑到市场上套牌种子库存的存在，当前玉米种子的库存过剩较为严峻。我们认为，短期内玉米种子供过于求的态势难以改善。原因如下：制种成本持续上扬，库存成本低于新制种成本的现状驱动产种量居高不下；虽然大型玉米种子企业已有充分认识，主动削减了制种面积，但是一些中小玉米种子企业仍在盲目扩大制种面积，且侵权套牌种子仍被大量非法生产。

d. 杂交玉米种子价格整体保持上涨态势

从价格上看，杂交玉米种子的市场零售价保持上扬趋势，究其原因，主要有：制种成本推动价格不断上扬；粮食临时收储价格和最低粮价保护价格的提高，使粮食价格对种子价格的支撑作用加强；高质量品种造就高种子价值；高库存策略维持价格上涨。

e. 玉米种子的商品化率已经接近 100%

从商品化率看，由于杂交玉米不能自留种，因此中国玉米种子的商品化率已经达到 100%。

（3）企业发展现状

A 公司位于 JJ 省 D 市 S 大街 198 号，是集科研、生产、加工、销售为一体的现代化新型种子企业，主要从事玉米、水稻、大豆等农作物优良品种的选育与开发。公司技术力量雄厚，有中、高级技术人员 46 人，有成套的种子加工、检验设备，仓储设施齐全。注册资金 3 000 万元，已取得全国范围农作物种子经营许可证。公司自有国审品种 01 号、04 号、16 号，省审品种 02 号、05 号、09 号、12 号、13 号、14 号、15 号等系列品种。

在主业玉米种子市场开发方面，以立足本省辐射全国为指导思想，形成了独特的营销网络，其产品主要销往吉林、辽宁、黑龙江、内蒙古、河南、河北、山东、山西、陕西、安徽、重庆、湖北、四川、江苏等省（自治区、直辖市），年经营种子 1 000 多万公斤。

各类品种历史年度销售收入情况表

扫描右侧二维码，阅读相关材料。

5）预测收益的确定

（1）关于收益类型——净利润

对于知识产权——品种权的价值评估，本次评估认为选择利润指标作为收益额更为合适，理由如下：第一，利润符合收益法的价值标准。第二，在现行已经比较健全的财务、会计、税务等法规制度的条件下，企业对相关财务指标的理解已经较为准确，与利润相关的历史数据也较易取得，便于进行预测、复核与沟通。第三，知识产权——品种权的投资或转让，实质是转让方对获取未来相关利润的权利的让渡。第四，现金流量尽管能反映利润的品质，但它所反映的经济实质是企业在资金筹集与运用、销售与收款、采购与生产等方面的措施和能力，它与知识产权——品种权的获利能力没有必然的关联性。也就是说，知识产权——品种权的获利能力和现金流量是两个层面的东西，不能因为现金流量出现问题而否定知识产权——品种权的获利能力。在企业价值评估或项目投资分析中，选择现金流量指标作为收益额可能比较合适，而在知识产权——品种权的价值评估中，应选择利润作为收益额。

（2）收益预测期

本次评估采用品种权的尚可使用年限作为收益预测期，《中华人民共和国植物新品种保护条例》规定，植物新品种的申请权和品种权属于工业产权的同一类型，品种权的保护期限，自授权之日起，藤本植物、林木、果树和观赏树木为20年，其他植物为15年。本次以该品种权剩余13.33年作为收益预测期。

（3）未来销售收入的预测

①销售量的预测

16号品种权应用的产品16号种子，销售情况稳步发展。2008年至2010年为研发实验阶段，大量产品处于试培育阶段，2011年到2015年收入保持稳定状况。销售情况见表4-27。

表4-27 历史年度销售情况表

品种名称	项目	2012年	2013年	2014年	2015年	2016年
16号	数量/kg	1 227 540.00	803 550.00	352 470.00	643 270.00	1 204 195.00
	单价/元	13.5	11	10.6	8.5	5.3
	销售收入/元	16 571 790.00	8 839 050.00	3 736 182.00	5 467 795.00	6 382 233.50

目前16号为A公司的主要推广产品，基于对未来产品市场需求状况和前景进行分析，并根据现有产品的市场占有率和销售情况，对产销量进行预测。A公司在行业内有一定的知名度，客户较稳定，根据A公司的生产经营计划预测未来产销量保持在650 000.00 kg。

②销售单价的确定

通过观察历史年度销售价格变化的情况，并对销售定价模式进行了解，根据产品销售价格管理办法，销售单价主要根据客户需求的基本配置设定零售价和批发价。

企业销售模式主要采取批发给销售代理商和直接销售给使用企业，本次销售价格主要按公开市场报价进行预测。因销售价格与成本变动趋势一致，且价格波动不大，比较平稳，因此本次预测未考虑价格未来可能变动因素，含税销售价格为10元/kg。

③销售收入的预测

收入＝销售量×销售价格

＝650 000.00×10

＝6 500 000.00（元）

（4）相关成本的预测

根据分析成本构成情况，历史营业成本占营业收入平均比例74%，波动较大，主要是企业处于产品试产阶段，生产和销售情况不稳定造成的。

本次根据企业预测该类产品合理的营业成本占营业收入的比例，测算历史各年毛利率，分析其合理性，取历史年平均毛利率计算未来营业成本。

企业为农业科研单位，产品为免税产品，因此对增值税金及附加不进行预测。

企业期间费用主要包括销售费用、管理费用、财务费用。

①销售费用

主要是与产品销售相关的费用，包括代理费、销售人员差旅费等。其中代理费根据代理合同约定，按销售收入的比例进行预测；销售人员差旅费主要是售后服务费，主要根据合理销售费用占销售收入的比例进行预测。

②管理费用

主要是企业为维持日常经营所需要支付的管理人员薪酬及附加、折旧摊销、办公费、差旅费、招待费、税金、租赁费等。

本次预测主要针对产品销售收入相关性较大的项目，如管理人员工资、职工福利费、社保费、差旅费、办公费等，本次预测根据产品应合理分摊的管理费用占销售收入的比例。

③财务费用

考虑该知识产权已研发完成产业化，因此本次未考虑财务费用。

（5）所得税

企业免征企业所得税。

（6）专利技术组合利润分成法计算的超额收益

无形资产价值的评估实际是对无形资产产权持有人带来超额收益的评估。其超额收益可以根据其收入分成率或利润分成率来确定。利润分成是品种权对利润的贡献分割出来，本项目超额收益通过利润分成率确定。

确定利润分成率应考虑的主要因素：

①经济效果

a. 经济价值：主要评价品种对产品质量改进销售额增加、成本降低等新利润的直接和间接影响；

b. 技术价值：主要看该品种权是否能促进整个公司技术进步；

c. 权利价值：主要评价品种权取得后对企业的影响和阻止其他企业取得品种权价值；

d. 合同价值：主要评价申请品种权转让的可能性，及时回收开发成本的多少；

e. 竞争价值：主要评价和相关企业或品种权可能应用领域中的竞争关系。

②实用程度

a. 操作上的实用程度（机械化、工人的接受程度、操作难易程度）；

b. 将来的实用程度。

我国理论工作者和评估人员通常认为利润分成率一般为 25%～33%。根据该知识产品的特点，取利润分成率为 33%。

6）关于折现率

本次折现率采用累加法计算，累加法是一种将无形资产的无风险报酬率和风险报酬率量化并累加求取折现率的方法，折现率由无风险报酬率、市场超额风险收益率和特别风险溢价组成。

（1）无风险报酬率是指在正常条件下的获利水平，是所有的投资都应该得到的投资回报率。一般取安全利率，即长期国债期望回报率（R_{f_1}）。本次评估采用的数据为评估基准日距到期日五年以上的长期国债的年到期收益率的平均值，经过汇总计算，取值为 4.38%。

（2）市场超额风险收益率（$E[R_m]-R_{f_2}$）的确定。

一般来讲，股权市场超额风险收益率即股权风险溢价，是投资者所取得的风险补偿额相对于风险投资额的比率，该回报率超出在无风险证券投资上应得的回报率。目前在我国，通常采用证券市场上的公开资料来研究风险报酬率。

①市场期望报酬率（$E[R_m]$）的确定

在本次评估中，借助 Wind 资讯的数据系统，采用上证 180 指数和深证 100 指数中的成份股投资收益的指标来进行分析，年收益率的计算分别采用算术平均值和几何平均值两种计算方法，对从 1999 年 12 月 31 日至 2014 年 3 月 31 日两市成份股的投资收益情况进行分析计算。得出各年度平均的市场风险报酬率。

②2000—2015 年各年度的无风险报酬率（R_{f_2}）的确定

本次评估采用 2000—2015 年各年度年末距到期日五年以上的中长期国债的到期收益率的平均值作为长期市场预期回报率。

③市场超额风险收益率（$E[R_m]-R_{f_2}$）的确定

按照算术平均和几何平均两种方法分别计算 1999 年 12 月 31 日至 2015 年 12 月 31 日期间每年的市场风险溢价，即 $E[R_m]-R_{f_2}$，得到两组平均值。经过评估人员分析讨论，认为几何平均值可以更好地表述收益率的增长情况，因此采用几何平均值 5.88% 作为股权资本期望回报率。

（3）特别风险溢价 Alpha 的确定，我们考虑了以下因素的风险溢价：

①规模风险报酬率的确定

世界多项研究结果表明，小企业平均报酬率高于大企业。因为小企业股东承担的风险比大企业股东大。因此，小企业股东希望得到更高的回报。

通过与入选上证 180 指数和深证 100 指数中的成份股公司比较，被评估单位规模中等，因此 A 公司认为有必要做规模报酬调整。根据我们的比较和判断结果，评估人员认为追加 1%（通常为 0～4%）的规模风险报酬率是合理的。

②个别风险报酬率的确定

主要包括企业风险和财务风险。

a. 企业风险主要有：企业所处经营阶段，历史经营状况，主要产品所处发展阶段，企业经营业务、产品和地区的分布，公司内部管理及控制机制，管理人员的经验和资历，对主要客户及供应商的依赖。

b. 财务风险主要有杠杆系数，保障比率，流动性，资本资源的获得。

出于上述考虑，我们将本次评估中的个别风险报酬率确定为 1%（通常为 0～3%）。

③特别风险溢价 Alpha

考虑规模风险报酬率和个别风险报酬率后，特别风险溢价定为 2%。

根据以上分析计算，我们确定用于本次评估的折现率为 12.26%。

7）评估值的确定

因本次评估各年净利润相等，即采用等额年金现值计算，利润分成法计算的公式如下：

$$P=\sum_{t=1}^{n}\frac{a\cdot A_t}{(1+R)^t}$$

式中，P——待估植物新品种权的评估值；

A_t——预测第 t 年委估资产的净利润；

a——植物新品种权利润分成率；

R——折现率；

t——年序号；

n——折现期。本次评估采用植物新品种权的尚可使用年限。

计算结果取整数为 1 787 600 元。

6. 评估结果

根据上述逐项评估，本次申报的无形资产——其他无形资产的评估于评估基准日 2015 年 12 月 31 日的市场价值 3 023 920.00 元。

增值原因分析：本次申报评估的 8 项农作物新品种权无账面值，本次纳入评估范围形成增值。

7. 特别事项说明

见评估报告正文特别事项说明中关于其他无形资产部分内容。

（六）负债评估技术说明

1. 评估范围

评估范围为 A 公司的各项负债，包括短期借款、应付账款、预收账款、应付职工薪酬、应交税费、其他应付款和其他非流动负债。上述负债在评估基准日账面值如表 4-28 所示：

表 4-28 负债申报汇总表

科目名称	账面价值/元	比例/%
短期借款	48 000 000.00	33.57
应付账款	312 280.18	0.22
预收款项	16 053 994.19	11.23

续表

科目名称	账面价值/元	比例/%
应付职工薪酬	109 931.60	0.08
应交税费	763 280.84	0.53
其他应付款	71 933 855.61	50.31
其他非流动负债	5 800 000.00	4.06
合计	142 973 342.42	100

2. 评估过程

评估过程主要划分为以下三个阶段：

准备阶段、现场调查阶段、综合处理阶段。

3. 评估方法

1）短期借款

短期借款账面值 48 000 000.00 元，为被评估单位向 D 县信用联社龙城分社、吉林银行 D 兴辽支行、邮政银行 D 分行和 D 县信用联社借入的还款期在一年以内的借款。评估人员搜集了借款合同等资料，查阅了相关原始凭证，认为短期借款业务发生正常，入账价值准确，以核实后的账面值作为评估值。

2）应付账款

应付账款账面值 310 000.00 元，主要核算的是应付货款等。通过查阅部分合同、会计账目和会计凭证，对每一项债务内容进行核实。评估人员查阅了相关凭证、购销合同等原始会计资料，并取得了部分应付账款的被评估单位对账函。经清查核实，应付账款业务发生正常，入账价值准确，没有无须支付的款项，本次评估以核实后的账面值 310 000.00 元作为评估值。

3）预收账款

预收账款账面值 35 000 000.00 元，主要核算被评估单位预收的销售货款。评估人员查阅了相关凭证、销售合同等原始会计资料。经清查核实，预收账款业务发生正常，入账价值准确，没有未付的款项，因此以账面 35 000 000.00 元作为评估值。

4）应付职工薪酬

应付职工薪酬账面值为 109 000.00 元，是企业应付而未付的工资、奖金、津贴、职工福利费等。评估人员核实了企业明细账及总账，相应的会计凭证及企业有关工资政策，本次评估以核实后的账面值 109 000.00 元作为评估值。

5）应交税费

应交税费账面值 763 000.00 元，为被评估单位按税法规定已计提而尚未缴纳的增值税、房产税、土地使用税等。评估人员根据被评估单位提供的申报明细表，查阅了相关入账凭证，收集了纳税申报表和完税凭证等原始资料。其中 67 592.00 元属于陈欠税款，其他经核实应交税费余额真实、准确，因此，以核实无误的账面值 763 000.00

元确定评估值。

6）其他应付款

其他应付款账面值 69 000 000.00 元，主要核算内容为职工集资楼款 1 900 000.00 元，该集资建房款 1992 年用于建设职工住宅楼（D 房权证龙山字第 056818 号，在房屋建筑物部分核算）。应付职工集资款 43 560 000.00 元。评估过程中通过查阅合同、会计账目及会计凭证来确认负债的真实性。经核实，评估人员认为列入评估范围的其他应付款形成合理，账账、账证、账表核对无误，属于被评估单位实际承担的负债，按照其账面值 69 000 000.00 元确定评估值。

7）其他非流动负债

其他非流动负债账面值 3 504 000.00 元，主要核算内容为生物育种能力建设与吉东系列玉米品种产业化项目款项。评估过程中通过查阅相关文件、合同、会计账目及会计凭证来确认负债的真实性。经核实，评估人员认为列入评估范围的其他非流动负债属于被评估单位日后无须偿还的负债，按照 0 元确定评估值。

4. 评估结论及分析

负债评估结果见表 4-29。

表 4-29 负债评估结果汇总表

科目名称	账面价值/元	评估值/元	增值额/元	增值率/%
短期借款	48 000 000.00	48 000 000.00	0	0
应付账款	310 000.00	310 000.00	0	0
预收款项	35 000 000.00	35 000 000.00	0	0
应付职工薪酬	109 000.00	109 000.00	0	0
应交税费	763 000.00	763 000.00	0	0
其他应付款	69 000 000.00	69 000 000.00	0	0
其他非流动负债	3 504 000.00	0.00	−3 504 000.00	−100.00
合计	156 686 000.00	153 182 000.00	−3 504 000.00	−2.23

负债评估减值 35 000 000.00 元，减值率为 22.34%，减值原因：列入评估范围的其他非流动负债属于被评估单位评估基准日后无须偿还的负债，按照 0 元确认评估值。

四、评估结论及其分析

（一）评估结论

见评估报告正文部分“十、评估结论”，此处略。

（二）评估结果与账面值比较变动情况及原因

（1）流动资产减值 1.56 万元，减值率为 0.03%，主要是存货减值，存货整体减值率为 0.10%，主要原因：存货的在用低值易耗品评估值比账面价值少 15.64 万元，主要原因是在用低值易耗品大多使用时间较长而企业采用五五摊销法核算，因此造成减值。

（2）房屋及构筑物增值 2 227.01 万元，增值率 111.35%，增值的主要原因：房屋建成年代较早，大部分为 20 世纪 90 年代建成，近年来建筑材料、人工等上涨幅度较大，因此造成评估增值。

（3）机器设备增值 1 154 058.53 元，增值率为 9.70%。主要原因是企业采取加速折旧的方式导致评估增值。

（4）经测算土地使用权增值 1 536.00 万元，增值率 80.00%，增值原因是土地取得较早，近年来土地价格上涨导致增值。

（5）无形资产——其他无形资产增值 222.39 万元，增值率 277.99%，增值原因分析：本次申报评估的 13 项农作物新品种权无账面值，本次纳入评估范围形成增值。

（6）负债评估减值 350.40 元，减值率为 2.23%，减值原因：列入评估范围的其他非流动负债属于被评估单位评估基准日后无须偿还的负债，按照 0 元确认评估值。

（三）评估结论成立的条件

略。

（四）评估基准日的期后事项说明及对评估结论的影响

略。

（五）资产结论的效力、使用范围与有效期

略。

任务一：试分析报告在格式规范性上是否符合要求，请指出具体问题，并说明所对应准则条款的要求。

任务二：试分析报告在内容上是否完备，请指出具体问题，并说明所对应准则条款的要求。

任务三：指出分析报告在评估方法运用过程中存在的问题，并改正。

任务四：写出修改后的分析报告。

项目十五 商标权质押评估案例

无形资产评估业务是一种较为复杂的业务类型，对于评估专业人员的素质要求较高。资产评估专业人员不仅要通过实务操作去掌握无形资产评估技术，也要分析大量的案例，学习、借鉴其他评估专业人员的做法，以提高自己的专业水平。

一、商标的相关知识

商标是生产经营者在其生产、制造、加工、拣选、经销的商品或者服务上采用的，区别商品或者服务来源的，由文字、图形或者其组合构成的，具有显著特征的标志。

（一）注册商标类别及概念

1. 注册商标

注册商标是指经政府有关部门核准注册的商标。商标申请人取得商标专用权。注册商标享有使用某个品牌名称和品牌标志的专用权，这个品牌名称和品牌标志受到法律保护，其他任何企业都不得仿效使用。

2. 驰名商标、著名商标、知名商标

1）驰名商标

驰名商标是指在中国为相关公众广为知晓并享有较高声誉、经过有权机关（国家工商总局商标局、商标评审委员会或人民法院）依照法律程序认定的商标。

2）著名商标

著名商标是指具有较高市场声誉和商业价值，为相关公众所熟知，并依法被认定的注册商标。著名商标的认定机构是省级工商行政管理部门。

3）知名商标

知名商标一般是指在本地（市）范围内商标所有人拥有的，在市场上享有较高声誉并为相关公众所熟知的注册商标。地（市）工商行政管理局负责本地（市）知名商标的认定和管理工作。

3. 商品商标与服务商标

商品商标是指适用于有形产品的商标。服务商标是指适用于无形服务的商标。

4. 集体商标

集体商标是指以团体、协会或者其他组织名义注册，专供该组织成员在商事活动中使用，以表明使用者在该组织中的成员资格的标志。

5. 证明商标

证明商标是由对某种商品或服务具有检测和监督能力的组织所控制，而由其以外的人使用在商品或服务上，以证明商品或服务的产地、原料、制造方法、质量、精确度或其他特定品质的商标。

分为原产地证明商标与品质证明商标。

6. 联合商标

一般是指同一商标所有人在同一种或类似商品上注册的若干近似商标。这些商标中首先注册的或者主要使用的为主商标，其余的为联合商标。

7. 防御商标

是指同一商标所有人将其著名商标在各种不同类别商品上分别予以注册，以防别人在这些类别的商品上注册该商标。由于这种商标具有防御作用，故称为防御商标。

（二）商标与企业名称的区别

（1）构成要素不同。企业名称一般由行政区划、字号名称、经营特点、组织形式四部分组成，字号名称只是其中的一部分。商标只能由与他人提供的商品或服务区别开来的显著部分组成。

（2）功能不同。企业名称可以识别不同企业的经营，包括商品和服务。一个企业可以有多个商品和服务的商标，但企业名称一般只有一个。

（3）适用的法律程序不同。商标只要不违反《中华人民共和国商标法》相关条款，不侵犯他人注册商标专用权，不经注册就可使用，只是没有专用权。企业名称则必须经工商行政管理机关核准登记才能使用。

（4）专用权范围不同。商标实行一级注册，一经注册，在全国享有专用权。而企业名称实行国家、省市、地市、县市共四级的"分级登记"制度，注册的企业名称仅在规定核准的范围内有专用权。

（5）表现形式不同。商标是一种可视性标志，包括文字、图形、字母、数字、三维标志和颜色组合，以及上述要素的组合。企业的字号名称只能用文字表示。

（6）商标可转让或许可他人使用，企业名称则不行。

（三）商号

商号是企业名称中的核心部分，是一个企业同其他企业区别的标志。比如"海南椰树集团"是企业名称，其中的"椰树"就是商号。

这就像人的名字一样，"姓"可能是一样的，但"名"是不同的。

（四）中华老字号

"中华老字号"是指在长期的生产经营活动中，沿袭和继承了中华民族优秀的文化传统，具有鲜明的地域文化特征和历史痕迹，具有独特的工艺和经营特色，取得了社会广泛认同和良好商业信誉的企业名称和产品品牌。品牌必须创立于1956年以前。

商务部牵头设立"中华老字号振兴发展委员会"，全面负责"中华老字号"的认定和相关工作。

商标是商品的名称，而老字号既可以是商标的名称，也可以是企业的名称。

（五）网络域名

域名就是网站的网址，是解决网络中地址对应的一种方法。域名既可以是英文的，也可以是中文的。

在现实中，人们靠企业名称、商标来识别企业与商品，在网络中人们靠域名来识别网站。因此域名又被称作“网络商标”。

域名与商标之间的冲突主要体现在两个方面：

一是将他人所有的商标注册成自己的域名；

二是将他人所有的域名注册成自己的商标。

（六）Logo与商标

Logo是徽标的英文表达，是现代经济的产物，是人们在长期生活和实践中形成的一种视觉化信息表达方式，具有简洁、明确、一目了然的视觉传递效果。

Logo和商标都是一种区分的标识。然而Logo并不是商标，我们要把Logo拿去商标局申请注册为商标，注册成功的商标才能使品牌受到法律保护。注册下来的这个Logo就不可以改变形状。而没注册的Logo就可以随意变换。

具体区别表现在：

（1）Logo作为美术作品创作完成即自动获得著作权，而商标必须经过国家相应机关注册才能取得商标权。

（2）Logo的设计者和所有人很可能不是同一个人，可能归委托人所有，也可能归设计者所有，这主要是看委托设计时的约定。商标只属于商标权人所有。

（3）Logo受《中华人民共和国著作权法》保护，商标受《中华人民共和国商标法》保护。如果将Logo注册为商标，则这个Logo同时受《中华人民共和国著作权法》和《中华人民共和国商标法》保护。

（4）Logo作为美术作品受保护的期限一般是50年，而商标权可以无限展期。

（七）品牌与商标

对品牌较早的定义是1960年美国营销学会给出的：品牌是一种名称、术语、标记、符号和设计，或是它们的组合运用，其目的是借以辨认某个销售者或某销售者的产品或服务，并使之同竞争对手的产品和服务区分开来。

与前面我们给出的商标概念对比可以看出，品牌的内涵更广一些。

1. 商标是品牌的一部分

商标是品牌当中获得了商标专用权的那一部分，便于消费者识别。

品牌不仅仅是商标或Logo，更是企业的一种象征，是企业和消费者沟通的重要手段。品牌表明的是产品和消费者的关系，需要赋予其形象、个性、生命。品牌标志和品牌名称的设计只是建立品牌的前期工作，要真正成为品牌，还要在品牌个性、品牌认同、品牌定位、品牌传播、品牌管理等各方面进行完善，这可能是一个较为漫长的过程。

2. 商标是法律概念，品牌是市场概念

商标的法律作用主要表现在通过商标专用权的确立、续展、转让、争议仲裁等法律程序，保护商标所有者的合法权益；同时促使生产经营者保护商品质量，维护商标信誉。商标权利人可以通过法律手段来维护自己的权益。

品牌的市场作用主要体现在品牌能够给消费者带来“额外的价值”，也给企业带来超额利润。好的品牌不仅仅是一个著名的商标，更重要的是，它可以吸引一大批忠诚的顾客。

3. 商标掌握在企业手中，而品牌属于消费者

商标的所有权属于注册者，而品牌是属于消费者的。品牌巨大的价值及市场感召力是来源于消费者对品牌的信任、偏好和忠诚，如果一个品牌失去信誉，失去消费者的信任，品牌就失去价值了。

二、商标权资产评估对象的界定

（一）商标资产的概念

《商标资产评估指导意见》第二条：“本指导意见所称商标资产，是指商标权利人拥有或者控制的，能够持续发挥作用并且能带来经济利益的注册商标权益。”

（二）商标权资产评估的特点

1）商标资产评估以审查商标资产的法律状态为前提。

2）商标资产评估以商标资产的市场影响力分析为基础。

3）商标资产评估以判断商标资产的获利能力为核心。

4）商标资产评估要站在市场的角度评价商标资产的价值。

（三）评估对象界定

1）评估客体的界定

（1）核实标的商标的法律状态；

（2）明确注册商标的“头衔”是普通商标还是驰名商标；

（3）明确商标的盈利模式。

2）评估客体约束条件的界定

（1）明确评估特定目的；

（2）明确被评估商标权属；

（3）明确被评估商标使用对象范围与空间范围。

三、商标资产评估的注意事项

1. 商标资产评估对象的确定

评估专业人员执行商标资产评估业务，应当根据具体情况将评估对象确定为单一商标或者商标组合。

对商标专用权进行评估时，应当将商标注册人在相同或者类似商品和服务上注册的相同或者近似的商标作为商标组合。

2. 其他资产共同发挥作用时商标资产贡献的确定

评估专业人员执行商标资产评估业务，应当了解商标资产与相关有形资产以及专利权、专有技术和著作权等无形资产共同发挥作用的情况，并考虑其对商标资产价值的影响。

3. 商标注册人和使用者分离时商标权益主体贡献的确定

评估商标资产价值，当商标的注册人和使用者分属于不同的主体时，应当考虑商标使用者所投入的维护成本对商标资产价值的贡献。

四、商标资产评估所需资料清单

（1）企业法人营业执照复印件。
（2）商标注册证、最早使用证明。
（3）商标占用过程说明。
（4）商标许可说明，若有许可，说明许可范围及所获得的许可费。
（5）是否对该商标注册过防伪商标。
（6）待评估的商标的有效期限及续展情况说明。
（7）驰名商标、著名商标评选资料及授予证书。
（8）近五年企业产品产量、销量、销售价格、主要产品成本资料。
（9）近五年企业各种费用、税金资料。
（10）企业现有生产能力情况及对未来技改的有关资料。
（11）当前企业产品市场占有率情况及未来市场供求关系情况的预测的有关资料（同行业的产品情况，竞争情况等资料）。
（12）评估基准日会计报表。
（13）消费者对产品质量的反馈信息及有关质量说明的其他资料。

商标权质押评估案例

案例设置说明

此案例保留了原报告的完整格式，目的是通过案例分析使学生掌握《资产评估执业准则——资产评估报告》《资产评估执业准则——无形资产》《商标资产评估指导意见》中对一份无形资产评估报告披露的规范性和完备性的要求。

案例基本内容

报告题目：A 公司拟以其持有的商标专用权质押贷款评估项目资产评估报告书

报告文号：PG 评报字〔2011〕第 20 号

报告正文

A 公司：

PG 评估公司接受贵公司的委托，根据国家有关法律、法规和资产评估准则、资产评估原则，采用收益法，按照必要的评估程序，对 A 公司拟质押贷款的两项商标专用权在评估基准日 2017 年 3 月 31 日的市场价值进行了评估。现将资产评估情况及评估结果报告如下：

一、委托方、被评估单位和业务约定书约定的其他评估报告使用者

略。

二、评估目的

根据 2017 年 4 月 1 日 A 公司股东会决议，同意用 A 公司甲、乙商标专用权作质押，向 D 银行新城支行贷款。

本次评估目的为满足 A 公司拟以其持有的商标专用权质押贷款的需要，对 A 公司拟质押的两项商标专用权的市场价值进行评估，为确定商标专用权质押贷款额度提供价值参考。

三、评估对象和评估范围

评估对象为 A 公司拟质押的商标专用权。

评估范围为两项商标专用权，具体情况如下：

本次委托评估的两项“甲”“乙”商标注册人均为 A 公司。A 公司 2014 年获得“农业产业化省重点龙头企业”的称号，2015 年“B 牌禽饲料”产品被 JJ 省名牌战略推进委员会和 JJ 省质量技术监督局共同认定为“JJ 名牌产品”，该公司在饲料上注册的“乙”商标 2010 年由 JJ 省工商行政管理局颁发“著名商标证书”，该公司的“畜禽饲料的生产加工和服务”符合《质量管理体系——要求》（GB/T 19001-2000 idt ISO 9001：2000）的要求。

申报的商标专用权“甲”商标，核定使用商品类型为第 31 类，商品名称：孵化蛋（已受精）、种家禽、活家禽、非医用饲料添加剂、动物食品、牲畜饲料、宠物食品、宠物饮料。此商标启用日期为 2015 年 7 月 28 日，有效期至 2025 年 7 月 27 日。现由 A 公司使用，未对外转让或授权使用。企业现使用该商标的产品为“雏鸡”。

申报的商标专用权“乙”商标，核定使用商品类型为第 31 类，商品名称为饲料。此商标启用日期为 2005 年 4 月 28 日，2014 年核准续展注册，有效期至 2025 年 4 月 27 日。此商标现由 A 公司使用，未对外转让或授权使用。企业使用该商标的产品：5%蛋小鸡预混料（型号*A）、5%蛋鸡产蛋期预混料（型号*C）、100%蛋鸡浓缩料（型号

*8)、25%肉小鸡全价颗粒料(型号*1)、蛋小鸡全价颗粒料(型号*18)、蛋种鸡配合饲料(型号*5)、蛋鸡高峰期配合饲料(型号*58)、猪配合饲料(型号*9)。

本次评估对象和评估范围与经济行为涉及的评估对象和评估范围一致。

四、价值类型及其定义

本次评估选择的价值类型为市场价值。市场价值是指自愿买方和自愿卖方在各自理性行事且未受任何强迫的情况下，评估对象在评估基准日进行正常公平交易的价值估计数额。

五、评估基准日

本项目资产评估基准日为 2017 年 3 月 31 日，本次评估一切取价标准均为评估基准日有效的价格标准。

六、评估依据

(一)行为依据

(1)2017 年 4 月 1 日 A 公司股东会决议；

(2)资产评估业务约定书。

(二)法规依据

(1)《中华人民共和国公司法》;

(2)《中华人民共和国担保法》;

(3)《中华人民共和国知识产权法》;

(4)《中华人民共和国商标法》;

(5)《中华人民共和国商标法实施条例》;

(6)国家工商行政管理局公布的《企业动产抵押物登记管理办法》;

(7)国家工商行政管理总局公布的《注册商标专用权质权登记程序规定》;

(8)《企业会计制度》;

(9)《企业会计准则》;

(10)其他与本次评估有关的法规。

(三)评估准则依据

略。

(四)权属依据

(1)验资报告；

(2)商标注册证；

(3)公司提供的其他产权证明材料。

（五）取价依据

（1）A 公司近三年审计报告和评估基准日会计报表；

（2）A 公司近三年一期的财务及生产经营资料；

（3）互联网上获取的产品价格信息；

（4）《资产评估常用数据与参数手册》；

（5）《资产评估业务手册》；

（6）Wind 资讯软件平台信息；

（7）企业提供和本评估机构掌握的各项收费标准及其他价格信息资料。

七、评估方法

1. 评估方法的适应性分析

资产评估方法主要有成本法、市场法和收益法。

成本法是把现时情况下重置被评估商标专用权所需要支付的成本作为该商标权的价值。在实际操作中，重建或重置一种商标权，不仅仅包括设计、开发等成本项目，还包括相当一部分为了相关商标权的推广、管理和维护等而耗费的难以进行货币化衡量的系统经济资源，如严格的内部管理和产品质量控制、人力资源的投入和战略决策等。成本途径未必适用对商标权的评估，一方面，因为无法完整计算和衡量以上信息，而且对国内企业而言，部分相关支出已无法辨别和统计；另一方面，从成本途径来计算商标权的价值，未必能客观反映商标对一个企业或一种产品的经济贡献，综上所述，成本法不适于本次商标专用权的评估。

市场法是通过对同类商标权的市场交易价格的比较来确定被评估商标专用权价值。由于商标个体差异性较大，同时我国的知识产权交易市场不发达，因此难以找到可以比较的参照物，本次评估不具备应用市场法评估的条件。

收益法是通过测算商标专用权对企业经营的贡献，并将其未来贡献折算为现值作为被评估商标专用权的价值。通过合理预测经济年限内使用该商标的产品销售收入，乘以合理的商标收入提成率，并扣除所得税因素来计算其商标净收益，再逐年折现得出商标专用权的价值。这一计算方法的关键在于确定一个合理的商标收入分成率，从而对商标专用权直接产生的收益进行量化。由于商标的使用普遍存在，这一收入分成率在市场上是可以取得的，因此收益法的应用具有现实的基础。

本次评估采用收益法。

2. 采用收益法的具体思路

通过预测商标使用企业在商标收益年限内的产品年度销售收入，乘以合理的商标提成率并扣除所得税因素来计算其商标净收益，再逐年折现确定其评估值。其计算公式为

$$P=\sum_{i=1}^{n}G_i\cdot R_i$$

$$G_i = S_i \cdot \kappa \cdot (1-T)$$

式中，P——商标所有权的评估价值；

G_i——在第 i 年公司需支付的商标使用费；

S_i——来自预测当期商标产品的销售收入；

κ——商标使用提成率；

n——预计委估商标的收益年限；

T——所得税率；

R_i——折现系数。

八、评估程序实施过程和情况

（一）评估实施的主要程序

评估工作于 2017 年 4 月 10 日开始，至 2017 年 4 月 30 日结束。具体分为以下几个阶段：

1. 明确评估业务基本事项

资产评估机构与委托方及其他相关当事人讨论、阅读基础材料，进行必要的初步调查，与委托方等共同明确资产评估业务基本事项，分析评估项目风险、专业胜任能力、评估机构及人员的独立性。

2. 签订资产评估业务约定书

在明确上述评估业务基本事项的基础上，评估机构与委托方签订资产评估业务约定书，约定书包括评估目的、评估范围、评估基准日、出具报告书时间要求、收费额及报告书使用范围等内容。

3. 编制资产评估计划

根据本评估项目的具体情况及时间要求，考虑评估目的、评估对象状况、评估业务风险、评估项目规模和复杂程度、涉及资产的结构、类别、数量及分布状况、相关资料收集状况及评估人员的专业胜任能力、经验及助理人员配备情况等，编制评估计划。

4. 现场调查

根据委估资产的特点，我们由项目负责人带领评估人员于 2017 年 4 月 13 日进入 A 公司，全面清查申报的资产，并对 A 公司的历史经营情况、历史成本费用情况等资料进行了详细的核实，尤其关注商标的基本情况及商标产品的收益情况。现场调查工作于 2017 年 4 月 15 日结束。

现场调查工作包括：

1）确认基本情况

与商标注册证书原件进行核对，了解商标名称、注册证号、注册人、注册地址、有效期限等情况，了解是否存在许可使用情况。

2）核实法律权属

（1）核查商标权人持有的商标注册证、续展申请或相关法律变更文书；

（2）核查商标权质押登记的相关资料，以确认是否存在其他质押情况；

3）了解商标权实施和应用的情况

（1）了解商标权的历史演变过程；

（2）了解商标权的获奖情况、广告宣传情况以及市场知名度；

（3）了解商标打假、保护、反倾销等方面的情况；

（4）了解使用商标的企业及其产品或服务的历史概况、行业地位以及经营状况；

（5）了解使用商标的企业的管理制度；

（6）了解商标所对应的产品的质量、信誉及优势和劣势；

（7）了解商标所对应的产品的市场容量、市场占有率及市场需求量；

（8）了解商标所对应的产品的生命周期；

（9）了解商标所对应的产品的竞争对手的情况；

（10）了解商标所对应的产品的税收政策。

5. 收集评估资料

通过与委托方进行沟通，指导其对评估对象进行清查的方式，对评估对象或被评估单位资料进行了解；在具体资产清查过程当中，注意从委托方及其他相关当事方索取与评估有关的资料，并确信资料来源的可靠性；收集影响评估对象价值的各种因素的资料，同时，在评估机构日常工作所收集的信息资料中筛选与本评估项目有关的资料加以使用。收集的资料主要包括：

（1）商标权属状况方面的资料；

（2）商标所对应的产品已有市场方面的资料；

（3）商标所对应的产品销售与市场开发方面的资料；

（4）商标所对应的产品相关的财务信息资料；

（5）商标所对应的产品的竞争性分析资料；

（6）商标所对应的产品的相关产业政策；

（7）商标所对应的产品的发展规划；

（8）商标所对应的产品的相关历史数据。

6. 评定估算

7. 编制和提交评估报告

8. 工作底稿归档

（二）评估方法运用实施过程

1. 商标概况

1）“甲”“乙”商标的形成及发展情况

本次委托评估的“甲”“乙”商标专用权，共两项，注册人均为 A 公司。A 公司

2014 年获得“农业产业化省重点龙头企业”的称号，2015 年其“B 牌禽饲料”产品被 JJ 省名牌战略推进委员会和 JJ 省质量技术监督局共同认定为“JJ 名牌产品”，该公司在饲料上注册的“乙”商标（注册证号为 1269748）2016 年由 JJ 省工商行政管理局颁发“著名商标证书”，该公司的“畜禽饲料的生产加工和服务”通过了“GB/T 19001-2000 idt ISO9001：2000 体系”认证。

本次申报评估的商标专用权“甲”商标，核定使用商品类型为第 31 类，商品名称：孵化蛋（已受精）、种家禽、活家禽、非医用饲料添加剂、动物食品、牲畜饲料、宠物食品、宠物饮料。此商标启用日期为 2005 年 7 月 28 日，2014 年核准续展注册，有效期至 2025 年 7 月 27 日。此商标现由 A 公司使用，未对外转让或授权使用。

本次申报评估的商标专用权“乙”商标，核定使用商品类型为第 31 类，商品名称为饲料。此商标启用日期为 2005 年 4 月 28 日，2014 年核准续展注册，有效期至 2025 年 4 月 27 日。此商标现由 A 公司使用，未对外转让或授权使用。

2）“甲”“乙”商标的宣传、推广与维护

A 公司履行广告合同，在电视、报纸、社区等做大量有关“甲”“乙”产品的广告，2014—2016 年广告投入均为 200 多万元，2017 年预计投入 300 万元。公司为加强商标的管理，保护公司商标的专用权，维护企业利益和商标信誉，防止侵权行为发生，杜绝假冒产品的出现，根据《中华人民共和国商标法》等有关法律、法规，制定商标管理制度，成立商标管理机构，设立商标管理小组，总经理为组长。

3）使用拟质押商标的产品生产流程及生产质量保证体系

（1）“甲”注册商标

雏鸡生产流程：

父母代蛋种鸡—育雏—育成—种鸡—种蛋—孵化商品雏鸡—市场。

生产质量保证体系：

一是加强父母代蛋种鸡的饲养管理，二是加强种蛋孵化监管，三是加强雏鸡销售前的疫病防治措施。

（2）“乙”注册商标

饲料生产流程：

原料接受—原料储存—粉碎工艺—配料工艺—混合工艺—膨化工艺—成品包装。

生产质量保证体系：

一是加强原料投入品监管，二是加强产品生产环节监管，三是加强产品质量安全监测，四是加强产品市场准入制度建设，五是加强产品质量安全应急工作。

4）拟质押商标所核定生产及企业正在生产的主要品种

（1）“甲”注册商标

“甲”注册商标核定使用的商品为第 31 类的商品：孵化蛋（已受精）、种家禽、活家禽、非医用饲料添加剂、动物食品、牲畜强壮饲料、牲畜饲料、宠物食品、宠物用食品、宠物饲料。

A公司使用该商标的产品：雏鸡。

（2）“乙”注册商标

“乙”注册商标核定使用的商品为第31类的商品：饲料。

A公司使用该商标的产品有：5%蛋小鸡预混料（型号*A）、5%蛋鸡产蛋期预混料（型号*C）、100%蛋鸡浓缩料（型号*8）、25%肉小鸡全价颗粒料（型号*1）、蛋小鸡全价颗粒料（型号*18）、蛋种鸡配合饲料（型号*5）、蛋鸡高峰期配合饲料（型号*58）、猪配合饲料（型号*9）。

2. 商标专用权的分析

作为无形资产，商标本身不能直接产生收益，其价值是通过商标所依托的商品来得以实现。因此，我们有必要对商标所对应的产品状况进行分析。

本次拟质押的商标涉及禽蛋鸡和饲料生产两个行业，下面我们对被评估商标所处的行业现状进行具体分析。

（1）行业总体状况

2011—2016年A企业所在地区农林牧渔业总产值及牧业总产值如表4-30所示：

表4-30　2011—2016年JJ省农林牧渔业总产值及牧业的总产值情况　单位：万元

年份	农林牧渔业总产值	牧业总产值
2011	3 453.91	1 022.84
2012	3 741.80	1 125.00
2013	4 056.58	1 160.37
2014	4 766.20	1 313.00
2015	5 613.00	1 704.90
2016	6 003.09	1 683.83

从上表中看出，JJ地区农林牧渔业总产值及牧业总产值在逐年递增。

（2）我国蛋鸡养殖情况

经过多年的发展，我国已成为禽蛋生产和消费大国。但其生产水平与世界先进水平相比，仍存在较大差距。我国农村蛋鸡养殖始于20世纪80年代，发展到现在，大部分蛋鸡养殖仍是一家一户分散式饲养。这种养殖模式曾是广大农民脱贫致富的有效途径，但是当前遇到了瓶颈，疾病流行不能控制，药物残留严重，鸡蛋品质下降，养殖效益下滑。主要表现在以下几个方面：

①烈性传染病始终是悬剑。目前，养殖户养殖蛋鸡时普遍重视治疗而轻视预防，饲养管理也不科学，有的养殖户对蛋鸡不加诊断而盲目长期使用药物，直接导致生产性能的下降，减少了经济收入，增加了生产成本。

部分养殖户将预混料当作“调味品”，用量太少；也有部分养殖户将添加剂视为“万能药”，盲目增加添加量。滥用添加剂和药物残留也产生了一些公共卫生方面的问题。一些农户还存在着多种经营的误区，受小农经济思想影响，从饲料加工、后备鸡培育，到蛋鸡饲养，都不依赖外界。有些农户还养鸭、养鹅、养猪、养牛，办成了“家庭动物园”，导致防疫难度加大。由于行业科技进步相对较慢，烈性传染病对我国蛋鸡生产构成巨大威胁。

②行业无序发展，走入死胡同。我国农户养鸡的鸡舍大部分不正规，笼具简单，饮水设施简陋。基本无环境控制设备，生活环境差，养鸡设施简陋。粪污处理设施简单，一些农户不注意环境保护，病死鸡和鸡粪随处扔，造成传染病的传播和蔓延。以污染环境为代价换取眼前的利益，可持续发展无从谈起。

③庭院经济无门槛。资料显示，占我国蛋鸡总饲养量的 75%以上的商品蛋鸡群体由存栏规模不足 2 000 只的饲养场组成。由于规模过小，生产缺乏可执行的标准，需要行业自律。

④蛋鸡生产仍处于低水平。农户养鸡成本增加，而鸡蛋价格上升幅度小。养殖户的利润降低了，农民并没有很好地组织调动起来。我国蛋鸡饲养水平与国外相比，差距不小。而这种差距主要来自于从事养殖生产中的一些认识上的偏差。

我国的蛋鸡生产仍处于较低水平，其主要原因就是农户养鸡产品类型单一，产品的深加工水平不高，品牌化程度低，缺乏销售渠道。

（3）禽蛋鸡行业未来的发展趋势

①制定蛋鸡产业国家标准并逐步实施行业准入制度。

②推动国内优良种鸡资源研发体系的建立和完善。针对目前国内蛋鸡品种长期依赖进口，种源权受国外企业控制的现状，中央和地方政府应加大对种禽良种繁育基地建设的投入力度，降低蛋鸡养殖企业的养殖成本，增强抵御国际金融危机和国际流通市场波动的不利影响。

③建立鸡蛋价格预警系统，引导行业平稳健康发展。

④鼓励和引导农民成立蛋鸡养殖合作社。

⑤推动蛋品贸易常规化。

（4）国内饲料行业发展状况

（5）饲料行业的特点

（6）饲料行业上下游产业分析

（7）饲料企业抵御风险的措施

（8）饲料行业未来的发展趋势

3. 评估考虑的因素

1）商标本身状况

性质及权属，法定使用年限，核定使用商品范围，商标的知名度及消费者认可程度，受法律保护程度。

2）转让情况

转让方式，转让范围，转让的可行性及合法性。

3）商标使用情况

商标的目前使用企业及使用产品，商标产品的收益状况，商标使用企业的生产规模，商标使用企业的未来年度生产计划和营销计划等，商标使用企业的员工素质与管理水平。

4）市场与行业情况

宏观经济前景，行业状况及前景，商标使用企业状况及前景，商标产品的市场需求状况，产品市场销售状况及市场竞争情况，同类产品的销量、价格，行业平均收益状况。

4. 评估假设及前提

本次评估结果是反映委估商标专用权在本次特定评估目的下的市场价值，没有考虑企业将来可能承担的抵押、质押、担保事宜，以及特殊交易方或特殊交易方式可能追加付出的价格等对其估价的影响。并且，本次评估结论是基于以下假设得出的：

1）国家现行的有关法律、法规、政策、制度无重大变化。

2）被评估单位目前所处的外部政治、经济、社会及行业环境无重大变化。

3）被评估单位主要管理人员、业务骨干和主营业务相对稳定。

4）被评估单位按当前的规模持续经营，在未来经营期限内，有关税负基准、税率、利率、汇率、政策性征收费用及市场行情等无重大变化。

5）被评估单位的种畜禽生产经营许可证、饲料生产企业审查合格证等与本次委托评估的商标专用权能够合法使用，相关的其他许可证到期后可申请继续展期使用。

6）对本次评估所涉及的商标专用权的特别假设：

（1）公司为本次评估提供的与商标专用权和使用委估商标的产品的相关财务资料、原始数据等资料真实可靠，无重大事项遗漏；

（2）A 公司的企业管理及资产状况与生产销售规模的变化相协调，原材料及产品销售价格假设周期合理变化，无逆向大幅度波动；

（3）消费者的消费偏好和需求在预测期内不发生重大的、超出合理预期范围的变化；

（4）A 公司委托评估的商标专用权不存在其他的法定优先受偿款、权属纠纷、权利瑕疵等影响质押对象设定及质物价值的事项；

（5）A 公司现有的商标维护、宣传和推广政策无重大变化。

5. 评估方法

6. 评估计算过程

1）商标收益年限的确定

本次商标转让方式为商标所有权的转让，目前委估的商标均处于有效的注册年限之内。根据《中华人民共和国商标法》的有关规定，商标的注册有效期限为10年，并且商标到期可申请续展。根据企业的实际情况，本着谨慎的原则，在对商标进行收益预测时，在考虑商标自身的法定剩余年限的基础上，加2个续展期进行确定。

2）商标产品销售收入的确定

（1）商标使用单位近三年一期的财务状况及产品销售情况

近年来，随着宏观经济的增长趋势和国家为促进第一产业发展陆续出台的促进农业及农业附加产业发展的一系列措施的颁布，作为唯一使用“甲”“乙”系列商标的使用单位——A公司的生产及销售情况一直稳中有增。“甲”“乙”系列商标在JJ省消费市场中消费者品牌认可度和忠诚度较高，农业附加产业生产经营具有相对稳定的特点，且公司产品一直面向JJ省当地市场，因此，公司预计未来生产经营相对比较稳定。A公司近三年的产品销量详见表4-31。

表4-31 A公司近三年产品销售量

品种	2014年	2015年	2016年	2017年1—3月
禽饲料/吨	56 746.03	60 292.14	63 322.22	8 055.25
猪饲料/吨	217.44	135.17	114.40	5.76
雏鸡/万只	7 130.00	7 700.00	8 331.00	1 380.00

公司2014年至2017年3月份的财务状况见表4-32。

表4-32 A公司近三年财务状况 单位：万元

	项目	2014年	2015年	2016年	2017年1—3月
一	主营业务收入	25 592	27 665	30 164	6 921
二	净利润	555	604	1 049	339
三	总资产	11 872	12 834	14 514	15 102
四	总负债	6 157	6 515	6 789	7 038
五	净资产	5 715	6 319	7 724	8 064

通过分析企业2014至2017年3月份实际销售量、收入和产品结构，“甲”“乙”系列商标依附的产品产销量稳中有增，且产品品种结构相对稳定。

在对企业历史年度实际销量和收入分析时，运用回归分析的方法，选取10个宏观经济指标作为样本观测值，并将商标所依附产品的销量和平均售价也作为样本观测值，分别与选取的10个宏观经济指标进行最小二乘法多元一次线性回归分析，将商品销量和平均售价分别与样本观测值建立总体回归方程，对样本观测值指标逐项检验后对整体回归方程进行检验，最终确立回归方程，作为未来对商品销量及售价的预测基础。模型建立后，运用自上而下的分析方法，通过对未来年度宏观经济数据的分析判断，将未来年度指标宏观数据代入建立的回归模型，得出未来年度商品销量及价格的预测值，由此得出商标所依附商品未来年度的销售收入。

模型所选取的 10 个宏观经济指标分别为：

x_1：恩格尔系数；x_2：JJ 省 GDP（亿元）；x_3：JJ 省第一产业产值占比；x_4：JJ 省城镇居民人均可支配收入；x_5：JJ 省 A 市人口数；x_6：JJ 省肉类产品年产量（万吨）；x_7：JJ 省禽蛋产品年产量（万吨）；x_8：JJ 省年社会消费品零售总额（亿元）；x_9：以 2008 年为基数调整的 JJ 省肉禽及其制品 CPI；x_{10}：以 2008 年为基数调整的 JJ 省禽蛋类产品 CPI。具体数据如表 4-33 所示。

表 4-33　相关宏观经济指标汇总表

年份	x_1：恩格尔系数/%	x_2：JJ 省 GDP/亿元	x_3：JJ 省第一产业占比/%	x_4：JJ 省城镇居民人均可支配收入/亿元	x_5：JJ 省 A 市人口数/万人	x_6：肉类产量/万吨
2008	37.70	10 275.50	13.20	7 614.36	847.46	490.12
2009	37.10	12 078.15	11.90	8 399.91	847.71	517.57
2010	37.70	15 021.84	11.48	9 437.80	850.65	544.48
2011	36.70	18 366.87	10.70	10 744.79	852.20	576.06
2012	35.80	21 900.19	9.80	12 192.24	855.29	593.34
2013	36.30	25 776.91	9.70	14 264.70	859.13	614.70
2014	37.90	30 933.28	9.70	16 305.41	862.48	660.30
2015	36.50	33 896.65	9.50	17 811.04	867.85	684.10
2016	39.76	39 416.20	9.10	19 946.00	870.00	704.70
年份	x_7：禽蛋产量/万吨	x_8：社会消费品零售总额/亿元	JJ 省肉禽及其制品 CPI	JJ 省蛋类 CPI	x_9：以 2008 年为基数调整的 JJ 省肉禽及其制品 CPI	x_{10}：以 2008 年为基数调整的 JJ 省禽蛋类产品 CPI
2008	262.83	3 181.90	99.30	103.30	100.00	100.00
2009	279.39	3 670.10	107.80	107.80	107.80	107.80
2010	306.77	4 483.40	115.10	115.10	124.08	124.08
2011	313.21	6 166.90	106.20	106.20	131.77	131.77
2012	305.07	7 217.10	103.40	103.40	136.25	136.25
2013	313.00	8 607.40	134.70	120.80	183.53	164.59
2014	365.00	10 658.80	122.20	105.20	224.27	173.15
2015	377.70	12 363.00	91.20	100.80	204.53	174.54
2016	384.80	14 211.60	103.60	107.10	211.89	186.93

根据企业历史年度实际销量和售价及上述所选宏观经济指标数据，销量和售价回归方程及未来年度产品销量和售价预测如下：

（2）建立产品销售量回归方程

①第 1 号“甲”“乙”商标（核定生产第 31 类商品）产品销量回归方程

该第 1 号“甲”“乙”商标依附的产品为雏鸡，通过对 2008—2016 年企业雏鸡实际销量与上述所选 2008—2016 年 10 个宏观样本观测值的逐项比对筛选，公司雏鸡销量与 x_1（恩格尔系数）、x_3（JJ 省第一产业产值占比）及 x_5（JJ 省 A 市人口）相关性较高，通过对样本观测值的回归分析，确定企业历史年度雏鸡销量与所选取的指标数据的线性关系如表 4-34 所示：

表 4-34　线性关系数据表

Dependent Variable: Y				
Method: Least Squares				
Sample: 2008 2016				
Included observations: 9				
Variable	Coefficient	Std. Error	t-Statistic	Prob.
C	−74 376.67686	6 661.890997	−11.164 49922	0.000 100573
x_1	98.725 35252	28.158 46919	3.506 062487	0.017 172757
x_3	−245.754 0452	46.316 85678	−5.305 930978	0.003 176564
x_5	93.065 91012	7.956 081436	11.697 4557	0.000 0802
R-squared	0.997 360612	Mean dependent var		6 461.997778
Adjusted R-squared	0.995 77698	S.D. dependent var		1 121.294606
S.E. of regression	72.867 07341	Akaike info criterion		11.716 25303
Sum squared resid	26 548.05193	Schwarz criterion		11.803 9084
Log likelihood	−48.723 13863	F-statistic		629.792 8952
Durbin-Watson stat	1.661 76642	Prob(F-statistic)		0.000 000728

$$
\begin{aligned}
&Y = -74\,376.6769 + 98.725\,4x_1 - 245.754\,0x_3 + 93.065x_5 \\
&\qquad (6\,661.8910) \quad (28.158\,5) \quad (46.316\,9) \quad (7.956\,1) \\
&t = \ (-11.164\,5) \quad (3.506\,1) \quad (-5.305\,9) \quad (11.697\,5) \\
&R^2 = 0.997\,4 \quad \bar{R}^2 = 0.995\,8 \quad F = 629.792\,9 \quad DW = 1.661\ 8
\end{aligned}
\tag{4-1}
$$

由回归方程（4-1）中的数据可知：$R^2 = 0.997\,4$，修正的可决系数为 $\bar{R}^2 = 0.995\,8$，这说明模型对样本的拟合很好；F 检验：针对 H_0: $\beta_1=\beta_3=\beta_5=0$，给定显著性水平 $\alpha=0.05$，在 F 分布表中查出自由度为 $k-1=3$ 和 $n-k=5$ 的临界值 $F_\alpha(3,5)=5.41$。由表 4-34 得到 $F=629.792\,9$，由于 $F=629.7929 > F_\alpha(3,5)=5.41$，应拒绝原假设 H_0: $\beta_1=\beta_3=\beta_5=0$，

说明回归方程显著，即“恩格尔系数”“JJ 省第一产业产值占比”“ JJ 省 A 市人口”等变量联合起来确实对“企业历史年度雏鸡销量”有显著影响。t 检验：分别针对 H_0: $\beta_j = 0(j=1,3,5)$，给定显著性水平 α=0.05，查 t 分布表得自由度为 $n-k=5$ 临界值 $t_{0.05/2}(n-k)=2.571$。由表 4-34 得到 $\hat{\beta}_1$、$\hat{\beta}_3$、$\hat{\beta}_5$ 对应的 t 统计量分别为 3.506 1、－5.305 9、11.697 5，其绝对值均大于 $t_{0.05/2}(n-k)=2.571$，这说明在显著性水平 α=0.05 下，分别都应拒绝 H_0: $\beta_j = 0(j=1,3,5)$，也就是说，当其他解释变量不变的情况下，解释变量“恩格尔系数”“JJ 省第一产业产值占比”“JJ 省 A 市人口”分别对被解释变量“企业历史年度雏鸡销量”有显著影响。

综上，利用所估计的企业历史年度雏鸡销量模型，可以通过“恩格尔系数（x_1）”“JJ 省第一产业产值占比(x_3)”及“JJ 省城镇人口(x_5)”等变量的预测数据，对“企业历史年度雏鸡销量（Y）”作出点预测或区间预测。

②第 2 号“甲、乙”商标（核定生产第 31 类商品）产品销量回归方程

略。

（3）建立产品售价回归方程

（4）主营业务收入的确定

根据上述建立的第 1 号“甲”“乙”商标和第 2 号“甲”“乙”商标所依附产品的销量及售价回归模型，在预测未来年度产品销量及售价时，需要先对所选 10 个宏观经济指标未来年度（2011—2016 年）数值进行判断，根据国家“十三五”规划、中国社科院蓝皮书及其他公开市场获取的资料和信息，对上述选取的宏观经济指标未来趋势分析如下：

x_1：恩格尔系数。恩格尔系数指食品支出总额占个人消费支出总额的比重。在总支出金额不变的条件下，恩格尔系数越大，说明用于食物支出的金额越多，国家越贫穷；恩格尔系数越小，说明用于食物支出的金额越少，国家越富裕。根据联合国粮农组织提出的标准，恩格尔系数在 59%以上为贫困，50%～59%为温饱，40%～50%为小康，30%～40%为富裕，低于 30%为最富裕。中国 2015 年恩格尔系数降低到 36.50，初步达到较为富裕的水平；2016 年，由于物价水平上涨因素，恩格尔系数上升到 39.76%。考虑到近期物价上涨，居民用于日用消费品支出的比重将有所提高，因此，2017—2019 年中国恩格尔系数会有一定程度的上升，之后随着国家目前一系列紧缩货币政策效应的显现，恩格尔系数将会在 2019 年之后出现回落。综上，判断 2017—2022 年恩格尔系数分别为：41%、42%、40%、39%、38%和 37%。

x_2：JJ 省 GDP（亿元）。过去十年间，JJ 省 GDP 增长速度一直领先于全国增长速度。随着外部经济形势的趋稳和国家抑制通货膨胀政策的实施，“十三五”期间，国家经济发展目标确定的 GDP 增速为 8%，同时，在国家的“十三五”规划中，将 JJ 省作为蓝色海洋经济发展区域，因此，判断 JJ 省未来年度经济增长速度较前期有所回落，

但略快于整体国民经济增长速度。综上，判断 2017—2022 年 JJ 省 GDP 年增长速度为 10%，各年度 GDP 产值分别为：43 357.82 亿元、47 693.60 亿元、52 462.96 亿元、57 709.26 亿元、63 480.19 亿元和 69 828.21 亿元。

x_3：JJ 省第一产业产值占比。近年来，随着房地产和金融市场的迅猛发展，并由此推动相关行业同步增长，第二、三产业产值占整个国民经济比重不断加大。回顾过去十年，JJ 省第一产业产值占整个国民经济比重已由 13.20%降到 9.1%，但降幅趋缓，降幅已由最高的 9.85%降到 2%左右。考虑到我国目前发展阶段，判断 2017—2022 年 JJ 省第一产业产值占比年降幅维持 2%的较低降幅水平。

x_4：JJ 省城镇居民人均可支配收入。由以前年度数据可知，JJ 省城镇居民人均可支配收入年增速低于 JJ 省 GDP 增速，即城镇居民收入增长速度略滞后于经济发展速度，从整体国民经济合理性来看，这种收入增长模式为合理增长模式，因此，在考虑到未来年度城镇居民人均可支配收入时，判断其增速略低于 JJ 省 GDP 年 10%的增速水平，按照每年 8%的水平递增。综上，判断 2017—2022 年 JJ 省城镇居民人均可支配收入分别为：21 541.68 元、23 265.01 元、25 126.21 元、27 136.31 元、29 307.21 元和 31 651.79 元。

x_5：A 市人口。近年来，随着国家开放“二胎”政策，A 市人口近年来有所增长，但增长速度逐渐趋于平缓，且在这部分新增人口中，来源于城市化进程的新增人口占重要比例。考虑到未来几年大中城市的发展速度，判断未来几年仍会出现城市化进程中新增的城镇居民人口，而新生人口增长比率维持较低水平。综上，判断 2017—2022 年 A 市人口将维持年 0.30%的增长比率，各年度人口数分别为：872.61 万人、875.23 万人、877.86 万人、880.49 万人、883.13 万人和 885.78 万人。

x_6［JJ 省肉类产品年产量（万吨）］和 x_7[JJ 省禽蛋产品年产量（万吨）]，由以前年度数据可知，JJ 省肉类产品和禽蛋产品的产量增速低于 JJ 省城镇居民人均可支配收入增速，且其增速一直趋于下降。考虑到未来年度人口增速也趋缓，判断 JJ 省肉类产品年产量和 JJ 省禽蛋产品年产量增速维持年 2%水平。综上，判断 2017—2022 年 JJ 省肉类产品年产量分别为：718.79 万吨、733.17 万吨、747.83 万吨、762.79 万吨、778.05 万吨和 793.61 万吨。JJ 省禽蛋产品年产量分别为：392.50 万吨、400.35 万吨、408.36 万吨、416.53 万吨、424.86 万吨和 433.36 万吨。

x_8：JJ 省年社会消费品零售总额（亿元）。根据边际消费倾向递减效应，随着居民收入的增长，居民收入用于消费的比例将趋于下降。但考虑到中国目前的发展阶段，居民日常消费结构偏向于基本生活消费，未来年度用于发展性消费的比例将有较大幅度增长，且近期的物价上涨因素也部分抵消了边际消费倾向递减效应，综合判断，未来年度 JJ 省年社会消费品零售总额的增长比率高于 JJ 省城镇居民人均可支配收入增长比率 3 个百分点，为 11%。综上，判断 2017—2022 年 JJ 省年社会消费品零售总额分别为：15 774.88 亿元、17 510.12 亿元、19 436.23 亿元、21 574.22 亿元、23 947.38 亿元和 26 581.59 亿元。

x_9（以 2008 年为基数的 JJ 省肉禽及其制品 CPI）和 x_{10}（以 2008 年为基数的 JJ 省禽蛋类产品 CPI），由以前年度数据可知，JJ 省肉禽及其制品和禽蛋类产品 CPI 与整体物价水平上涨趋势基本相符，考虑到国家制定的 2017 年 CPI4%的目标，判断 2017—2022 年 JJ 省肉禽及其制品 CPI 和 JJ 省禽蛋类产品 CPI 也为 4%。

综上，2017—2022 年所选的 10 个指标宏观数据的判断值如表 4-35 所示。

表 4-35　2017—2022 年相关宏观经济指标预测表

年份	x_1：恩格尔系数/%	x_2：JJ 省 GDP/亿元	x_3：JJ 省第一产业占比/%	x_4：JJ：城镇居民人均可支配收入/亿元	x_5：A 市人口/万人
2017	41	43 357.82	8.92	21 541.68	872.61
2018	42	47 693.6	8.74	23 265.01	875.23
2019	40	52 462.96	8.57	25 126.21	877.86
2020	39	57 709.26	8.4	27 136.31	880.49
2021	38	63 480.19	8.23	29 307.21	883.13
2022	37	69828.21	8.07	31651.79	885.78
年份	x_6：肉类产量/万吨	x_7：禽蛋产量/万吨	x_8：社会消费品零售总额/亿元	x_9：以 2008 年为基数的 JJ 省肉禽及其制品 CPI	x_{10}：以 2008 年为基数的 JJ 省禽蛋类产品 CPI
2017	718.79	392.5	15 774.88	220.37	194.41
2018	733.17	400.35	17 510.12	229.18	202.19
2019	747.83	408.36	19 436.23	238.35	210.28
2020	762.79	416.53	21 574.22	247.88	218.69
2021	778.05	424.86	23 947.38	257.80	227.44
2022	793.61	433.36	26 581.59	268.11	236.54

将上述所选指标数据的未来判断值代入回归方程，得出 2017—2022 年产品销量及销售单价，2017 年及以后年度，按照 2016 年销量及单价水平维持不变，主营业务收入按产品销售单价乘以销售数量确定，2017 年 4—12 月份的收入用 2017 年全年预测收入减去 2017 年 1—3 月份实际收入之差获得。2017 年 4—12 月至 2022 年产品主营业务收入汇总如表 4-36 所示。

表 4-36　主营业务收入预测表　　单位：万元

	2017 年 4—12 月	2018 年	2019 年	2020 年	2021 年	2022 年
雏鸡	7 369.29	9 207.17	9 358.69	9 623.51	9 904.07	10 199.69
禽、猪饲料	15 632.90	18 905.49	20 680.42	22 511.97	24 601.95	26 988.01

3）商标提成率的确定

本次商标使用提成率是根据 Black-Scholes（布莱克-斯科尔斯）期权定价模型推导及延伸出来的测算行业平均商标分成率的方法。期权是购买方支付一定的期权费后所获得的在将来允许的时间买或卖一定数量的基础商品（underlying assets）的选择权。期权价格是期权合约中唯一随市场供求变化而改变的变量，它的高低直接影响到买卖

双方的盈亏状况，是期权交易的核心问题。在期权定价模型中，其基本定价公式为

$$C = S \cdot N\left(D_1\right) - L \cdot E^{-\gamma T} \cdot N\left(D_2\right)$$

$$D_1 = \left[ln^{(S/L)} + \left(\gamma + \sigma^2 / 2\right)T\right]\sigma \cdot \sqrt{T}$$

$$D_2 = D_1 - \sigma \cdot \sqrt{T}$$

式中，C——期权初始合理价格；

L——期权交割价格；

S——所交易金融资产现价；

T——期权有效期；

γ——连续复利计无风险利率 H；

σ^2——年度化方差；

$N()$——正态分布变量的累积概率分布函数。

（1）第 1 号“甲”“乙”商标所依附产品为雏鸡，评估基准日商标权剩余使用年限为 8.33 年，考虑 2 个续展期后，商标权剩余使用年限为 28.33 年。第 1 号“甲”“乙”商标依附产品所属行业为农业综合行业，该行业平均毛利率为 19.84%，行业 Beta 标准差平均值为 0.106 3，市场无风险利率为 4.022 4%，综上，农业综合行业商标平均提成率为 1.31%，即第 1 号“甲、乙”商标商标提成率为 1.31%。

（2）第 2 号“甲”“乙”商标所依附产品为禽、猪饲料，评估基准日商标权剩余使用年限为 8.08 年，因商标在 2015 年已续展一次，续展后使用期限为 2015 年 4 月 28 日至 2025 年 4 月 27 日，因此，商标使用权在 2025 年 4 月 27 日后考虑 1 个续展期，商标权剩余使用年限为 18.08 年。第 2 号“甲”“乙”商标依附产品所属行业为饲料行业，该行业平均毛利率为 11.14%，行业 Beta 标准差平均值为 0.112 8，市场无风险利率为 4.022 4%，综上，饲料行业平均商标提成率为：饲料行业商标平均提成率约为 0.93%。即第 2 号“甲”“乙”商标的商标提成率为 0.93%。

4）相关税费的考虑

A 公司生产的产品属于农牧业系列产品，国家为鼓励农业发展，对生产此部分产品的企业免征所得税，因此，在使用销售收入提成法评估商标所有权时，不再考虑所得税的影响。

5）折现率的确定

商标的使用不能脱离企业实体，“甲”“乙”系列商标现由 A 公司使用，因此，对商标权进行评估时，将其视为 A 公司的一项资产要素，在确定商标权的折现率时，采用对 A 公司整体企业价值评估当中对折现率的确定方式，并考虑到商标资产的特殊性及规模效应等因素，具体计算如下：

首先运用资本资产定价模型（CAPM）来计算投资者股权资本成本，在此基础上运用 WACC 模型计算加权平均资本成本，同时考虑无形资产高收益高风险的特点综合

确定技术资产的折现率。

由于委估商标处于农业综合下两个细分子行业，各个行业影响折现率的因素略有不同，因此我们分别取其行业中关联性较高的企业作为选取折现率的样本公司，综合确定其折现率：

（1）运用 CAPM 模型计算权益资本成本

CAPM 模型是国际上普遍应用的估算投资者股权资本成本的办法。CAPM 模型可用下列公式表示：

$$R_e = R_f + \beta \cdot (R_m - R_f) + R_c$$

式中，R_e——投资者股权资本成本；

R_f——无风险报酬率；

R_m——完全分散的投资组合的期望收益率；

β——被评估企业的投资权益贝塔系数；

R_c——公司特定风险调整系数。

①无风险报酬率 R_f

无风险报酬率我们一般选取国债到期收益率。

从国内沪、深两市债券市场中选择从本次评估基准日到国债到期日剩余期限超过 5 年期的中长期国债，分别计算其到期收益率（复利），取其到期收益率（复利）的平均值作为本次评估的无风险报酬率。

R_f=4.02%

②完全分散的投资组合的期望收益率 R_m

对于完全分散的投资组合的期望收益率 R_m，我们考虑取国内上证综合指数自 2005 年和 2016 年年末及评估基准日 2017 年 3 月 31 日的收盘价，计算 2005 年和 2016 年年末及评估基准日 2017 年 3 月 31 日收盘价相对于 2005 年年末收盘价的几何平均收益率，再取其算术平均值作为完全分散的投资组合的期望收益率 R_m。

R_m=10.59%

③确定可比公司相对与股票市场风险系数 β

我们首先收集了多家农业中生产饲料、禽鸡行业上市公司的资料；通过对上市公司的业务内容、资产负债率等方面的筛选，分析确定 6 家上市公司作为可比公司，取得每家可比公司在距评估基准日 3 年零 1 个月期间的采用周指标计算归集的相对于上证综合指数和深证综合指数的风险系数，计算其平均值作为被评估企业的剔除财务杠杆后（Un-leaved）的 β 系数。无财务杠杆 β 的计算公式如下：

无财务杠杆 β= 有财务杠杆 $\beta/[1+(1-t)(负债/权益)]$

计算的可比公司平均的无财务杠杆的 β 系数为 0.848 0。

根据被评估企业的财务结构进行调整，确定适用于被评估企业的 β 系数。计算公式：

有财务杠杆 β=无财务杠杆 $\beta\cdot[1+(1-t)$(负债/权益)]

因此适用于该企业的 β 系数取 1.023 8。

④公司特定风险调整系数 R_c

我们考虑了以下调整因素：

a. 规模风险报酬率的确定

多项研究结果表明，小企业平均报酬率高于大企业。因为小企业股东承担的风险比大企业股东大。因此，小企业股东希望获得更高的回报。

目标公司的规模相对较小，因此我们认为有必要调整规模报酬。根据我们的比较和判断结果，评估人员认为追加 3%的规模风险报酬率较为合理。

b. 个别风险报酬率的确定

Ⅰ. 技术风险

技术风险包括三个方面，一是技术的成熟程度及完善程度可能导致的技术研发风险；二是该产品领域的技术正处于发展阶段，存在预测收益期内因技术进一步更新导致技术滞后的风险；三是存在公司职工对该项技术的接受及掌握程度的风险。

Ⅱ. 管理风险

该无形资产的投入使用，需要较强的技术支持，因此，需要考虑相关专家的技术与管理的协调及人员流失的风险。

Ⅲ. 财务风险

主要是资金的正常融通、调度、周转和回收等方面带来的风险。

Ⅳ. 市场风险

市场风险包括因市场需求的变化带来的风险、销售客户的流失带来的风险以及同行业的竞争加剧带来的风险。

Ⅴ. 通货膨胀风险

2017 年，一方面我国内需强劲恢复、货币信贷高增长，以及资源、能源价格体制进一步改革，都将形成重新推高物价的动能；但另一方面也存在一些抑制通胀的因素。因此，在两方面因素的综合影响下，近期通胀的压力会较大，但在不久的将来通胀的压力可能明显下降。

出于上述考虑，我们将本次评估中的个别风险报酬率确定为 3%。

⑤R_e 的计算

则：$R_e=4.02\%+1.0238\times(10.59\%-4.02\%)+(3\%+3\%)$

$\approx 16.75\%$

根据以上分析计算，我们确定用于本次股权期望回报率为 16.75%。

（2）运用 WACC 模型计算加权平均资本成本

WACC 模型是国际上普遍应用的估算投资资本成本的办法。WACC 模型可用下列公式表示：

$$\mathrm{WACC}=R_e\cdot[E/(D+E)]+R_d\cdot(1-t)\cdot[D/(D+E)]$$

式中，R_e——股权资本成本；

E——股权资本的市场价值；

D——债务资本的市场价值；

R_d——债务资本成本；

t——所得税率.

①权益资本成本（R_e）的确定

直接采用 CAPM 模型的计算结果。

②权益资本与债务资本的比例{[$E/(D+E)$]，[$D/(D+E)$]}的确定

采用可比上市公司的平均值。

③债务资本成本（R_d）的确定

考虑到样本公司有息债务的构成情况，保守考虑采用中国银行近期公布的人民币 3～5 年贷款利率 4.75%。

④所得税率（t）的确定

由于 A 公司禽鸡的生产属农产品初加工业务，属于企业所得税免交范围，因此所得税率采用 0%。

根据以上分析计算，我们确定加权平均资本成本（WACC）为 15%。

⑤折现率的确定

一般来讲，使用无形资产承担的风险要比企业总体风险水平高。本次评估，对商标权的折现率，是在企业价值评估时所选定的折现率 15%基础上，增加 3%，即取商标权的折现率为 18%。

6）商标所有权的折现值

第 1 号商标（寿命期为 28 年）评估值为 711.97 万元，第 2 号商标（寿命期为 18 年），评估值为 1 171.46 万元。本次委托评估的两项商标专用权的评估值共计 1 883.43 万元。

九、评估假设

本次评估结果是反映委估商标专用权在本次特定评估目的下的市场价值，没有考虑企业将来可能承担的抵押、质押、担保事宜，以及特殊交易方或特殊交易方式可能追加付出的价格等对其估价的影响。并且，本次评估结论是基于以下假设得出的：

1）国家现行的有关法律、法规、政策、制度无重大变化。

2）被评估单位目前所处的外部政治、经济、社会及行业环境无重大变化。

3）被评估单位主要管理人员、业务骨干和主营业务相对稳定。

4）被评估单位按当前的规模持续经营，在未来经营期限内，有关税负基准、税率、利率、汇率、政策性征收费用及市场行情等无重大变化。

5）被评估单位的种畜禽生产经营许可证、饲料生产企业审查合格证等与本次委托评估的商标专用权能够合法使用相关的其他许可证，到期后可申请继续展期使用。

6）对本次评估所涉及的商标专用权的特别假设。

（1）A公司为本次评估提供的与商标专用权和使用委估商标的产品的相关财务资料、原始数据等资料真实可靠，无重大事项遗漏；

（2）A公司的企业管理及资产状况与生产销售规模的变化相协调，原材料及产品销售价格假设周期合理变化，无逆向大幅度波动；

（3）消费者的消费偏好和需求在预测期内不发生重大的、超出合理预期范围的变化；

（4）A公司委托评估的商标专用权不存在其他的法定优先受偿款、权属纠纷、权利瑕疵等影响质押对象设定及质物价值的事项；

（5）A公司现有的商标维护、宣传和推广政策无重大变化。

7）无其他人为及不可抗拒、不可预见因素造成的重大不利影响。

如果上述条件发生变化，评估结果一般会失效，委托方应及时聘请评估机构重新确定评估结论。

评估结果：商标“甲”评估值为711.97万元，商标“乙”评估值为1 171.46万元，合计1 883.43万元。

十、特别事项说明

（1）考虑到本次评估目的为质押贷款，因此，评估报告使用者应特别关注本报告之“九、评估假设”当中的相关条款；

（2）本次评估对象指的是商标专用权，未考虑商标对外许可使用等其他因素对评估价值的影响；

（3）委托方应根据国家工商行政管理总局《注册商标专用权质权登记程序规定》，到有关管理部门进行质押登记。

十一、评估报告使用限制说明

十二、评估报告日

本评估报告日为2017年5月30日。

十三、评估师、评估机构签字盖章

任务一：试分析报告的格式是否符合要求，请指出具体问题并说明所对应准则条款的要求。

任务二：试分析报告的内容是否完备，指出具体问题并说明所对应准则条款的要求。

任务三：试分析报告在评估方法运用过程中存在的问题，指出错误并纠错。

任务四：写出分析报告。

模块五

能力扩展实践

熟悉房地产估价相关术语，熟悉房地产估价报告的基本构成，了解《房地产估价规范》的相关操作要求，了解房地产估价中的一些特殊规定。

在资产评估、房地产估价等不同业务中准确使用专业术语，正确选用方法进行房地产估价，撰写合格的房地产估价报告。

项目十六　房地产估价基础

一、房地产估价行业

（一）行业概况

1995 年 1 月 1 日起施行的《中华人民共和国城市房地产管理法》第三十三条规定“国家实行房地产价格评估制度”，第五十八条规定“国家实行房地产价格评估人员资格认证制度”，以法律形式确立了房地产评估制度和评估人员的资格认证制度。

我国房地产估价行业经过多年的建设和发展，已经形成了自己的专业制度和规范，实现了职能和服务范围的转变，造就了一支有一定规模的估价师队伍和相当数量的估价机构，各估价机构发展态势良好。

（二）行业管理

行业监督管理。国务院住房城乡建设主管部门负责全国房地产估价机构的监督管理工作，省、自治区人民政府住房城乡建设主管部门、直辖市人民政府房地产主管部门负责本行政区域内房地产估价机构的监督管理工作。市、县人民政府房地产主管部门负责市、县行政区域内房地产估价机构的监督管理工作。

自律管理。中国房地产估价师与房地产经纪人学会是全国性的房地产估价和经纪行业自律管理组织，由从事房地产估价和经纪活动的专业人士、机构及有关单位组成，依法对房地产估价和经纪行业进行自律管理。

（三）房地产估价机构

依照《资产评估法》第十六条："设立评估机构，应当向工商行政管理部门申请办理登记。评估机构应当自领取营业执照之日起三十日内向有关评估行政管理部门备案。评估行政管理部门应当及时将评估机构备案情况向社会公告。"设立房地产估价机构应当在领取营业执照后，按照分级管理原则向相关房地产管理部门备案。

房地产估价机构资质等级分为一、二、三级。各级资质是晋级关系，就是最初设立的是三级资质，达到年限要求后才可申请升级，同时要满足上一级资质所要求的条件。

不同资质等级的房地产估价机构，其业务许可范围是不同的：

一级资质房地产估价机构可以从事各类房地产估价业务。

二级资质房地产估价机构可以从事除公司上市、企业清算以外的房地产估价业务。

三级资质房地产估价机构可以从事除公司上市、企业清算、司法鉴定以外的房地产估价业务。

暂定期内的三级资质房地产估价机构可以从事除公司上市、企业清算、司法鉴定、房屋征收、在建工程抵押以外的房地产估价业务。

（四）房地产估价人员

《注册房地产估价师管理办法》第三条："本办法所称注册房地产估价师，是指通过全国房地产估价师执业资格考试或者资格认定、资格互认，取得中华人民共和国房地产估价师执业资格（以下简称执业资格），并按照本办法注册,取得中华人民共和国房地产估价师注册证书（以下简称注册证书），从事房地产估价活动的人员。"

二、房地产估价相关法律法规、规章

扫描二维码，阅读相关材料。

房地产估价相关法律法规、规章

三、《房地产估价规范》（GB/T 50291–2015）基本构架

《房地产估价规范》（GB/T 50291–2015）共分八个部分：总则、估价原则、估价程序、估价方法、不同估价目的下的估价、估价结果、估价报告和估价职业道德。

1）房地产估价原则。房地产的市场价值评估，应遵循独立、客观、公正原则；合法原则、价值时点原则、替代原则、最高最佳利用原则。房地产抵押价值评估，还应遵循谨慎原则。

2）房地产估价程序分为 11 个步骤：受理估价委托、确定估价基本事项、编制估价作业方案、搜集估价所需资料、实地查勘估价对象、选用估价方法进行测算、确定估价结果、撰写估价报告、审核估价报告、交付估价报告、保存估价资料。

3）房地产估价基本方法有比较法、收益法、成本法、假设开发法。估价方法的选用，应符合下列规定：

（1）估价对象的同类房地产有较多交易的，应选用比较法。

（2）估价对象或其同类房地产通常有租金等经济收入的，应选用收益法。

（3）估价对象可假定为独立的开发建设项目进行重新开发建设的，宜选用成本法；当估价对象的同类房地产没有交易或交易很少，且估价对象或其同类房地产没有租金等经济收入时，应选用成本法。

（4）估价对象具有开发或再开发潜力，且开发完成后的价值可采用除成本法以外的方法测算的，应选用假设开发法。估价对象适用两种或两种以上估价方法进行估价时，宜同时选用所有适用的估价方法进行估价。

4）不同估价目的下的房地产估价：房地产抵押估价，房地产税收估价，房地产征收、征用估价，房地产拍卖、变卖估价，房地产分割、合并估价，房地产损害赔偿估价，房地产保险估价，房地产转让估价，房地产租赁估价，建设用地使用权出让估价，房地产投资基金物业估价，为财务报告服务的房地产估价，企业各种经济活动涉及的房地产估价，房地产纠纷估价，其他目的房地产估价。

5）房地产估价报告采取书面形式，并应真实、客观、准确、完整、清晰、规范。叙述式估价报告包括下列部分：封面、致估价委托人函、目录、估价师声明、估价假设与限制条件、估价结果报告、估价技术报告、附件。

四、《房地产估价基本术语标准》（GB/T 50899–2013）基本构架

《房地产估价基本术语标准》（GB/T 50899–2013）分七个部分，包含 172 条术语标准：总则、通用术语（25 条）、价格和价值（26 条）、估价原则（7 条）、估价程序（10 条）、估价方法（92 条）和估价报告（12 条）。

任务一：阅读《房地产估价规范》（GB/T 50291–2015）。

任务二：阅读《房地产估价基本术语标准》（GB/T 50899–2013）。

任务三：浏览中国房地产估价师网站 http://www.cirea.org.cn/。

项目十七 房地产抵押估价

一、房地产抵押价值估价种类

房地产抵押是债务人或第三人将其合法的房地产以不转移占有的方式向抵押权人

提供债务履行担保的行为。

房地产抵押价值应是以抵押方式将房地产作为债权担保时的价值。房地产抵押估价是指为确定房地产抵押贷款额度提供价值参考依据，对房地产抵押价值进行分析、估算和判定的活动。房地产抵押价值估价实质上是评估抵押房地产在设定抵押权时某估价时点的价值再扣除法定优先受偿款作为抵押贷款活动的价值参考。

房地产抵押估价，分两种，即抵押贷款前估价和抵押贷款后重估。

房地产抵押贷款后重估，是要根据抵押房地产市场价格变化、抵押价值或抵押净值变化情况及有关信息，定期或在房地产市场价格变化较快、抵押房地产状况发生较大改变时，对抵押房地产的市场价格或市场价值、抵押价值、抵押净值等进行重新评估，并为抵押权人提供相关风险提示。大量相似的房地产抵押贷款后重估可采用批量估价的方法。

二、房地产抵押价值估价的内容及原则

1）房地产抵押贷款前估价，应包括下列内容：

（1）评估抵押房地产假定未设立法定优先受偿权下的价值；

（2）调查抵押房地产法定优先受偿权设立情况及相应的法定优先受偿款；

（3）计算抵押房地产的抵押价值或抵押净值；

（4）分析抵押房地产的变现能力并作出风险提示。

2）房地产抵押价值评估除应遵循独立、客观、公正原则，合法原则，价值时点原则，替代原则，最高最佳利用原则等房地产市场价值评估基本原则外，还需遵循“谨慎原则”。

在谨慎原则下，评估价值应为在充分考虑导致估价对象价值或价格偏低的因素，慎重考虑导致估价对象价值或价格偏高的因素下的价值或价格。不得高估假定未设立法定优先受偿权下的价值，不得低估法定优先受偿款及预期实现抵押权的费用和税金。

三、房地产抵押价值估价几种情况处理

1）依法不得抵押的房地产，没有抵押价值；首次抵押的房地产，该房地产的价值为抵押价值；再次抵押的房地产，该房地产的价值扣除已担保债权后的余额部分为抵押价值。

2）评估待开发房地产假定未设立法定优先受偿权下的价值采用假设开发法的，应选择被迫转让开发前提进行估价。

3）抵押房地产已出租的，其假定未设立法定优先受偿权下的价值应符合下列规定：

（1）合同租金低于市场租金的，应为出租人权益价值；

（2）合同租金高于市场租金的，应为无租约限制价值。

4）以划拨方式取得的土地使用权连同地上建筑物抵押的，评估假定未设立法定优先受偿权下的价值时可直接评估在划拨土地使用权下的市场价值，也可评估假设在出让土地使用权下的市场价值，然后扣除划拨土地使用权应缴纳的土地使用权出让金或者相当于土地使用权出让金的价款。

5）以具有土地使用权年限的房地产抵押的，评估假定未设立法定优先受偿权下的价值应考虑剩余年限对价值的影响。

6）以享受国家优惠政策购买的房地产抵押的，其假定未设立法定优先受偿权下的价值为房地产权利人可处分和收益的份额部分的价值。

7）以按份额共有的房地产抵押的，其假定未设立法定优先受偿权下的价值为抵押人所享有的份额部分的价值；以共同共有的房地产抵押的，假定未设立法定优先受偿权下的价值为该房地产的价值。

8）评估在建工程的抵押价值时，在建工程发包人与承包人应当出具在估价时点是否存在拖欠建筑工程价款的书面说明。存在拖欠建筑工程价款的，应当以书面形式提供拖欠的数额。优先受偿款中的拖欠工程款项，由总包方出具相应的承诺函（书面说明）。一般情况下，总包方提供的甲方欠款额，会大于甲方所上报的数额。

四、不同类型房地产抵押价值评估可采用的估价方法

1）以获得土地使用权和房屋具有完全产权的房地产作为抵押物进行评估时，可根据情况采用成本法、比较法或收益法估价。这种情况的房地产类型包括商品房、自建自营的饭店、招待所、高尔夫球场、工厂、写字楼、宾馆等房地产。

2）以行政划拨土地上的建成使用房产作为抵押物进行抵押价值评估时，市场交易性较强的，可先假设估价对象为具有完全产权的商品房，选用比较法或收益法作为评估方法进行估价，从得出的客观市场价值中减去需要补交的土地出让金或出让毛地价价值；再选用成本法作为另一种方法，估价结果不含土地出让金或出让毛地价。这一方法适用于原国有企业事业单位、社会团体的各类房地产、廉租房、经济适用房、房改房、合作建房等。市场性较差的、特殊的房地产，可采用房地分估再综合的方法，估价结果中不含土地出让金或出让毛地价。

3）对已建或使用的部分（局部）房地产，如部分栋号、层、单元，综合物业中某部分用途物业等，作为抵押物进行抵押价值评估时，应注意到该部分（局部）房地产在整体房地产中的作用，考虑它的相应权益能否独立使用，是否可以独立变现，并注意到土地的分摊和公共配套设施、人流、公共部分的合理享用问题。估价方法可选用成本法、比较法或收益法。

4）以乡镇、村企业厂房等建筑物及其占用范围内的集体土地使用权作为抵押物进行抵押价值评估时，应注意到其占地面积的土地征用批准权限和政府规划管理部门对该用地的规划限制条件。根据不同地区政府相关部门土地征用面积批准权限和规划限

制条件，获得权限内政府相关部门的认可（应注意到未经法定程序不得改变土地集体所有和土地用途），方可设定抵押。在估价过程中应考虑补交土地征用补偿费用、土地出让金等因素，扣减与国有土地价值的差异。估价方法可选用成本法、比较法或收益法。

5）以在建工程已完工部分作为抵押物或连同以合法取得的土地使用权一起抵押的，进行抵押价值评估时，应充分考虑后续工程的成本、费用；确定开发成本中开发商利润的取值时，因其利润在完全竣工时才可能全部体现，应采取保守原则；要全面掌握估价对象状况，注意实际进度和形象进度，以及相应可以实现的权益。此时评估只能反映房屋未建成时的某一时点的价值，估价方法可选用成本法、假设开发法。

6）预购商品房贷款抵押中抵押物评估的内容

（1）对抵押物的合法性进行核查，并在估价报告中如实揭示。由于预售商品房贷款抵押，只发生在商品房的预售阶段，在预售商品房贷款抵押物的评估中，要特别注意估价对象的合法产权。估价人员应对估价对象的每一项报建手续的复印件和原件进行核对，对于核对无误的复印件给予认可；未能核对或发现错误的复印件，在报告中进行揭示。尤其要对估价对象的商品房买卖合同（期房）及"五证"（国有土地使用证、建设用地规划许可证、建设工程规划许可证、建设工程施工许可证、商品房预售许可证）进行仔细核查。

（2）评估抵押物的抵押价值

①关于估价时点。预售商品房贷款抵押评估时，房地产的市场状况与估价对象的状况不在同一时点，即估价对象的状况为未来某时点（估价对象房地产竣工时点）的状况，房地产的市场状况为现在（抵押权设定时）的状况。值得注意的是，预售商品房贷款抵押物的评估不同于在建工程的评估。在建工程评估中，估价对象的状况及房地产的市场状况均为估价时点时的状况，即房地产的市场状况与估价对象的状况处在同一时点。

②关于建筑面积。预售商品房贷款抵押评估中遇到的实际建筑面积超过建设工程规划许可证规定的面积的情况处理：规划部门已经同意并补交了相关费用的，可按规划部门最终确定的建筑面积进行评估；已经过规划部门处理，未补交费用的，应扣除该项费用，并在估价报告中说明；未经规划部门同意的，按建设工程规划许可证上规定的建筑面积考虑，并在估价报告中说明超面积部分的不合法性。

（3）对预售商品房的工程形象进度和完成投资额进行审查

按照《中国人民银行关于规范住房金融业务的通知》要求，借款人申请个人住房贷款购买期房的，所购期房必须是多层住宅主体结构封顶，高层住宅完成总投资的三分之二。

（4）预售商品房贷款抵押物的估价报告中，重点应揭示抵押物的报建手续是否齐全、合法，提示贷款银行注意有关抵押物的风险因素，给出在设定抵押权时的客观、合理的市场价值，对抵押物的有关建筑面积公摊的技术经济指标、其他规划内容以及工程形象进度进行核实和披露。

五、房地产抵押价值估价的注意事项

1）房地产抵押价值为抵押房地产在价值时点的市场价值，等于假定未设立法定优先受偿权利下的市场价值减去房地产估价人员知悉的法定优先受偿款。抵押房地产包括拟抵押房地产和已抵押房地产。

2）法定优先受偿款是指假定在价值时点实现抵押权时，法律规定优先于本次抵押贷款受偿的款额，包括发包人拖欠承包人的建筑工程价款，已抵押担保的债权数额，以及其他法定优先受偿款。处分房地产的费用以及税金是一般优先受偿权，在抵押估价报告中不予考虑。

3）房地产估价人员了解估价对象在价值时点是否存在法定优先受偿权利等情况的，房地产抵押相关当事人应当协助。法定优先受偿权利等情况的书面查询资料和调查记录，应当作为估价报告的附件。

4）房地产抵押估价报告中的估价结果必须包括三项内容：

（1）假定未设立法定优先受偿权利下的价值；

（2）房地产估价人员知悉的各项法定优先受偿款；

（3）估价对象的抵押价值。

5）房地产抵押估价目的，应当表述为“为确定房地产抵押贷款额度提供参考依据而评估房地产抵押价值”。

6）房地产抵押价值时点，原则上为完成估价对象实地查勘之日，但估价委托合同另有约定的除外。价值时点不是完成实地查勘之日的。房地产估价人员应当在“估价的假设和限制条件”中假定估价对象在价值时点的状况与在完成实地查勘之日的状况一致，并在估价报告中提醒估价报告使用者注意。

7）房地产估价人员应当对估价对象进行实地查勘，将估价对象现状与相关权属证明材料上记载的内容逐一对照，全面、细致地了解估价对象，做好实地查勘记录，拍摄能够反映估价对象外观、内部状况和周围环境、景观的照片。内外部状况照片应当作为估价报告的附件。由于各种原因不能拍摄内外部状况照片的，应当在估价报告中予以披露。实地查勘记录应当作为估价档案资料妥善保管。

8）在存在不确定因素的情况下，房地产估价人员作出估价相关判断时，应当保持必要的谨慎，充分估计抵押房地产在处置时可能受到的限制和未来可能发生的风险、损失，不高估市场价值，不低估知悉的法定优先受偿款，并在估价报告中提出必要的风险提示。

（1）在运用比较法估价时，不应选取成交价格明显高于市场价格的交易实例作为比较案例，并应当对比较案例进行必要的实地查勘。

（2）在运用成本法估价时，不应高估土地取得成本、开发成本、有关费税和利润，不应低估折旧。

（3）在运用收益法估价时，不应高估收入或者低估运营费用，选取的报酬率或者资本化率不应偏低。

（4）在运用假设开发法估价时，不应高估未来开发完成后的价值，不应低估开发成本、有关费税和利润。

9）房地产估价人员知悉估价对象已设定抵押权的，应当在估价报告中披露已抵押及其担保的债权情况。

10）房地产抵押估价报告还应当向估价报告使用者提出以下风险提示。

（1）关注房地产抵押价值未来下跌的风险，对预期可能导致房地产抵押价值下跌的因素进行分析说明；

（2）评估续贷房地产的抵押价值时，对房地产市场已经发生的变化予以考虑说明；

（3）估价对象状况和房地产市场状况因时间变化对房地产抵押价值可能产生的影响；

（4）抵押期间可能产生的房地产信贷风险关注点；

（5）合理使用评估价值；

（6）定期或者在房地产市场价格变化较快时对房地产抵押价值进行再评估。

11）房地产抵押估价报告应当包含变现能力分析。

变现能力是指假定在价值时点实现抵押权时，在没有过多损失的条件下，将抵押房地产转换为现金的可能性。变现能力分析应当包括抵押房地产的通用性、独立使用性或者可分割转让性分析，假定在价值时点拍卖或者变卖时最可能实现的价格与评估的市场价值的差异程度分析，变现的时间长短以及费用、税金的种类、数额和清偿顺序分析。

房地产抵押估价案例
致估价委托人函

A 公司：

受贵公司的委托，我公司于 2017 年 6 月 28 日派出房地产估价人员，按双方签订的房地产估价业务约定书所列内容，现场勘察了估价对象房地产的实物、权益和区位状况，分析考虑了影响房地产价格的诸多因素，本着客观、独立、公正、科学的原则对该项目进行了估价。

（1）估价目的：为确定房地产抵押贷款额度提供参考依据而评估房地产抵押价值。

（2）估价对象：A 公司所有的位于 L 市清泉经济开发区北区的房地产，房产建筑面积为 7 488.06 m^2，土地使用权面积为 20 067.00 m^2。

（3）价值时点：二〇一七年六月二十八日。

（4）价值类型：委估房地产在价值时点的抵押价值。

（5）估价方法：根据估价目的、估价原则及估价对象状况，确定对估价对象采用房地分估法进行评估，对房产采用成本法进行评估，对土地采用市场比较法和成本逼近法进行评估。

（6）估价结果：根据国家有关法律、法规和政策要求，遵循中华人民共和国国家标准 GB/T 50291–2015《房地产估价规范》和《房地产抵押估价指导意见》的操作程序，按照公认的估价方法，结合市场行情，经过分析测算，评定和估算出估价对象在价值时点的抵押价值总额合计为 2 168.43 万元（其中土地使用权价值合计为 383.28 万元）,金额大写（人民币）：贰仟壹佰陆拾捌万肆仟叁佰元整。明细见表 5-1。

表 5-1 评估结果表

序号	产权证号	名称	面积/m^2	单价/(元/m^2)	评估总价/万元
1	清房权证字第 2014028316 号	车间	7 488.06	2 384.00	1 785.15
2	清国用（2015）第 811000108 号	土地	20 067.00	191.00	383.28
合计					2 168.43

（7）特别提示：本报告的专业意见，详见估价结果报告，并特别关注“房地产估价师声明”“估价的假设和限制条件”，报告全文与本函是一个不可分割的整体，应认真、完整阅读、理解和使用本报告，以免使用不当，造成损失。本估价报告应用有效期自本估价报告出具之日起一年内有效。随此函附交三份估价报告给委托人。

特致此函。

M 房地产估价有限公司

法定代表人：×××

二〇一七年六月三十日

第一部分 估价师声明

我们郑重声明：

（1）注册房地产估价师在估价报告中对事实的说明是真实和准确的，没有虚假记载、误导性陈述和重大遗漏；

（2）估价报告中的分析、意见和结论是注册房地产估价师独立、客观、公正的专业分析、意见和结论，但受到估价报告中已说明的估价假设和限制条件的限制；

（3）注册房地产估价师与估价报告中的估价对象没有现实或潜在的利益，与估价委托人及估价利害关系人没有利害关系，也对估价对象、估价委托人及估价利害关系人没有偏见；

（4）注册房地产估价师是按照有关房地产估价标准的规定进行估价工作，撰写估价报告。

第二部分 估价假设和限制条件

一、估价假设

（一）一般假设

1）本估价报告依据委托方提供的相关资料，评估设定委托方提供的情况和资料是真实、合法、完整的，估价人员对估价所依据的估价委托人提供的估价对象权属、面积、用途等资料进行了审慎检查和尽职调查，在无理由怀疑其合法性、真实性、准确性和完整性情况下，本报告以估价委托方提供的资料是合法、真实、准确和完整的为假设前提。若上述情况发生变化，需调整估价结果乃至重新估价。

2）对房屋安全、环境污染等影响估价对象价值的重大因素给予了关注，无正当理由怀疑估价对象存在安全隐患且无相应的专业机构进行鉴定，本次估价以房屋安全、施工质量合格为假设前提。

3）本次估价假定估价对象房地产权益完整、无争议，不考虑房屋租赁、抵押、按揭、查封等因素造成的权益缺损对其价值的影响。

4）本次估价以估价对象保持现状使用为假设前提。本报告以估价对象在价值时点处于完好状态并达到委托方所提供的使用功能为假设前提。

5）本估价报告中由委托方提供的房地产产权证明均假定是产权人以正常、合法方式取得的，不考虑非正常花费，且假定产权证明记载内容与实际相符。

6）由于估价对象具有复杂性和多样性的特点，有些资料是估价人员无法取得的，而这些资料对于估价对象的价值具有较大的影响。本次假设实地查看的估价对象与委托方提供的资料记载的相同。

7）估价对象在价值时点的房地产市场为公开、平等、自愿的交易市场，即能满足以下条件，它依据如下假设：

（1）适当营销，即估价对象以适当的方式在市场上进行了展示，展示的时间长度随着市场状况而变化，但要足以使估价对象引起一定数量的潜在买者的注意。

（2）熟悉情况，即买方和卖方都了解估价对象并熟悉市场行情，买方不是盲目购买，卖方不是盲目出售。

（3）谨慎行事，即买方和卖方都是冷静、理性、谨慎的，没有感情用事。

（4）不受强迫，即买方和卖方都是出于自发需要进行估价对象交易，买方不是急于购买（不是非买不可），卖方不是急于出售（不是非卖不可），同时买方不是被迫地从特定的卖方那里购买估价对象，卖方不是被迫地将估价对象卖给特定的买方。

（5）公平交易，即买方和卖方都是出于自己利益进行估价对象交易，没有亲友、母子公司、业主与租户等特殊关系，不是关联交易。

（二）未定事项假设

（1）对估价对象的实地查勘仅限于其外观和使用状况，如存在被遮盖、未暴露及难以接触到的部分，假设估价对象不存在建筑物隐蔽性质量问题和地基质量问题。

（2）参与本次估价的注册房地产估价师实地查勘未能取得委估建筑物的工程质量报告，亦未对建筑物的质量进行检测，本次估价是假定其建筑物质量达到合格。

（3）估价对象权属证明未记载建筑物的建成年份，估价委托人亦未提供相关建成年份资料，本次估价建筑物的建成年份以实际调查为准，仅在本报告中使用，不可用于其他任何用途。

（4）估价时没有考虑国家宏观经济政策发生变化、市场供应关系变化、市场结构转变、自然力和其他不可抗力等因素对房地产价值的影响，也没有考虑估价对象将来可能承担违约责任的事宜，以及特殊交易方式下的特殊交易价格等对评估价值的影响。

（三）背离事实假设

本次估价目的是为委托方确定房地产抵押贷款额度提供参考依据而评估房地产抵押价值，鉴于本报告之特定估价目的，做如下假设：

（1）未考虑原产权人任何与估价对象有关的应缴未缴税费。

（2）未考虑估价对象及其所有权人已承担的债务、或有债务及经营决策失误或市场运作失当对其价值的影响。

（3）未考虑未来处置风险。

（4）未考虑房地产交易税费非正常负担对房地产价值的影响。

（四）不相一致假设

本次评估无不相一致假设。

（五）依据不足假设

委托方未提供此次估价对象的工程决算资料，因此本次估价参考类似工程进行房产评估。

（六）估价报告使用限制

（1）本报告估价结果仅供委托方在本次估价目的下使用，不得作为权属确认的依据和用于其他目的。本报告必须完整使用，对仅使用报告中的部分内容所导致的有关损失，受托估价机构不承担责任。未经本估价机构书面同意，报告的任何内容及参考资料均不得向委托方、债权人和登记机关以外的人员或单位提供，不允许在任何公开发表的文件、通知或声明中引用，且不得以其他任何方式公开发表；凡因委托人使用估价报告不当而引起的后果，估价机构和估价人员不承担相应的责任。

（2）在房地产市场比较稳定的状况下，本估价报告结果有效期原则上自估价报告出具日起为一年，即二〇一七年六月三十日至二〇一八年六月二十九日。在估价报告使用期内，由于国家政策、经济环境及估价对象本身的物质状况等因素发生重大变化，且该变化对估价结果产生严重影响时，报告的使用人应及时委托估价机构重新估价。超出有效期则不能直接使用本估价报告。如果使用本估价报告，我们对此造成的损失不承担任何责任。

（3）在报告应用有效期内拍卖估价对象时，如存在短期内强制处分，潜在购买群体受到限制或心理排斥因素影响，可能出现价格低于评估的市场价格的情况。

（4）本次受托估价方仅对估价技术条件负责，本估价报告结论系为委托方提供的专业性估价意见，这个意见本身并无强制执行的效力，参与本次估价的注册房地产估价师只对估价结论本身符合规范要求负责，而不对房地产定价决策负责。

（5）价值时点后，且在估价报告有效期内，当估价对象的质量及价格标准发生变化，并对估价对象、估价价值产生明显影响时，不能直接使用本估价结论。

（6）本报告中的文字或数字如存在表述不清，出现因校对、打印或其他原因出现误差时，请报告使用人及时通知我公司予以澄清或更正，不得恶意使用，否则误差部分及受影响部分无效。

（7）本报告须经参加本次估价的中国注册房地产估价师签字，估价机构盖章后生效，缺页报告及报告复印件不生效。

（8）估价报告分为“房地产估价报告”和“房地产估价技术报告”两部分。“房地产估价报告”提供给委托方，“房地产估价技术报告”根据有关规定可提供给报告的审查者及估价公司用于存档备查。

本报告估价结果的计算是以估价对象在价值时点的状况和估价报告对估价对象的假设和限制条件为依据进行的，如上述条件发生变化，应对估价结果做出相应调整。

第三部分　估价结果报告

一、估价委托人

名称：A 公司

类型：有限责任公司（自然人投资或控股）

住所：L 市清泉经济开发区北区

法定代表人：王某

注册资本：壹仟万元整

成立日期：2010 年 07 月 23 日

营业期限：2010 年 07 月 23 日至 2024 年 12 月 31 日

经营范围：略

联系人：孙经理

联系电话：略

二、房地产估价机构

名称：M 房地产估价有限公司
法定代表人：赵某
住所：略
证书编号：略
估价资格等级：贰级
联系电话：略

三、估价目的

为确定房地产抵押贷款额度提供参考依据而评估房地产抵押价值。

四、估价对象

1. 估价对象范围

A 公司所有的位于 L 市清泉经济开发区北区的房地产，房产共计 1 处，房产建筑面积为 7 488.06 m^2；国有土地使用权一宗，土地使用权面积为 20 067 m^2。

2. 估价对象权益状况

（1）房屋登记状况

根据委托方提供的估价对象房屋所有权证，估价对象房屋权属登记信息详见表 5-2。

表 5-2　房屋所有权登记状况表

序号	房屋所有权人	房屋坐落	结构	设计用途	产权证号	所在层数/总层数	建筑面积/m^2
1	A 公司	清泉经济开发区北区	钢结构	车间	清房权证字第 2014028316 号	1-2/2	7 488.06

（2）土地登记状况

依据委托方提供的国有土地使用证，估价对象土地权属登记信息详见表 5-3。

表 5-3　土地权属信息一览表

宗地编号	宗地一
土地使用证号	清国用（2015）第 811000108 号
土地使用权人	L 市 A 公司
坐　落	L 清泉经济开发区
地　号	81008005GB00821
图　号	—
用　途	工业
使用权类型	出让
终止日期	2063-04-08
使用权面积/m^2	20 067

（3）他项权利及限制权利状况

依据委托方提供的房屋所有权证、国有土地使用证及与委托方沟通了解，在价值时点，产权清晰、无纠纷，估价对象已经设定了抵押他项权利。

3. 估价对象实体状况

（1）建筑物实体状况

估价对象房产为 1 栋房产，建筑面积为 7 488.06 m^2，为车间、办公用房，在价值时点房屋实物状况较好，保养、维护及时，至价值时点正在被使用，能够满足生产、办公的需要。房产结构为钢结构，一层举架约为 7 m，二层举架约为 2.8 m。建筑年代约为 2015 年，房屋总层数为 2 层，所在层数为 1—2 层。办公部分地面为地砖、地板，内墙刮大白，外墙为保暖彩钢板，塑钢窗，实木门，水、电、暖设施齐全。车间部分外墙为 1.5 m 砖墙维护，外墙彩钢板，内墙彩钢板，水泥地面，有 2 部 10 t 天车，2 部 5 t 天车。钢结构为 2 跨，柱距约为 6 m，顶棚岩棉板。塑钢窗，卷帘门。电气设施齐全。能满足生产办公需要。

（2）土地实体状况

待估宗地东至空地，南至企业用地，西至东莱街，北至永惠路。土地用途为工业，宗地形状近似为长方形，土地面积为 20 067 m^2。地形平坦，地势较高。宗地内地基承载力足够，基础设施完备程度较好，土地开发程度为宗地红线外“六通”（通路、通电、通讯、通上水、通下水、通暖），宗地红线内“六通”（通路、通电、通讯、通上水、通下水、通暖）。宗地利用符合规划要求。

4. 法定优先受偿权利情况

法定优先受偿款是指假定在价值时点实现抵押权时，法律规定优先于本次抵押贷款受偿的款额，包括发包人拖欠承包人的建筑工程价款，已抵押担保的债权数额，以及其他法定优先受偿款。

至价值时点，估价对象已经进行他项登记，此次评估为对同一抵押权利人的续贷房地产抵押估价，故此次评估的抵押价值未减去续贷对应的已抵押担保的债权数额。除已抵押的担保债权，该房地产在价值时点无其他法定优先受偿款。

五、价值时点

依据委托合同，本项目价值时点为二〇一七年六月二十八日，一切作价标准、取值依据均以此价值时点为准。

六、价值类型

本项目估价确定的价值类型为抵押价值。

房地产抵押价值为抵押房地产在价值时点的市场价值，等于假定未设立法定优先受偿权利下的市场价值减去房地产估价师知悉的法定优先受偿款。

法定优先受偿款是指假定在价值时点实现抵押权时，法律规定优先于本次抵押贷款受偿的款额，包括发包人拖欠承包人的建筑工程价款，已抵押担保的债权数额，以及其他法定优先受偿款。

七、估价依据

扫描二维码，阅读相关估价依据。

估价依据

八、估价原则

本估价报告在遵循客观、公正、科学、合理的基本原则下，结合本估价目的对估价对象进行评估。具体依据如下原则：

（1）独立、客观、公正原则。要求房地产估价师站在中立的立场上，评估出对各方当事人来说均是公平合理的价值。

（2）合法原则。以估价对象的合法使用、合法处分为前提。

（3）最高最佳使用原则。以估价对象的最高最佳使用为前提。

（4）替代原则。遵循估价结果不明显偏离类似房地产在同等条件下正常价格的原则。

（5）价值时点原则。遵循估价结果是估价对象在价值时点的客观合理价格原则。

（6）谨慎原则。谨慎原则要求在存在不确定因素的情况下作出估价相关判断时，应当保持必要的谨慎，充分估计抵押房地产在抵押权实现时可能受到的限制，未来可能发生的风险和损失，不高估假定未设立法定优先受偿权下的价值，不低估房地产估价师知悉的法定优先受偿款。

九、估价方法

根据估价目的、估价原则及估价对象状况，确定对估价对象采用房地分估法进行评估，对房产采用成本法进行评估，对土地采用市场比较法和成本逼近法进行评估。

十、估价结果

1. 市场价值的确定

经计算，估价对象在价值时点可能实现的市场价值（估价对象在市场上有足够的买方和卖方，并且进入市场无障碍的条件下）为人民币 2 168.43 万元（其中土地使用权价值合计为 383.28 万元）,金额大写（人民币）：贰仟壹佰陆拾捌万肆仟叁佰元整。（明细见前文表 5-1。）

2. 法定优先受偿额的确定

根据委托方提供的资料及估价人员调查得知：（1）在价值时点无拖欠建筑工程价款事项；（2）在价值时点无设立的担保的债权。故法定优先受偿额合计为 0 元。

3. 房地产抵押价值的确定

房地产抵押价值等于市场价值减去房地产估价师知悉的法定优先受偿款。

抵押价值为 2 168.43 万元，人民币大写：贰仟壹佰陆拾捌万肆仟叁佰元整。

十一、估价对象变现能力分析

变现能力是指假定在价值时点实现抵押权时，在没有过多损失的条件下，将抵押房地产转换为现金的可能性。

（1）估价对象房地产的通用性、独立使用性或者可分割转让性。

委估对象为工业系列用房，通用性强、可分割转让性差、独立使用性好。

（2）变卖时最可能实现的价格与评估的市场价值的差异程度。

假定在估价时点强制处分估价对象，因卖方价外手续费、竞价空间、双方无合理的谈判周期、快速变现的付款方式及目前拍卖市场成交活跃程度等因素，将会产生一定的价格减损。根据估价对象的具体情况，预计估价对象可实现的快速变现价值预计为市场价值的 60%～70%。

（3）变现的时间长短，以及费用、税金的种类、数额和清偿顺序。

估价对象为工业类用房，由于总价较高，购买群体较少，其通用性一般，独立使用性较好，变现能力一般，预计变现时间较长。

变现的费用主要有强制拍卖费用、拍卖佣金、诉讼律师费、交易手续费、评估费、登记费和合同公证费、增值税及附加、印花税。根据估价对象的具体情况，预计估价对象变现的费用为市场价值的 10%～15%。

抵押房地产折价或者拍卖、变卖所得的价款，当事人有约定的，依约定清偿。当事人没有约定的，依下列顺序清偿：①实现抵押权的费用；②扣除抵押房地产应缴纳的税款；③主债权的利息；④主债权；⑤赔偿由债务人违反合同而对抵押权人造成的损害；⑥剩余金额交还抵押人。

以上仅是房地产估价人员从定性和定量的角度对其拟在价值时点实现抵押权的相关因素分析。

十二、房地产抵押估价报告使用风险提示

（1）本报告中所提供的分析和数据仅作为价格意见，而不能视作任何价格保证。

（2）在抵押期间估价对象房屋会产生一定的经济折旧及功能折旧，还有可能产生

非正常损坏，包括人为损坏和自然灾害等，办理房地产抵押时请注意办理相关财产保险。

（3）定期或房地产市场价格变化比较快时对房地产抵押价值进行再评估。一般的估价报告使用年限不超过一年，而多数的抵押贷款期限长，房地产价格由于受多种因素的影响，涨跌起伏不定，为防范金融风险，金融机构应定期（如一年）对估价对象进行评估，当房地产市场价格变化比较快时，应及时对估价对象进行再评估，以尽量控制抵押贷款风险。

（4）抵押期间可能存在抵押借款人无法按时足额偿还借款的风险，金融机构应加强前期信贷资信调查，严防贷款挪作他用。

（5）估价报告使用者应合理使用评估价值且关注处置房地产时出现的快速变现及费用带来的影响，以及当房地产抵押估价报告出具后至抵押登记这段时间，是否会出现法定优先受偿权利；房地产快速变现价值可能低于房地产市场价值，金融机构在确定贷款额度时须在评估抵押价值基础上确定合理的折扣率。

（6）估价结果具有很强的时间相关性和时效性。若在价值时点后国家政治政策及估价对象的外部经济环境发生重大变化，对估价结果产生较大影响时，应修改本估价报告的估价结果或重新进行估价。

（7）房地产抵押期间，抵押房地产仍由抵押人占有、使用，使用过程中不可避免会造成损耗，有可能降低抵押物价值，应提醒抵押权人注意。

（8）本报告中的变现能力分析主要为定性分析。

（9）优先受偿分为两种，一种为一般优先受偿，另一种为特别优先受偿。房地产估价师在作抵押评估时关注的是特别优先受偿，对一般优先受偿本报告不予考虑，提醒抵押权人注意。

十三、注册房地产估价师

表 5-4 为相关表格样式。

表 5-4　参加估价的注册房地产估价师

姓名	注册号	签名	签名日期
张某			年　　月　　日
李某			年　　月　　日

十四、实地查勘期

二〇一七年六月二十八日。

十五、估价作业期

二〇一七年六月二十八日至二〇一七年六月三十日。

十六、估价报告有效期

本报告应用有效期为一年，即从报告发出日起一年内使用有效，即二〇一七年六月三十日至二〇一八年六月二十九日，随着时间及市场情况的变化，应对该价格进行相应调整。如果使用本估价结果的时间与估价报告发出日期相差一年或以上，我们对因此而造成的损失不承担任何责任。

M 房地产估价有限公司

二〇一七年六月三十日

第四部分　估价技术报告

一、估价对象描述与分析

（一）估价对象实体状况描述与分析

1. 土地实体状况

依据国有土地使用证记载及现场查勘，估价对象所在宗地的实体状况描述如下：

（1）坐落：清泉经济开发区北区。宗地东至空地，南至企业用地，西至东莱街，北至永惠路。

（2）形状：估价对象宗地形状规则。

（3）地势：估价对象宗地地势较高。

（4）面积和用途：土地总面积为 20 067 m^2，登记用途为工业。

（5）基础设施完备程度：红线外已经达到“六通一平”，红线内“六通一平”。

（6）地基、水文状况：宗地内地基承载力足够，水文状况较好。

（7）周围环境：估价对象所在区域内无明显大气环境污染，无明显水环境污染，无噪声污染，区域绿化率一般，自然环境一般。周围治安状况较好，周围多为企业用地，产业聚集度较高。

（8）规划限制条件：符合规划要求，土地上已经建成工业用房。

2. 建筑物实体状况

见“第三部分　估价结果报告”中“四、估价对象”相关内容。

3. 实体状况对价格的影响分析

从估价对象的建筑设计、结构、举架等方面来讲，估价对象适宜作为工业用房使用，且与土地用途一致，周围配套设施较齐全，公用设施一般，产业聚集较高，两侧临街，位置较好。因此实体状况对价格无不良影响。

（二）估价对象权益状况描述与分析

1. 房屋登记状况

根据委托方提供的估价对象“房屋所有权证”，估价对象房屋权属登记信息详见前文表 5-2。

2. 土地登记状况

依据委托方提供的“国有土地使用证”，估价对象土地权属登记信息详见前文表 5-3。

3. 他项权利及限制权利状况

依据委托方提供的“房屋所有权证”“国有土地使用证”及与委托方沟通了解，在价值时点，产权清晰，无纠纷，估价对象已经设定了抵押他项权利。

4. 法定优先受偿权利情况

法定优先受偿款是指假定在价值时点实现抵押权时，法律规定优先于本次抵押贷款受偿的款额，包括发包人拖欠承包人的建筑工程价款，已抵押担保的债权数额，以及其他法定优先受偿款。

至价值时点，估价对象已经进行他项权利登记，此次评估为对同一抵押权利人的续贷房地产抵押估价，故此次评估的抵押价值未减去续贷对应的已抵押担保的债权数额。除已抵押的担保债权，该房地产在价值时点无其他法定优先受偿款。

5. 权益状况对价值的影响分析

根据此次估价目的，本次估价假定估价对象房地产权益完整、无争议，不考虑房屋租赁、抵押、按揭、查封等因素造成的权益缺损对其价值的影响。因此权益状况对价值无影响。

（三）区位状况描述与分析

1. 区域地理位置和经济发展水平

待估对象位于 L 市清泉经济开发区北区。L 市清泉经济开发区位于 D 省省会城市 L 市的东北近郊，是 D 省人民政府于 2003 年 7 月 15 日批准设立的省级经济开发区。开发区东西长 27.9 km^2，南北宽 21.9 km^2，区域面积 442.37 km^2，辖北湖、东湖、龙家三个建制镇，常住人口 13.4 万人。到 2015 年，地区生产总值达到 200 亿元，年均增长 19%，人均地区生产总值达到 8 万元，年均递增 7.8%；一般预算全口径财政收入要达到 18 亿元，年均增长 33.7%，地区生产总值对财政的贡献率要达到 9%；规模以上工业企业户数达到 450 户，年均增长 25.4%；固定资产投资累计完成 400 亿元。基础设施和公用设施较完善，其地理位置的优越性，其未来经济发展前景较好。

2. 交通条件

L 市清泉经济开发区交通便捷，四通八达。国道 102 线、LN 高速公路、省道 101 线、L 图铁路、L 石公路、LN 城际高速铁路、已经规划的机场快速路、轻轨、清双公路、北湖大街和 W 机场构筑了“八横两纵一空”的立体化交通格局，形成了陆空齐备的交通优势。开发区距 L 东外环高速公路出口仅 5 km，LN 高速公路在开发区 W 机场处设有出口。交通条件较好。

3. 基础设施和公用设施条件

区域内基础设施较好，主要为五通“通路、通电、通讯、通上水、通下水”，基本能满足生产的需求。公用设施一般，较难满足人们的日常生活需要。

4. 环境状况

估价宗地所在区域自然环境较好，人文环境条件较差；学校、医院、商场、农贸市场等配套设施的完善度较差。

5. 产业聚集度

待估宗地所在区域内企业数量较多,以投资 6 亿元的 L 市农业装备集团有限公司、投资 2 亿元的 L 北方机械有限公司为龙头，为 L 市清泉经济开发区机械加工业的发展注入了强力引擎，为机械加工业发展提供了广阔的配套空间。目前，开发区的机械加工项目已达 160 多个。产业集聚度较高。

6. 估价对象周围土地利用类型

估价对象周围土地利用类型以工业、农业用地为主，与估价对象的土地利用类型相协调。

二、市场背景描述与分析

1. 经济社会发展状况

2016 年，清泉区地区生产总值达到 441 亿元，是 2011 年的 1.5 倍；全社会固定资产投资达到 300 亿元，是 2011 年的 2.6 倍；全口径财政收入达到 23.6 亿元，是 2011 年的 1.3 倍；地方级财政收入达到 14.4 亿元，是 2011 年的 1.3 倍。三次产业比重调整为 1∶5∶4。招商引资完成内资 85 亿元、外资 1.25 亿美元，同比增长分别为 18%和 14%。工业经济在优化升级中快速发展。预计到年末，规工总产值实现 633 亿元，同比增长 15%；工业投资完成 190 亿元，同比增长 22%；利税实现 59.6 亿元，同比增长 15.5%；利润实现 46.1 亿元，同比增长 16.2%。

总的来看，清泉区 2016 年经济社会发展状况较好，2017 年，全年主要预期目标是：全区地区生产总值比上年增长 9%左右；一般预算全口径财政收入比上年增长 10%左右；地方级财政收入比上年增长 5.5%左右；全社会固定资产投资比上年增长 20%；城镇居民人均可支配收入和农村居民人均可支配收入分别比上年增长 9%和 10%。

从以上数据统计分析来看，清泉区经济社会发展状况继续保持稳中有进、稳中向好的发展态势。

清泉经济开发区是清泉区重点建设、招商的产业园区，由于其重要的交通位置和产业配套等方面的因素，受清泉区大环境的影响，其经济社会发展状况较好。

2. 房地产市场状况

按 D 省新一轮城镇土地分等表，清泉区为六等；近几年受国家政策的影响，清泉区的土地市场开始活跃。

随着国家房地产市场宏观调控措施相继出台，清泉区房地产市场开发投资增幅回落，市场步入平稳发展期。清泉区房地产面向所在区域的消费群体消费日趋理性，房地产价格不会有较大涨幅，未来清泉区地价水平由社会经济发展支撑，清泉区住宅房地产价格一直呈平稳变化状态，工业用地价格地价水平也将保持平稳增长态势。随着近年的人工费、原材料、土地价格的上涨因素的影响，工业用房的整体价格处于稳定上升的状态。

随着 D 省振兴“东北老工业基地”相关政策，清泉区也将出台相应政策，调整产业结构，鼓励企业建设开发，因此城区内工业用房整体价格呈上涨态势，且受其区域影响较大。但总体衡量，清泉区工业房地产价格平稳。北湖镇成为全省城镇化示范镇中的先行镇。工业园区达 11.5 km^2，城市功能区达 4.5 km^2，户籍人口城镇化率达 54.8%，工业经济总量占全市的 70%以上。随着国家政策引导、调控和清泉区经济的发展，原开发区的建设，土地供给充足，近几年清泉区土地价格水平无大的波动。

清泉经济开发区由于其特殊位置和经济发展状况，以及受清泉区相关政策等影响，其工业房地产价格也会趋于平稳发展。

3. 政策背景

2015—2016 年，随着国家出台相关房地产调控政策，清泉区也出台了相应政策，以加强供给侧结构性改革，加大房地产去库存力度，进一步促进住房消费，稳定房地产市场。随着清泉区招商引资政策的大力推行，加大开发区的建设和基础配套，以及土地供给的增加等政策的实施，清泉区工业房地产的价格平稳发展。

4. 供求状况

供求状况受经济的发展和开发区建设等因素的影响。

2016—2017 年清泉区严格按照各工业园区、开发小区功能定位、产业政策和主导发展方向，优先安排工业建设项目用地供应，从严从紧控制开发区内经营性房地产开发用地总量，防止挤占工业项目用地。2017 年，随着清泉区的经济发展和产业结构的调整，工业用地及其他产业用地，供给也会相应增加。总体来看市场还是处于供求相对平衡的状态，因而工业房地产供求相对平衡。

5. 影响房地产估价因素分析

（1）区域因素

是指房地产所处地区的环境特点。主要有商业服务业的繁华程度，道路交通的通畅程度，交通便捷程度和城市基础设施的状况等。

区域因素包括交通状况、公共设施、配套设施、学校、医院、商业网点、环境状况等。例如，地处交通便利城区的房地产价格较高，交通不方便的郊区房地产价格偏低。

对于工业房地产，区域因素主要是指交通便捷程度、基础设施完善程度、供求状况、产业聚集度、距离货物集散地距离等。

（2）个别因素

是指估价对象本身房地产所具有的，与一般房地产有别的特性，对于工业类房地产，影响其估价因素的个别因素主要指层高、设施的完备程度、质量、结构等。

三、估价对象最高最佳利用分析

最高最佳利用原则要求房地产估价要以估价对象的最高最佳利用为前提。所谓最高最佳利用，是估价对象的一种最可能的利用，这种最可能的利用方式是指法律上允许，技术上可能，经济上可行，并通过“三个原理”和“五个前提”分析，经充分合理论证，能给估价对象带来最高价值的利用方式。

（一）最高最佳利用分析真正体现了估价的客观性

衡量、判断估价对象房地产是否处于最优利用状态主要从下列方面考虑：

（1）法律上允许（规划及相关政策法规许可）。对于每一种潜在的利用方式，首先检查其是否为法律所允许。如果法律是不允许的，应被淘汰。

（2）技术上可能。对于法律所允许的每一种利用方式，要检查它在技术上是否能够实现，包括建筑材料性能、施工技术手段等能否满足要求。如果是技术上达不到的，应被淘汰。

（3）经济上可行。对于法律上允许、技术上可能的每一种利用方式，还要进行经济可行性检验，只有未来收入现值大于未来支出现值的利用方式才具有经济可行性，否则应淘汰。

（4）价值最大。在所有具有经济可行性的利用方式中，能使估价对象的价值达到最大的利用方式，才是最高最佳的利用方式。

（二）从三个原理分析最高最佳利用

（1）收益递增递减原理：通过收益递增递减原理分析可以确定估价对象的最佳集约度和最佳规模。

（2）均衡原理：是以估价对象的内部各构成要素的组合是否均衡，来判定估价对象是否为最高最佳利用。

（3）适合原理：是以估价对象与其外部环境是否协调，来判定估价对象是否为最高最佳利用。

（三）从五个估价前提分析最高最佳利用

（1）保持现状前提：认为对现有房地产保持现状、继续使用最为有利时，应以保持现状、继续使用为前提进行估价。

（2）装饰装修改造前提：认为对现有房地产进行装饰、装修、改造但不改变用途，再予以利用最为有利时，应以装饰、装修、改造但不改变用途，再予以利用为前提。

（3）改变用途前提：认为改变现有房地产的用途再予以利用最为有利时，应以改变用途，再予以使用为前提进行估价。

（4）重新开发前提：认为对现有房地产进行重新开发再予以利用最为有利时，应以重新开发，再予以使用为前提进行估价。

（5）上述情形的某种组合：认为上述情形的某种组合最为有利时，应以这种组合为最高最佳利用。

估价对象现为工业用房，根据合法性原则，结合“三个原理”及“五个前提”的分析，认为估价对象保持现状作为工业用房为其最高最佳利用用途，因此确定估价对象作为工业用房为最高最佳利用。

四、估价方法适用性分析

（一）依据《房地产估价规范》（GB/T 50291–2015）

估价方法通常有比较法、收益法、假设开发法及成本法四种。比较法适用于同类房地产交易案例较多的估价，收益法适用于有收益或有潜在收益的房地产估价，假设开发法适用于具有投资开发或再开发潜力的房地产的估价，成本法适用于因无市场依据或市场依据不充分而不宜采用比较法、收益法、假设开发法进行估价的情况下的房地产估价。

（二）选用房地分估法的理由

本次估价目的所对应的价值定义，是对已建成的房地产进行现有价值的估价。通过实地勘察，分析项目的特点，调查周边区域并分析有关资料，根据估价对象场所的特点和实际情况，进行评估方法的具体选择。本次估价采用房地分估法进行评估，采用成本法对房产进行评估，采用市场比较法和成本逼近法对土地进行评估。

（三）未选用其他估价方法的理由

（1）估价对象为已建成的房地产，不属于“待开发房地产”或者不符合重新开发为最高最佳使用原则，故不采用假设开发法。

（2）估价对象房产占地面积较大，容积率较小，市场上类似房地产交易案例较少，交易案例与估价对象的差异性较大，故对估价对象房地产整体未采用比较法。

（3）由于估价对象建筑占地面积较大，所在区域内类似房地产出租收益较难确定，收益法中的相关参数难以取得，故不采用收益法。

（四）估价方法介绍

1. 成本法

（1）定义

成本法是测算估价对象价值时点的重置成本或重建成本和折旧，将重置成本或重建成本减去折旧得到估价对象价值或价格的方法。

（2）基本公式

房屋重置价格＝重置成本＝建筑安装工程费＋前期费及配套费＋管理费＋销售费用＋投资利息＋销售税金＋投资利润

房屋评估价值＝房屋重置价格×成新率

（3）操作步骤

①分析待故房地产的价格构成；②搜集相关成本数据；③测算房屋的重置价格；④测算房屋成新率；⑤求取估价对象评估价值

2. 土地价值测算采用了市场比较法和成本逼近法进行评估

（1）市场比较法。根据替代原则，将评估土地与在较近时期内已经发生交易的类似土地实例进行对照比较，并依据后者已知的价格，参照该土地的交易情况、交易日期、区域以及个别因素等差别，修正得出待估土地在评估基准日地价的方法。

（2）成本逼近法。以开发土地所耗费的各项费用之和为主要依据,再加上一定的利润、利息、应缴纳的税金和土地所有权收益来确定土地价格的估价方法。

五、估价测算过程

（一）建筑物价值的测算

1. 重置成本的确定

评估人员首先根据被评估建筑物在建筑规模、建筑结构、建筑质量等方面的特殊情况，具体分析，明确重点，依据当地建设管理部门关于建筑工程造价的有关规定，及当地的工程造价水平，合理确定建筑安装工程费。在此基础上，考虑必要的前期费及配套费、管理费、销售费用、投资利息、销售税金、投资利润，确定建筑物的重置成本。计算公式为

重置成本＝建筑安装工程费＋前期费及配套费＋管理费＋销售费用＋投资利息＋销售税金＋投资利润

（1）建筑安装工程费的确定

建筑安装工程费包括：土建成本造价、电器设备线路及安装、消防设施建设费、上下水管网建设费及其他一些装饰装修费用等。依据估价对象的结构特点、设施设备的齐全程度、装饰装修等特点，参照D省建设工程造价网公布的相关造价信息，结合相关类似工程造价信息及2016年下半年相关工程施工定额，结合估价对象实际情况，综合确定建筑安装工程费用为1 683元/m^2。

（2）前期费、配套费

房屋建设的前期费用一般包括规划设计费、工程勘察费、工程设计费、地位放线费、规划测量费、防雷审图费、图纸审查费等费用，配套费一般包括城市基础设施配套费、城市消防配套设施费，行政事业性收费一般包括新型墙体材料专项基金、环境监测服务费、环保排污费等。如表5-5所示。

表 5-5　建筑物前期费、配套费

序号	费用名称	费率或费用标准	计算公式	取价依据
1	勘察设计费	3.50%	建安总造价×费率	国家计委、建设部（计价格〔2002〕10 号）
2	建设工程监理费	2.70%	建安总造价×费率	发改价格〔2007〕670 号
3	招标代理服务费	0.50%	建安总造价×费率	国家计委（计价格〔2002〕1980 号）
4	环境影响咨询费	0.10%	建安总造价×费率	计价格〔2002〕126 号《关于规范环境影响咨询收费有关问题的通知》
5	安全评价费	0.30%	建安总造价×费率	D 省安全评价行业自律价格标准（试行）说明（2007 年 5 月 26 日）
6	前期工作咨询费	0.50%	建安总造价×费率	计价格〔1999〕1284 号《建设项目前期工作咨询收费暂行规定》
7	施工场地平整费	15 元/m^2	建筑面积×费用标准	
8	面测绘费	2.72 元/m^2	建筑面积×费用标准	D 测函字〔2002〕23 号
9	城市基础设施配套费	20 元/m^2	建筑面积×费用标准	D 省价经字〔2003〕25 号
10	城市消防配套设施费	2 元	—	D 省价经字〔2003〕25 号
11	新型墙体材料专项基金	10 元/m^2	建筑面积×费用标准	D 财非税综〔2009〕463 号
12	消防设施建设费	5 元/m^2	建筑面积×费用标准	D 省价经字〔2003〕25 号
13	环保排污费	1 元/m^2	建筑面积×费用标准	国务院令第 369 号、国家四部委令第 31 号

前期费、配套费＝1 683×7.6%＋55.27≈183.18（元/m^2）

（3）管理费

根据财政部规定（财建〔2002〕394 号）、整个项目的投资规模及 D 省地方相关规定，管理费用前两项之和的 3%。

管理费＝（1 683＋183.18）×3%≈55.99（元/m^2）

（4）销售费用

是指房地产在销售过程中所发生的费用，一般包括广告费、销售佣金、代销手续费等，考虑估价对象的规模和市场状况，此次评估取房屋价值（即房屋重置成本）的 1.5%。

销售费用＝重置成本×1.5%

（5）投资利息

以房地产开发投资资金为基数，结合开发项目的投资规模，设定开发周期为 1 年，贷款基准利率按 2015 年 10 月 24 日中国人民银行公布的一年的贷款利率 4.35%，假设开发成本费用均匀投入，计息期为开发期的一半，按复利计息，则

投资利息＝$[(1+4.35\%)^{\frac{1}{2}}-1]\times(1683+183.18+55.99)\approx41.36$（元）

（6）投资利润

投资利润是指开发不动产时，在销售不动产时所能实现的一般的平均的利润水平，一般按重置成本的一定比率计算，根据估价对象的特点及不动产开发的平均利润率水平，此次评估利润率确定为 15%。

投资利润＝重置成本×15%

（7）销售税金

根据《营业税改征增值税试点实施办法》和《房地产开发企业销售自行开发的房地产项目增值税征收管理暂行办法》，增值税的计税方法包括一般计税方法和简易计税方法。房地产开发企业中的一般纳税人，销售自行开发的房地产老项目，可以选择简易计税方法，按照5%的征收率计税；房地产开发企业中的小规模纳税人，销售自行开发的房地产项目，按照5%的征收率计税。城市维护建设税取增值税的5%，教育费附加取增值税的3%，地方教育附加取增值税的2%。合计税率为5.24%。

销售税金＝重置成本×5.24%

通过上述计算可得出：

重置成本＝1 683＋183.18＋55.99＋重置成本×1.5%＋41.36＋重置成本×15%＋重置成本×5.24%

重置成本≈2 509（元/m^2）

可以得出：销售税金≈131.42（元/m^2）

投资利润≈376.35（元/m^2）

销售费用≈37.64（元/m^2）

2. 成新率的确定

（1）年限法成新率

由于估价对象建成于2015年，至估价已使用2年，根据国家建设部、财政部联合颁发的建综〔1992〕349号文《不同建筑结构房屋耐用年限的规定》，钢结构生产用房经济寿命为70年，经估价人员现场勘察，估价对象实体状况较好，维修保养较好，确定尚可使用年限为68年，由于国有土地使用权至价值时点剩余使用年限为45.8年，则其成新率为

年限法成新率＝尚可使用年限÷（尚可使用年限＋已使用年限）×100%

＝45.8÷（45.8＋2）×100%≈96%

（2）打分法成新率

按照1984年原城乡建设环境保护部关于测算建筑物成新率的标准结合建筑物的实际损耗情况，进行现场察看后，分别对建筑物的结构、装修、设备三部分进行打分，并依据权重系数计算出建筑物的成新率。本次评估成新率取整为94%。现场勘查法求取过程详见表5-6。

（3）综合成新率的测算

根据房屋的建成年限和施工质量、维护状况，采用算术平均法确定综合成新率，年限法成新率取5%，打分法成新率取5%。

综合成新率＝96%×5%＋94%×5%＝95%

3. 评估值的确定

评估单价＝建筑物重置单价×成新率＝2 509×95%≈2 384（元/m^2）

评估总价＝评估单价×建筑面积＝2 384×7 488.06

＝17 851 535.04（元）≈1 785.15（万元）

表 5-6 建筑物现场勘查打分表

分项		评定依据	标准分	分数
结构	①基 础	有足够承载能力，稍有均匀下沉	25	24
	②承重构件	稍有变形、裂缝	25	24
	③非承重构件	平整完好、无倾斜	15	15
	④屋 面	完好平整、不渗漏、稍有破损	20	19
	⑤楼地面	整体面层平整牢固，稍有裂缝、起砂	15	13
	小计：(①+②+③+④+⑤)×0.85			80.75
装饰	⑥门 窗	完好无损、开关灵活、个别零件不灵活	25	24
	⑦外粉饰	完整、粘贴牢固、无空鼓、裂缝、稍有破损	20	18
	⑧内粉饰	稍有空鼓、裂缝	20	18
	⑨顶 棚	无明显变形、下垂、稍有裂缝	20	18
	⑩细木装修	稍有松动、无残缺	15	13
	小计：(⑥+⑦+⑧+⑨+⑩)×0.14			12.74
设备	⑪水 卫	上下水通畅、无锈蚀、器具基本完好	40	35
	⑫电 照	线路、装置基本完好、绝缘基本良好	25	25
	⑬暖 气	设备、管道基本完好，无堵、冒滴，使用正常	35	35
	小计：(⑪+⑫+⑬)×0.01			0.95
勘察成新率合计/%				94.44

（二）土地使用权价值的测算

1. 估价方法的选择

根据《城镇土地估价规程》(以下简称《规程》)，通用的地价估价方法有市场比较法、收益还原法、剩余法（假设开发法）、成本逼近法、基准地价系数修正法等。估价方法的选择应按照《规程》，根据当地地产市场发育情况并结合估价对象的具体特点及估价目的，选择适当的估价方法。

根据估价对象的具体情况、各估价方法的特点及应用条件和评估资料的占有情况，结合清泉区土地市场状况。

1）本次评估宗地同一区域或相类似区域近年内土地交易案例较多，故采用市场比较法。

2）由于估价对象为开发完成用地、地上已经建成工业用房，故不选用假设开发法。

3）由于清泉区市近几年征地公告透明，征地成本等信息清楚依据充分，故待估宗地评估适合采用成本逼近法。

4）在待估宗地所处区域内通过单纯的土地出租获得稳定收益的情况很少，通过对租金进行收益剥离的方法确定土地的客观收益具有很大不确定性,因此不适合采用收益还原法进行评估。

5）清泉区基准地价未公布其修正体系和相关参数，故不适于采用基准地价系数修正法。

综上所述，评估人员应选择合适且可以取得有效资料的评估方法，因此本次评估采用市场比较法进行评估和成本逼近法进行评估。

市场比较法：在求取一宗评估土地的价格时，根据替代原则，将评估土地与在较近时期内已经发生交易的类似土地实例进行对照比较，并依据后者已知的价格，参照该土地的交易情况、交易日期、区域以及个别因素等差别，修正得出待估土地在评估基准日地价的方法。其计算公式为：

$$PD = PB \cdot A \cdot B \cdot D \cdot E \cdot F$$

式中，PD——待估宗地价格；

PB——比较案例宗地价格；

$A = \dfrac{\text{待估宗地交易情况指数}}{\text{比较案例宗地交易情况指数}}$；

$B = \dfrac{\text{比较案例宗地估价基准日地价指数}}{\text{待估宗地价基准日地价指数}}$；

$D = \dfrac{\text{待估宗地区域因素条件指数}}{\text{比较案例宗地区域因素条件指数}}$；

$E = \dfrac{\text{待估宗地个别因素条件指数}}{\text{比较案例宗地因素个别因素条件指数}}$；

$F = \dfrac{\text{待估宗地年期修正系数}}{\text{比较案例宗地年期修正系数}}$。

2. 估价测算过程

1）市场比较法比较案例的选择

（1）通过调查了解分析，我们选择了与待估宗地条件类似的 3 个比较案例，具体选择原则和案例条件描述如下：

①选择原则

与待估宗地在同一供需圈或相类似的供需圈，与待估宗地用途应相同，与待估宗地的交易类型相同，与待估宗地的估价期日应接近。

比较案例交易类型必须为正常交易，或可修正为正常交易。

②根据上述原则选取下面三个案例。

案例 A：位于丙二十七路以南，丙二十五街以西，机场辅路以北，双泉村五社村屯东空地以东。电子监管号为 2201812017B00150，出让时间 2017 年 6 月 19 日，地块出让面积为 31 287 m^2，用途工业，出让年限为 50 年，红线外开发程度为“五通一平”，单价 210 元/m^2。

案例 B：位于甲十路以南，东莱街以西，永惠路以北，龙腾街以东。电子监管号为 2201812016B01166，出让时间 2016 年 11 月 3 日，地块出让面积为 15 840 m^2，用途工业，出让年限为 50 年，红线外开发程度为“五通一平”，单价 186 元/m^2。

案例 C：位于甲十路以南，东莱街以西，永惠路以北，龙腾街以东。电子监管号为 2201812016B01172，出让时间 2016 年 11 月 3 日，地块出让面积为 40 064 m^2，用途工业，出让年限为 50 年，红线外开发程度为“五通一平”，单价 186 元/m^2。

（2）比较因素的选择

根据待估宗地和比较案例用地的特殊性以及用地的一般条件要求，按照土地估价技术规程要求，本项评估选择比较因素如下：

①交易时间：确定地价指数。

②交易情况：是否为正常、公开、公平、自愿的交易。

③土地使用权年限：将可比实例使用权年限修正到待估对象使用权年限。

④交易类型：是否为出让、转让交易类型。

⑤区域因素：主要有对外交通便捷度、交通管制、道路通达度、距货物集散地距离、道路体系、基础设施状况、环境状况、工业区成熟度、行政因素。

⑥个别因素：主要指地形条件、地势条件、地质条件、水文条件、面积、临路状况、宗地形状、土地利用限制、土地开发程度、土地权利状况。

比较因素条件说明表

（3）宗地比较案例的状况说明表

扫描二维码，阅读相关材料。

（4）编制比较因素条件指数表

根据待估宗地与比较案例各种因素具体情况，编制比较因素条件指数表。比较因素指数确定如下：

①待估宗地与三个比较案例的土地用途、交易情况一致，故对这些影响地价的因素不作修正；待估宗地与三个比较案例的交易类型都能充分体现市场价值，故对交易类型也不作修正。

②比较实例的交易日期与估价期日相距相差一年多，经过估价师调查清泉区工业用地近两年的挂牌结果，编制价格指数表，以 2016 年 11 月 3 日为基期指数为 100，则 2017 年 6 月 19 日指数为 100，2017 年 6 月 28 日指数为 100。

③土地使用年限修正系数

土地使用年限修正系数公式为

$$K=\frac{1-1\div(1+r)^{n}}{1-1\div(1+r)^{m}}$$

式中，K——使用年限修正系数；

r——土地还原利率 6%；

n——待估宗地使用权年期；

m——比较案例宗地土地使用年限。

（5）区域及个别因素修正系数

①区域因素

a. 对外交通便捷度：分为便捷、较便捷、一般、不便捷四个等级，以待估宗地对外交通便捷度为100，每上升或下降一个等级，指数上升或下降2%。故比较案例A、B、C指数均为100。

b. 交通管制：分为有较强管制、一般管制、无管制三个级别，以待估宗地交通管制为100，每上升或下降一个等级，指数上升或下降2%。故比较案例A、B、C指数均为100。

c. 道路通达度：分为一般、较高、高三个级别，以待估宗地道路通达度为100，每上升或下降一个等级，指数上升或下降2%。故比较案例A、B、C指数均为100。

d. 距货物集散地距离：分为远、一般、近三个级别，以待估宗地距货物集散地距离为100，每上升或下降一个等级，指数上升或下降3%。故比较案例A、B、C指数为100。

e. 道路体系：分为主干道、主次干道、次干道、支路四个级别，以待估宗地道路体系为100，每上升或下降一个等级，指数上升或下降3%。故比较案例A、B、C指数均为100。

f. 基础设施状况：分为红线外七通、六通、五通、三通四个级别，以待估宗地基础设施状况为100，每上升或下降一个等级，指数上升或下降2%。故比较案例A、B、C指数均为100。

g. 环境状况：分为无污染、一般污染、严重污染三个等级，以待估宗地环境状况为100，每上升或下降一个等级，指数上升或下降3%。故比较案例A、B、C指数均为100。

h. 工业区成熟度：分为一般、较高、高三个等级，以待估宗地指数为100，每上升或下降一个等级，指数上升或下降5%。故比较案例A指数为103，B、C指数均为100。

i. 行政因素：分为差、一般、较好、好四个级别，以待估宗地指数为100，每上升或下降一个等级，指数上升或下降3%。故比较案例A、B、C指数均为100。

②个别因素

a. 地形条件：分为山坡地（或不平坦）、坡度一般、平坦三个等级，以待估宗地指数为100，每上升或下降一个等级，指数上升或下降3%。故比较案例A、B、C指数均为100。

b. 地势条件：分为高亢、较高亢、一般、低洼四个等级，以待估宗地指数为100，每上升或下降一个等级，指数上升或下降3%。故比较案例A、B、C指数均为100。

c. 地质条件：分为差、一般、较好、好四个级别，以待估宗地指数为100，每上升或下降一个等级，指数上升或下降1%。故比较案例A、B、C指数均为100。

d. 水文条件：分为差、一般、较好、好四个级别，以待估宗地指数为100，每上升或下降一个等级，指数上升或下降1%。故比较案例A、B、C指数均为100。

e. 面积：分为10 000 m^2以下，10 000～20 000 m^2、20 000～50 000 m^2、50 000 m^2以上四个级别，以待估宗地指数为100，每上升或下降一个等级，指数上升或下降1%。

故比较案例 A、C 指数均为 100，案例 B 指数为 99。

f. 临路状况：分为临国道、临县道、临一般道路，以待估宗地指数为 100，每增加或减少临街数，条件指数上升或下降 1%。故比较案例 A 指数为 100，B、C 指数均为 102。

g. 宗地形状：分为不规则、较规则、规则三等级，以待估宗地指数为 100，每上升或下降一个等级，指数上升或下降 0.5%。故比较案例 A、B、C 指数均为100。

h. 土地利用限制：主要指容积率限制，根据《D 省人民政府关于节约集约用地的若干意见》（D 政发〔2012〕31 号），工业用地，在符合规划，不改变用途的前提下，提高土地利用率和增加容积率的，不再增收土地价款，故以待估宗地指数为100，比较案例 A、B、C 不进行修正，指数均为 100。

i. 土地开发程度：待估对象红线外为“三通一平”，估价案例均为“三通一平”，故以待估宗地指数为 100，比较案例 A、B、C 指数取 100。

j. 土地权利状况：分为不完整、完整两个级别；以待估宗地指数为 100，每上升或下降一个等级，指数上升或下降 5%。故比较案例 A、B、C 指数均为 100。

根据以上比较因素指数的说明，编制比较因素条件指数表，扫描二维码阅读。

比较因素条件指数表

（6）编制比较因素修正系数表

扫描二维码，阅读相关材料。

估价师针对上述案例 A、B、C 进行综合分析，结合估价时点工业用地市场价格和本次评估对象的实际综合情况。由于比较案例与估价对象处于同一供求圈，替代性较强，并且均反映了待估对象区域内类似地块的市场价格。最终取三个比较价格的简单算术平均值作为最终比较价格。

比较因素修正系数表

比较价格＝（201＋181＋179）/3＝187（元/m^2）

2）成本逼近法

成本逼近法是以开发土地所耗费用之和为主要依据，再加上一定利润、利息、应缴纳的税金和土地增值收益来确定土地价格的估价方法。其基本公式为

地价＝土地取得费及相关税费＋土地开发费＋投资利息＋投资利润＋土地增值收益

（1）土地取得费及相关税费的确定

土地取得费指待估宗地所在区域征用同类土地所支付的平均费用。评估人员的现场调查，待估宗地类似区域为旱田，依据《清泉区人民政府土地征收补偿公告》，及对当地近三年旱田的每平方米年产值的调查，综合确定年产值为 1.5 元/m^2。

①土地补偿费

估价人员通过对近几年清泉区人民政府征用土地标准的调查了解及《清泉区人民政府征地补偿公告》，每平方米土地补偿费按每平方米产值的 6 倍计算，则

土地补偿费＝1.5×6＝9（元/m^2）

②安置补助费

估价人员通过对近几年清泉区人民政府征用土地标准的调查了解及《清泉区人民政府征地补偿公告》，每平方米安置补助费取每平方米产值的15倍，则

安置补助费＝1.5×15＝22.5（元/m^2）

③青苗及地上物补偿费

《D省土地管理条例（修订）》第二十七条规定“被征用土地的青苗补偿费按一个栽培期产值计算”，即1.5元/m^2。

④耕地开垦费

依据《D省土地管理条例》（修订）第十六条的规定：“非农业建设占用耕地，没有条件开垦或者开垦的耕地不符合要求的，应当按照规定缴纳耕地开垦费，专款用于开垦新的耕地。耕地开垦费的收取标准，按该地被占用前三年平均年产值计算，基本农田十至十五倍，一般耕地三至五倍。”根据评估人员现场调查，待估宗地周边区域内大部分为一般耕地，所以本次评估耕地开垦费取年产值的5倍。

耕地开垦费＝1.5×5＝7.5（元/m^2）

⑤防洪基础设施建设基金

根据D省人民政府令（105）号《D省防洪基础设施建设资金征收使用办法》第七条：“非农业建设征用土地的单位和个人，按征地面积，菜田每平方米1.80元、水田每平方米1.50元、其他土地每平方米1.20元计征。”评估宗地为旱田，即1.2元/m^2。

⑥耕地占用税

根据清泉市人民政府办公室2009年3月30日印发《九府关于确定清泉市耕地占用税适用税额的通知》和调查当地税务局了解，清泉经济开发区（卡伦镇）耕地占有税为25元/m^2。

⑦用地管理费

根据D省财政厅、D省物价局文件《关于公布取消和调整部分省级行政事业性收费的通知》（D财非税〔2015〕579号）中规定取消用地管理费，故本次评估中用地管理费取0元。

⑧征地管理费

依据财政部发布《关于取消、停征和免征一批行政事业性收费的通知》（财税〔2014〕101号）征地管理费取消，故本次评估中征地管理费取0元。

⑨土地取得费

土地取得费＝9＋22.5＋1.5＋7.5＋1.2＋25＋0＋0＝66.70（元/m^2）

（2）确定土地开发费

通过对评估宗地开发程度的调查与分析，宗地红线外的开发程度达到五通（通路、通电、通信、通上水、通下水）及土地平整。调查评估宗地所在区域类似开发费用，

此次评估宗地土地开发费用取 75 元/m^2。

（3）投资利息

根据待估宗地规模，调查当地同类用途用地平均开发周期，确定开发周期为一年，因此本项评估开发周期设定为一年。土地取得费及相关税费为一次性投入，土地开发费在整个开发期内均匀投入，计息期为一年。以 2015 年 10 月 24 日调整利率后中国人民银行公布的 1 年期贷款利息率 4.35%计，则

投资利息＝66.70×4.35%＋75×4.35%÷2≈4.53（元/m^2）

（4）投资利润

投资利润是指把土地作为一种生产要素投入，与固定资产投入共同发挥作用，则投资利润应与行业投资回报相一致。根据清泉区同行业的年投资利润率和 L 市土地开发社会利润情况，投资利润率幅度一般为 10%～20%，考虑到待估宗地土地开发投资的实际情况及本次估价目的，评估人员以资金投资回报率 10%作为该项目的土地投资利润率，则

投资利润＝（66.70＋75）×10%＝14.17（元/m^2）

（5）土地增值收益

根据对清泉区土地市场收益情况的分析，清泉区区工业用地土地增值收益率一般为 20%～40%，考虑评估宗地所在区域开发程度并结合周围的实际情况，确定土地增值收益按土地成本价格的 30%计，则

土地增值收益＝（66.70＋75＋4.53＋14.17）×30%＝48.12（元/m^2）

（6）无限年期土地价格

根据成本逼近法计算地价公式测算出的价格为无限年期土地价格，则

无限年期土地价格＝66.70＋75＋4.53＋14.17＋48.12＝208.52（元/m^2）

（7）年期修正

由于成本逼近法计算出的土地价格是无限年期的土地价格，而评估价格应为有限年期价格，因此应进行适当的年期修正，根据 L 市基准地价公布内容，确定土地还原利率取 6%。估价基准日为 2017 年 6 月 28 日，至估价基准日，宗地剩余使用年限为 45.8 年。

根据年期修正系数公式：

宗地年期修正系数＝1－1/[（1＋6%）]$^{45.8}$≈0.930 7

（8）单位面积地价

宗地单位面积地价＝208.52×0.930 7≈194.07（元/m^2）

（9）区域因素和个别因素修正

根据评估宗地所处的位置、临街状况、开发程度等，综合确定区域因素和个别因素修正系数和为 0。

区域因素和个别因素修正系数表

扫描二维码，阅读相关材料。

则以宗地成本逼近法计算单价＝194.07×（1－0）＝194.07（元/m^2）

3）土地总价值

经过测算，得到两种结果。成本逼近法结果为 194.07 元/m^2，市场比较法的结果为 187 元/m^2。两种方法的结果均符合清泉区工业用地的土地市场行情，两种结果相差较小。

因为成本逼近法采用了价值时点的征地成本、土地开发成本等参数，所以测算出的结果相对来说能较客观反映市场价格，我们认为成本逼近法的选用是可行的。测算过程是合理的，测算的地价结果也是可信的。目前清泉区类似工业用地出让资料齐全，案例较多，均位于类似区域，替代性较好，因此采用市场比较法评估能很好地反映市场价格水平。采用这种方法是合适可行的，方法的使用及测算过程是合理的，测算结果是可信的。两种方法从不同角度反映了土地的市场价格，故取两种方法的简单算术平均值作为本次评估土地使用权价格（单位地价取整数；总地价以"万元"为单位，保留小数点后两位）。

单位面积地价＝（194.07＋187）÷2≈191（元/m^2）

评估土地总地价＝191×20 067＝3 832 797（元）≈383.28（万元）

（三）房地产总价的确定

房地产总价＝建筑物评估总价＋土地评估总价

＝1 785.15＋383.28＝2 168.43（万元）

六、估价结果的确定

1. 市场价格的确定

本公司根据此次估价目的，在认真分析委托方提供的资料以及估价人员现场查勘及市场调查取得的资料基础上，遵循估价原则，结合估价经验，采用科学的估价方法，经过测算，确定估价对象在价值时点的市场价值为：人民币 2 168.43 万元（其中土地使用权价值合计为 383.28 万元），金额大写（人民币）：贰仟壹佰陆拾捌万肆仟叁佰元整。明细见表 5-7。

表 5-7 评估结果表

序号	产权证号	名称	面积/m^2	单价/(元/m^2)	评估总价/万元
1	清房权证字第 2014028316 号	车间	7 488.06	2 384	1 785.15
2	清国用（2015）第 811000108 号	土地	20 067	191	383.28
合计					2 168.43

2. 法定优先受偿额的确定

根据委托方提供的资料及估价人员调查得知，法定优先受偿额合计为 0 元。

（1）在价值时点无拖欠建筑工程价款事项；

（2）在价值时点未设立的担保的债权。

3. 房地产抵押价值的确定

房地产抵押价值等于市场价值减去房地产估价师知悉的法定优先受偿款。

抵押价值＝2 168.43－0＝2 168.43（万元）

人民币大写：贰仟壹佰陆拾捌万肆仟叁佰元整。

七、案例点评

本报告规范，内容翔实，对抵押价值的内涵把握准确。

本报告的委估对象为一处厂房，估价师采用房地分估的方式，先用成本法计算出建筑物价值，再计算出土地价格，最后相加得到委估标的总价值。从估价对象及估价目的看，选用估价方法得当，技术路线较清晰。

存在的问题主要有以下几点：

（1）评估范围没有进行界定。

（2）价值时点没有明确是否为房地产估价师现场查勘日期。

（3）建安造价的确定方面，虽然房地产估价师列举了一系列依据，但是并没有根据这些依据得出结论的测算过程，导致结论缺乏可信度。

（4）土地测算过程中写出了土地估价方法的选择过程，这个与房地产报告整体要求有冲突，这个内容应该写在技术报告“评估方法适用性分析”部分。

（5）技术报告中对市场背景、最高最佳利用的分析还不够充分。

项目十八　房屋征收估价

一、房屋征收补偿基本内容

1. 房屋征收补偿含义

《国有土地上房屋征收与补偿条例》第三条：“为了公共利益的需要，征收国有土地上单位、个人的房屋，应当对被征收房屋所有权人（以下称被征收人）给予公平补偿。”

2. 房屋征收补偿形式

被征收人可以选择货币补偿，也可以选择房屋产权调换。

3. 房屋征收补偿内容

《国有土地上房屋征收与补偿条例》第十七条：“作出房屋征收决定的市、县级人民政府对被征收人给予的补偿包括：（1）被征收房屋价值的补偿；（2）因征收房屋造成的搬迁、临时安置的补偿；（3）因征收房屋造成的停产停业损失的补偿。市、县级人民政府应当制定补助和奖励办法，对被征收人给予补助和奖励。”

4. 征收补偿价值含义

《国有土地上房屋征收与补偿条例》第十九条：“对被征收房屋价值的补偿，不得低于房屋征收决定公告之日被征收房屋类似房地产的市场价格。被征收房屋的价值，由具有相应资质的房地产价格评估机构按照房屋征收评估办法评估确定。”

《国有土地上房屋征收评估办法》第十一条：“被征收房屋价值是指被征收房屋及其占用范围内的土地使用权在正常交易情况下，由熟悉情况的交易双方以公平交易方式在评估时点自愿进行交易的金额，但不考虑被征收房屋租赁、抵押、查封等因素的影响。前款所述不考虑租赁因素的影响，是指评估被征收房屋无租约限制的价值；不考虑抵押、查封因素的影响，是指评估价值中不扣除被征收房屋已抵押担保的债权数额、拖欠的建设工程价款和其他法定优先受偿款。”

5. 征收补偿协议内容

《国有土地上房屋征收与补偿条例》第二十五条：“房屋征收部门与被征收人依照本条例的规定，就补偿方式、补偿金额和支付期限、用于产权调换房屋的地点和面积、搬迁费、临时安置费或者周转用房、停产停业损失、搬迁期限、过渡方式和过渡期限等事项，订立补偿协议。补偿协议订立后，一方当事人不履行补偿协议约定的义务的，另一方当事人可以依法提起诉讼。”

二、房屋征收评估的基本内容

1. 房屋征收评估主体

房屋征收评估主体涉及委托方、评估机构和被征收人。

《国有土地上房屋征收与补偿条例》第二十条：“房地产价格评估机构由被征收人协商选定；协商不成的，通过多数决定、随机选定等方式确定，具体办法由省、自治区、直辖市制定。房地产价格评估机构应当独立、客观、公正地开展房屋征收评估工作，任何单位和个人不得干预。”

《国有土地上房屋征收评估办法》第六条：“房地产价格评估机构选定或者确定后，一般由房屋征收部门作为委托人，向房地产价格评估机构出具房屋征收评估委托书，并与其签订房屋征收评估委托合同。”

2. 房屋征收评估对象与评估范围

房屋征收补偿评估的对象：为了公共利益需要，征收的国有土地上单位、个人的房屋。

评估对象应当全面、客观，不得遗漏、虚构。房屋征收部门应当向受托的房地产估价机构提供征收范围内房屋情况，包括已经登记的房屋情况和未经登记建筑的认定、处理结果情况。

被征收房屋评估范围包括合法的被征收建筑物及其占用范围内的建设用地使用权和其他不动产，不包括违法建筑和超过批准期限的临时建筑。

3. 房屋征收评估目的

被征收房屋价值评估目的应当表述为："为房屋征收部门与被征收人确定被征收房屋价值的补偿提供依据，评估被征收房屋的价值。"

用于产权调换房屋价值评估目的应当表述为："为房屋征收部门与被征收人计算被征收房屋价值与用于产权调换房屋价值的差价提供依据，评估用于产权调换房屋的价值。"

4. 房屋征收评估的价值时点

被征收房屋价值评估的价值时点为房屋征收决定公告之日。

产权调换房屋价值评估是价值时点应当与被征收房屋价值评估价值时点一致。

5. 影响房屋征收评估价值的因素

被征收房屋价值评估应当考虑被征收房屋的区位、用途、建筑结构、新旧程度、建筑面积以及占地面积、土地使用权等情况。

被征收房屋室内装饰装修价值，机器设备、物资等搬迁费用，以及停产停业损失等补偿，由征收当事人协商确定；协商不成的，可以委托房地产估价机构通过评估确定。

三、房屋征收评估工作程序中的重要环节

1. 实地查勘

房地产估价机构应当对被征收房屋进行实地查勘，调查被征收房屋状况，拍摄反映被征收房屋内外部状况的照片等影像资料，做好实地查勘记录，并妥善保管。

征收房屋实地查勘时，需要分别查勘和记录房屋的结构、装修、设备等情况，具体内容包括：

（1）房屋位置：坐落、方位、门牌号、房屋幢号、在院落中的位置等。

（2）房屋权属：产权人、房屋产别、产权证号、用途、面积等。

（3）房屋建筑：朝向、间数、建成年代、结构、层数、层高、檐高、屋面、屋架、墙身、门窗等。

（4）房屋装修：门套、窗套、墙裙、灯槽、窗帘盒、挂镜线、隔断、石材、贴面等。

（5）设备情况：卫生间设备、厨房设备、上下水管、暖气、燃气、电子对讲、电话、有线电视、宽带、水池、渗井、化粪池等。

（6）附属设施：门楼、院墙、院地、简易棚、回水井、防盗门、外窗护栏等。

（7）树木：树木种类、直径等。

（8）其他需要记录的项目。

实地查勘记录要由房屋征收部门、被征收人和注册房地产估价师签字或者盖章确认。被征收人拒绝在实地查勘记录上签字或者盖章的，应当由房屋征收部门、注册房地产估价师和无利害关系的第三人见证，有关情况应当在评估报告中说明。

2. 初步评估结果公示

房地产估价机构应向房屋征收部门提供分户的初步评估结果。房屋征收部门应当将分户的初步评估结果在征收范围内向被征收人公示。

公示期间，房地产估价机构应当安排注册房地产估价师对分户的初步评估结果进行现场说明解释。存在错误的，房地产估价机构应当修正。

四、房屋征收复核评估和鉴定

1. 复核评估

被征收人或者房屋征收部门对评估结果有异议的，应当自收到评估报告之日起 10 日内，向原房地产估价机构申请复核评估。房地产估价机构应当自收到书面复核评估申请之日起 10 日内对评估结果进行复核。复核后，改变原评估结果的，应当重新出具评估报告；评估结果没有改变的，应当书面告知复核评估申请人。

2. 评估专家鉴定

被征收人或者房屋征收部门对房地产估价机构的复核结果有异议的，应当自收到复核结果之日起 10 日内，向被征收房屋所在地评估专家委员会申请鉴定。

评估专家委员会应当自收到鉴定申请之日起 10 日内，对申请鉴定评估报告的评估程序、评估依据、评估假设、评估技术路线、评估方法选用、参数选取、评估结果确定方式等评估技术问题进行审核，出具书面鉴定意见。

经评估专家委员会鉴定，评估报告不存在技术问题的，应当维持评估报告；评估报告存在技术问题的，出具评估报告的房地产估价机构应当改正错误，重新出具评估报告。

评估专家委员会应当组成专家组，对复核结果进行鉴定。专家组成员数为 3 以上单数，其中房地产估价师人数不得少于总人数的 1/2。

五、房屋征收评估特点

房屋征收评估不同于一般房地产的市场价格评估，其估价特点主要表现在以下几个方面：

1. 估价对象数量大，范围复杂

房屋征收的原因有旧城改造、新建和改建城市道路交通建设、新建大型基础设施等。随着我国城市建设不断加快，大规模的房屋征收经常发生，导致征收数量大，待征收的户数多，由此带来的估价房屋数量很大，少则一两幢，多则一个或多个小区。

2. 涉及面广，社会影响大

被征收房屋既有居民个人房屋，也有机关企事业单位房屋；既有住宅用房，也有商业用房、办公用房、生产用房；既有独立产权用房，也有共有产权用房。对企事业单位来说，征收不仅涉及企事业财产的补偿问题，还涉及企事业单位的生存和职工家庭的生活问题。从居民个人来说，房屋仍是当今我国大多数城市居民的最大财产。因此，房屋征收评估涉及千家万户的切身利益，所产生的社会影响很大。

3. 估价对象复杂，需要协调各种关系

相对于其他目的的估价，征收评估的对象比较复杂，一个征收项目往往包括住宅、商铺、办公楼、车库、构筑物等不同类型物业，导致估价方法的选择存在较大难度。同时，一次估价中还会面对大量的房屋，面对征收人和众多的被征收人。人们出于对自身利益的维护，会出现不同的意见，导致估价的重要工作之一是协调各种利益关系。

4. 补偿价格关联性强

在同一城市，征收房屋的时间、房屋地段和房屋类型，都与征收补偿价格有很强的关联性。如果忽视了这种关联性，就可能引发征收冲突。

房屋征收补偿评估案例

第一部分　致估价委托人函

S 市城市管理执法大队：

本估价机构受贵方委托，根据委托方的内容、估价目的以及国家有关规定，遵循房地产估价的原则、标准、程序和方法，注册房地产估价师在现场查勘的基础上进行了评估工作。特此函告如下：

（1）估价目的：为房屋征收部门与被征收人确定被征收房屋价值的补偿提供依据，评估被征收房屋的价值。

（2）估价对象：S 市阳光新城小区棚户区改造工程征收项目范围内房屋及附属物及二次装修评估。

（3）价值时点：2017 年 3 月 10 日。

（4）价值类型：市场价值。

（5）估价方法：采用比较法、成本法。

（6）估价结果：确定估价对象在价值时点的市场价值如表 5-8 所示。

特别说明：本次估价的估价对象在估价时点的公开市场价值，以其产权完整与合法为前提。我们公司未对土地与房屋的产权来源及其合法性进行调查，根据相关法律法规，对于已经登记的房屋，其性质、用途和建筑面积，一般以房屋权属证书和房屋登记簿为准，房屋权属证书与房屋登记簿的记载不一致的，除证件证明房屋登记簿有错误外，以房屋登记簿为准。对于未登记的建筑，应当按照市、县级人民政府或相关单位的认定、处理结果进行评估。如果最终认定的与本次估价设定的有差异，则需要重新估价或不评估（如果确权为违章建房则不评估）。

表 5-8　房屋征收估价结果汇总表

序号	名称	用途	评估层/总层	评估单价/（元/m²）
1	有照砖混平房	住宅	1/1	1 900
2	有照砖瓦平房	住宅	1/1	1 850
3	有照砖瓦平房	住宅	1/1	1 800
4	有照简易平房	住宅	1/1	1 500
5	有照砖木平房	商业	1/1	5 000
6	无照认定 1984 年房屋	住宅	1/1	1 800
7	无照认定 2001 年独立房屋	住宅	1/1	1 080
8	无照认定 2001 年搭接房屋	住宅	1/1	920
房屋及附属物总价值	人民币小写：29 239 988.00 元；人民币大写：贰仟玖佰贰拾叁万玖仟玖佰捌拾捌元整			
说明	有照建筑面积 11 458.89 m^2，无照认定有照面积 3 239.15 m^2			

（7）特别提示：报告使用人在使用本报告之前须对报告全文，特别是“估价的假设和限制条件”认真阅读，以免使用不当，造成损失！估价的详细结果、过程及有关说明，请见“估价结果报告”。

××房地产评估有限公司（公章）

法定代表人：××（签名）

二〇一七年四月十五日

第二部分　估价结果报告

一、估价委托人

二、房地产估价机构

三、估价目的

为房屋征收部门与被征收人确定被征收房屋价值的补偿提供依据，评估被征收房屋的价值。

四、估价对象

1. 估价对象评估范围

估价对象地处 S 市，东至阳光小区，南至绿洲大厦，西至居民楼，北至居民区。征收公告和补偿方案为 82 家，房屋建筑 18 356.14 m^2。实际为 89 户，有照建筑面积 11 458.89 m^2，无照认定面积为 3 239.15 m^2，仓房、仓棚面积为 1 636.26 m^2。附属物有渗水井、深水井、水泥地面、围墙、门垛、铁大门、菜窖、地下室及室内二次装饰装修等。

2. 估价对象基本状况

（1）实物状况

①土地实物状况

阳光新城小区东至阳光小区，南至绿洲大厦，西至居民楼，北至居民区。评估对象所占用的土地宗地形状基本规则，地势平坦，宗地无坡度，与周围邻地无高差，地质水文状况良好，土壤地基有足够的承载能力。土地使用权性质为划拨，本次估价设定其剩余使用年限为 70 年；宗地实际开发程度为宗地内外“五通”及宗地内场地平整，宗地内外“七通”（通路、通电、供水、排水、供暖、通气、通讯）。根据该区总体规划，该区域内将逐渐发展为商业、住宅综合区域，该土地用途符合规划限制条件。

②建筑物实物状况

阳光新城小区的征收公告和补偿方案为 82 家，房屋建筑 18 356.14 m^2。实际为 89 户，有照建筑面积 11 458.89 m^2，无照认定面积为 3 239.15 m^2，仓房、仓棚面积为 1 636.26 m^2；均为砖混结构、一层平房，附属物有渗水井、深水井、水泥地面、围墙、门垛、铁大门、菜窖地下室及室内二次装饰装修等。室内地面为水泥地面，部分为瓷砖地面，天花板及内墙均为白色涂料，安装实木门、窗，水、电、暖设施齐全。建筑物约建于 20 世纪 80—90 年代，使用及维护情况一般。房屋完损等级为完好房。折旧程度为 5%～10%。

（2）各户权益状况

（3）估价对象区位状况

估价对象东至阳光小区，南至绿洲大厦，西至居民楼，北至居民区。估价对象区内供水、排水、供电、供热、供气等设施设备完善，邮政通讯快捷便利，人流物流集中顺畅，周边有国商百货、文化广场等各种公共服务配套设施；有 1 路公交车途经此处，各类型车辆出入较便利，无特殊性交通管制情况，停车方便程度一般，交通便利；商业、住宅氛围一般。

五、价值时点

二〇一七年三月十日（征收决定公告之日）。

六、价值类型

本次估价对象的价值类型为市场价值。

市场价值：应为正常交易情况下，由熟悉情况的交易双方以公平交易方式在房屋征收决定公告之日就估价对象自愿进行交易的金额，且假定估价对象没有租赁、抵押、查封等情况。

七、估价原则

八、估价依据

扫描二维码，阅读估价依据。

估价依据

九、估价方法

1. 估价方法的选择

根据《房地产估价规范》（GB/T 50291–2015），通行的估价方法有比较法、收益法、成本法、假设开发法等。有条件选用市场法进行估价的，应以市场法为主要估价方法；收益性房地产的估价，应选用收益法作为其中的一种估价方法；具有投资开发或再开发潜力的房地产估价，应选用假设开发法作为其中的一种估价方法；无市场依据或市场依据不充分而不宜选用市场法、收益法、假设开发法进行估价的情况下，可采用成本法作为主要的估价方法。

（1）比较法：将估价对象与在估价时点近期有过交易的类似房地产进行比较，对这些类似房地产实物已知价格作适当的修正，以此确定估价对象的客观合理价值的方法。其本质是以房地产的成交价格为导向来求取房地产的价值。通常把市场比较法求得的价值简称为比较价格。市场比较法适用的估价对象为同种类型的数量较多且经常发生交易的房地产。其公式为

比较价格＝比较案例成交单价×交易情况修正系数×市场状况调整系数×实物状况调整系数×权益状况调整系数

（2）收益法：预计估价对象未来的正常净收益，选用适当的资本化率（报酬率）将其折现到估价时点后累加，以此估算估价对象的客观合理价值的方法。其本质是以房地产的未来收益为导向来求取房地产的价值。通常把收益法求得的价值简称为收益价格。收益法适用的估价对象为有经济收益或潜在经济收益房地产。其基本公式为

$$V=\sum_{i=1}^{t}\frac{A_i}{(1+Y)^t}$$

式中，V——收益价格；

A_i——未来第 i 年的净收益；

Y——报酬率；

t——收益年限。

（3）成本法：求取估价对象在估价时点的重新构建价格（重置价格或重建价格），扣除折旧，以此估算估价对象的客观合理价值的方法，其本质是以房地产的重新开发建设成本为导向来求取房地产的价值，通常把成本法求得的价值简称为积算价格，对

于很少发生交易而限制了市场比较法运用，又没有经济收益或潜在经济收益而限制了收益法运用的房地产，均适用成本法估价。其基本公式为

房地产价值＝土地取得成本＋建设成本＋管理费用＋销售费用＋投资利息＋销售税金＋开发利润－建筑物折旧

（4）假设开发法：预计估价对象开发完成后的价值，扣除预计的正常开发成本、税费和利润等，以此估价对象的客观合理价值的方法。其本质是以房地产的未来收益（具体为开发完成后的价值减去后续开发建设的必要支出和应得利润后余额）为导向来求取房地产的价值。其基本的公式为

待开发房地产价值＝开发完成后的价值－取得税费－后续开发成本－后续管理费用－后续销售费用－后续投资利息－后续销售税金－后续开发利润

2. 估价方法的确定

根据所搜集的资料，结合估价方法选用的相关规定，选用估价方法的分析如下：

（1）估价对象所在区域住宅房地产市场较成熟，便于比较案例搜集，符合选用比较法的条件。

（2）收益法适用的估价对象为租赁收益或有潜在租赁收益的房地产，估价对象部分为商业房产，租金案例较少并且租金较低，有关数据不能客观反映其客观市场价值，不宜采用收益法。

（3）由于本次估价为整体征收估价，每家每户情况不一致。有照房屋不宜采用成本法进行测算，而对室内二次装修及附属物采用成本法测算。

（4）假设开发法适用的估价对象为待开发房地产，包括可提供开发建设的土地。在建工程等，按估价对象在价值时点的房地产状况，不适宜采用假设开发法。

综上所述，估价人员确定采用市场比较法进行房地产估价，采用成本法进行室内二次装修的房屋及附属物的估价。

3. 估价技术路线

本次为征收区域内的房地产价格评估，拟采用间接比较法进行估价，即首先设定具有综合代表性的标定房地产，并测算其市场价格，然后将各具体估价对象分别与标定的房地产进行比较和因素修正以测算其价格。

附属物及室内二次装修拟采用成本法作为基本的估价方法，估算其重置价格，然后根据各具体估价对象新旧程度确定折旧率并测算其价格。

十、房地产估价结果

注册房地产估价师根据估价目的，遵循估价原则，采用科学的估价方法，在认真分析所掌握资料与影响估价对象价值诸因素的基础上，确定估价对象在价值时点的房屋及附属物市场价值，见前文表 5-8。

十一、注册房地产估价师

十二、实地查勘期

2017 年 3 月 19 日至 2017 年 3 月 25 日。

十三、估价作业期

2017 年 3 月 19 日至 2017 年 4 月 15 日。

十四、估价报告使用期限

2017 年 4 月 15 日至 2018 年 4 月 14 日。

第三部分　估价技术报告

一、估价对象描述与分析

（一）估价对象区位状况描述与分析

根据委托人提供的权属资料，经现场实地查勘，综合分析估价对象区位状况。扫描二维码，阅读具体描述与分析。

估价对象区位状况描述与分析

（二）估价对象实物状况描述与分析

根据委托人提供的权属资料，经现场实地查勘，综合分析估价对象实物状况。扫描二维码，阅读具体描述与分析。

（三）估价对象权益状况描述与分析

根据委托人提供的权属资料，经现场实地查勘，综合分析估价对象权益状况。扫描二维码，阅读具体描述与分析。

估价对象权益状况描述与分析

估价对象实物状况描述与分析

二、市场背景状况描述与分析

1. S 市总体经济发展状况

S 市位于××省西南部，有 59 户规模以上工业企业，除电厂和电厂实业公司以外，福耀集团××有限公司、××药业集团有限公司、××轴承有限公司、××工贸、××物流有限公司、××饮料等公司都是个人控股的股份公司，工业总产值、工业增加值分别达到 329.5 亿元、75.8 亿元，主营业务收入达到 246 亿元。

2. S 市城市房地产市场发展状况

（1）S 市房地产市场概况

2017 年度 S 市国有建设用地供应总量为 120.24 公顷，商服用地 7.60 公顷，工矿仓储用地 82.48 公顷，住宅用地 5.29 公顷，公共管理与公共服务用地 24.87 公顷。合理安排住宅用地，计划总量以前五年平均住房用地供应量为基础，并适度增加。其中保障性住房、棚户区改造住房和中小套型普通商品住房用地不低于总量的 75%。确保保障性安居工程住房用地，保证新建回迁安置住房、新建廉租房用地的供应。因地制宜，合理增加普通商品住房用地，严格控制高档住宅用地，不得以任何形式安排别墅类用地。

（2）S 市同类房地产市场状况

估价对象东至郑园北街，南至公安新村，西至阳光新城，北至居民区，法定用途与现状用途为住宅和商业，根据估价人员调查，目前该片区域及周边住宅市场供应量大，形成竞争压力的主要为个人住宅，而商业竞争压力不大，街区以平房和低层为主。其中保障性住房、棚户区改造住房和中小套型普通商品住房用地不低于总量的 75%。确保保障性安居工程住房用地，保证新建回迁安置住房、新建廉租房用地的供应。因地制宜，合理增加普通商品住房用地，严格控制高档住宅用地。目前该区域平房价格为 1 700～2 100 元/m^2。

三、最高最佳利用分析

房地产估价应以估价对象的最高最佳利用为前提进行估价，最高最佳利用是指法律上允许，技术上可能，经济上可行，价值最大化，经充分合理考虑，使估价对象产生最高最佳的利用价值。

根据委托方提供的相关产权资料复印件，结合现场查勘，对估价对象的个别因素和区位因素进行分析，确定估价对象所在区域对住宅的需求较大，因此在满足合法原则的前提下继续按规划用途利用最为有效。

四、估价方法适用性分析

估价师在认真分析所掌握的资料，并对估价对象进行实地查勘以及对周边房地产市场进行调查后，根据《房地产估价规范》和遵照国家有关法律、法规、估价技术标准，经过反复研究。我们认为估价对象房屋适合采用比较法进行估算，附属物及室内二次装修适合采用成本法进行估算，估价方法适用性分析，见表 5-9。

表 5-9　估价方法适用性分析

可选估价方法	比较法	收益法	成本法（房地分估）	假设开发法
估价对象特点	估价对象位 S 市：东至郑园北街，南至公安新村，西至阳光新城，北至居民区，法定用途与现状用途为住宅和商业			
估价目的	为房屋征收部门与被征收人确定被征收房屋的补偿价值提供参考依据，估价被征收房屋的房地产市场价值			

续表

可选估价方法	比较法	收益法	成本法（房地分估）	假设开发法
估价方法定义	将估价对象与在价值时点近期交易的类似房地产进行比较和适当的修正，以此估算估价对象的客观合理价格或价值	预计估价对象未来的正常净收益，选用适当的报酬率将其折现到价值时点后累加，以此估算估价对象的客观合理价格或价值	求取估价对象在价值时点的重置价格或重建价格，扣除折旧，以此估算估价对象的客观合理价格和价值	预计估价对象开发完成后的价值，扣除预计的正常开发成本、税费和利润等，以此估算估价对象的客观合理价格或价值
可否选取	选取	不选取	选取	不选取
估价方法选用理由	估价对象房屋为住宅、商业房产，所在区域交易案例较多，且该交易容易获取其交易情况，可选取	估价对象部分为商业房产，租金案例较少并且租金较低，有关数据不能客观反映其客观市场价值，不宜采用收益法	估价对象房屋为住宅，由于征收项目各家各户情况不一致，不宜选取。而附属物及室内二次装修无交易案例，适合选取	此估价为征收项目，未来重建规划指标未确定，运用假设开发法的确定性较大，不适合选取

五、估价测算过程

（一）有照房屋及认证为有照房屋

本次估价拟用间接比较法进行估价，即首先设定具有综合代表性的标定房屋，并测算其市场价格，然后将各具体估价对象分别与标定的房屋进行比较因素修正以测算其价格。

1. 运用估价比较法的技术路线

运用比较估价一般分为以下 4 大步骤：（1）搜集交易实例，即从现实房地产市场中搜集大量真实成交的房地产及有关信息，如交易对象基本状况、交易双方基本情况、交易方式、成交日期、成交价格、付款方式、融资条件、交易税费负担、交易目的。（2）选取比较案例，即从搜集的交易实例中选取一定数量符合一定条件的交易实例。（3）对比较案例成交价格进行处理。（4）计算比较价值，即把经过上述处理后得到的多个价格综合为一个价格。

2. 运用比较法进行测算的基本公式

比较案例修正后单价＝比较案例成交单价×交易情况修正系数×市场状况调整系数×区位状况修正系数×实物状况调整系数×权益状况调整系数

估价对象比较价格＝比较案例 1 修正后单价×影响权重 1＋比较案例 2 修正后单价×影响权重 2＋比较案例 3 修正后单价×影响权重 3

3. 有照住宅

（1）案例的选取与分析

经调查，评估为区域征收评估，结合估价对象的特点，估价户数较多，量大，每家每户情况不相一致，现选取有代表性的一家，产权人为谢×，建筑面积 84 m^2，结构为砖瓦，设计用途为住宅，实际用途为住宅，成新率为 0.95，为估价标定性房屋，选取了估价对象附近三个成交案例作为比较案例，估价对象住宅与比较案例的有关情况详见表 5-10。

表 5-10　估价对象与比较案例情况

	估价对象	比较案例 1	比较案例 2	比较案例 3
实例来源	阳光新城小区谢立民	房产中介（龙腾房产）	房产中介（龙腾房产）	房产中介（龙腾房产）
地址	阳光新城小区	辽河路	辽河路	辽河路
建筑面积/m^2	84	82	82	88
用途	住宅	住宅	住宅	住宅
成交时间	—	2017 年 1 月	2017 年 1 月	2017 年 2 月
交易总价/元		172 200	176 300	193 600
交易单价/（元/m^2）		2 100	2 150	2 200
价格内涵	不含交易税费	不含交易税费	不含交易税费	不含交易税费

（2）比较案例案例修正

将上述各比较案例统一价格内涵后，分别与估价对象进行比较，根据估价对象与各可比实例的差异，确定估价对象相对各比较案例的修正系数。扫描二维码，阅读相关材料。

比较案例修正

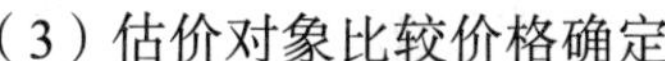

（3）估价对象比较价格确定

根据比较案例修正系数，计算得到各比较案例修正后的单价，考虑到案例 1、案例 2、案例 3 与估价对象成新率较接近，各方面的相似程度较高，故经综合分析确定三个案件的简单算术平均算式，则估价对象的比较价格为 2 000 元/m^2。扫描二维码，阅读相关材料。

估价对象比较价格确定

由于征收为整片区域，交易情况修止相同，市场状况修正相同，区位修正状况相同，权益状况调整，现根据每家每户房屋建成年份、结构、折旧情况、成新率与选取的代表标的进行单独实物状况调整。扫描二维码，阅读相关材料。

各户被征收有照房屋单价修正明细表

根据 S 市房屋征收认定工程领导小组专题会议纪要〔2017〕5 号，××阳光新城小区棚户区改造工程房屋征收补偿方案：

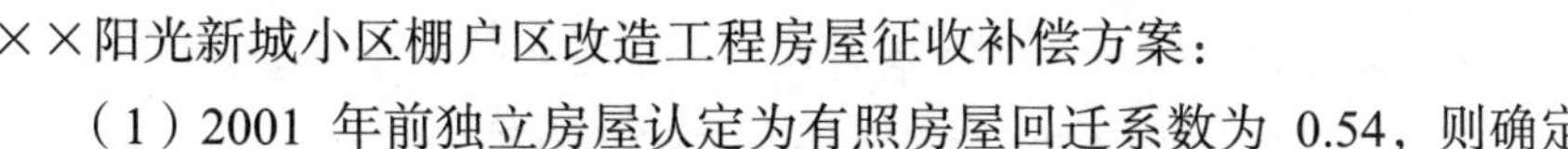

（1）2001 年前独立房屋认定为有照房屋回迁系数为 0.54，则确定 2001 年前独立房屋评估单价为 $2\ 000\times0.54=1\ 080$（元/m^2）。

（2）2001 年前搭接房屋认定为有照房屋回迁系数为 0.46，则确定 2001 年前搭接房屋评估单价为 $2\ 000\times0.46=920$（元/m^2）。

4. 有照商业

经调查，评估为区域整体评估，结合估价对象的特点，选取有代表性的一家 59 号崔×189 m^2 房屋为估价对象标的，并选取与估价对象的特点相近的附近三个成交案例作为比较案例。扫描二维码，阅读估价对象与比较案例的有关情况。估价对象与比较案例的有关情况。

（1）比较案例修正

将上述各比较案例统一价格内涵后，分别与估价对象进行比较，根据估价对象与各比较案例的差异，确定估价对象相对各比较案例的修正系数。扫描二维码，阅读相关内容。

估价对象与比较案例情况

（2）估价对象比较价格确定

根据比较案例修正系数，计算得到各比较案例修正后的单价，考虑到比较案例 1、比较案例 2、比较案例 3 与估价对象建筑年代较接近，各方面的相似程度较高，故经综合分析确定三个比较案例的简易算术平均算式，则估价对象的比较价格为 5 000 元/m^2，测算结果见表 5-11。

比较案例修正

表 5-11 估价对象比较价格确定

项目	比较案例 1	比较案例 2	比较案例 3
实例原单价/（元/m^2）	5 420	5 300	5 400
统一价格内涵后单价/（元/m^2）	5 420	5 300	5 400
交易情况修正系数	100/100	100/100	100/100
市场状况调整系数	100/100	100/100	100/100
区位状况调整系数	95/100	95/100	95/100
实物状况调整系数	98/100	98/100	98/100
权益状况调整系数	100/100	100/100	1 100/100
修正后单价/（元/m^2）	5 046.02	4 934.3	5 027.4
平均单价/（元/m^2）	（5 046.02＋4 934.3＋5 027.4）/3＝5 002.57		
比较价格/（元/m^2）	5 000（取整到千位）		

（二）附属物及室内装饰装修测算

1. 附属物测算

拟采用成本法作为基本的估价方法，估算其重置价格，然后根据各具体估价对象新旧程度确定折旧率并测算其价格。

重置价格也称为重置成本，是指采用价值时点的建筑材料、建筑构配件、设备及建筑技术、工艺等，在价值时点的国家财税制度和市场价格体系下，重新建造与估价对象中的建筑物具有相同效用的全新建筑的必要支出及应得利润。

经估价人员现场勘察、市场调查和综合分析，得出各类附属物的重置价格。扫描二维码，阅读相关内容。

附属物测算

2. 附属物测算举例

被征收人何×家。

三间仓房分别为 19.62 m^2、41.60 m^2、47.69 m^2，实地查勘成新率分别确定为 6.0、7.0、7.0 成新，测算结果如下：

仓房：19.62×500.00×0.6=5 886（元）；

仓房：41.60×500×0.7=14 560（元）；

仓房：47.69×500×0.7≈16 692（元）；

水泥地面：56×30=1 680（元）；

花墙：35.70×250×0.48=4 284（元）；

砖地面：19.57×20≈391（元）；

厕所：500×0.8=400（元）；

鸡舍：7.50×150×0.55≈600（元）（取整到百位）；

压井 2 眼：500×2=1 000（元）；

渗水井 1 个：500×1=500（元）；

狗舍 1 个：1.35×150≈200（元）（取整到百位）。

3. 室内二次装饰装修测算

拟采用成本法作为基本的估价方法，估算其重置价格。

经估价人员现场勘察，市场调查和综合分析测算得出各类装修的重置价格。扫描二维码，阅读相关内容。

室内二次装饰装修测算

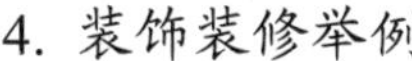

4. 装饰装修举例

被征收人陈×。

室内地面瓷砖：85.50×80=6 840（元）；

扣板：35.15×60=2 109（元）；

造型棚：36.1×80=2 888（元）；

内墙瓷砖：16.00×60=960（元）；

浴盆：1×300=300（元）；

橱柜：13.78×200=2 756（元）；

衣柜：26.60×300=7 980（元）。

（三）估价对象结果确定

运用比较法测算的单价：

1. 1984 年前认定为有照房的住宅单价分别为 1 500 元/m^2、1 800 元/m^2、1 850 元/m^2、1 900 元/m^2。

2. 商业单价为 5 000 元/m^2。

3. 2001 年前独立房屋认定为有照房屋单价 1 080 元/m^2。

4. 2001 年前搭接房屋认定为有照房屋单价 920 元/m^2。

扫描二维码，阅读相关内容。

估价对象结果确定

六、估价结果确定

本次估价对象土地使用权类型设定为划拨，未考虑土地价值前提下的价值见表 5-12。

表 5-12 各户评估价值

序号	姓名	有照房屋面积/m²	有照房屋面积合计/m²	无照房屋认定为有照房面积/m²	无照房屋认定为有照房面积合计/m²	仓房、仓棚面积/m²	仓房、仓棚面积合计/m²	附属物评估值/元	评估总额/元
1	陈×	84、44、95（实测 99.24）	223	24.88	24.83	27.5	27.5	38 929.00	504 513.00
2	李×	15.42（实测 44.64）	15.42	0	0	23、22、30、36、55	166	7 688.00	149 548.00
3	何×	104、36	140	33、15.27、70.99、80	199.26	35.13、138	173.13	13 035.00	506 325.00
4	姚×	44	44	33	33	0	0	19 555.00	158 155.00
5	姚×	97	97	56	56	38.61	38.61	11 880.00	290 199.00

最终确定估价对象的估价总值为人民币：贰仟玖佰贰拾叁万玖仟玖佰捌拾捌元整。小写：29 239 988.00 元。

七、案例点评

该报告为某市一征收项目的总估价报告，其估价目的是为房屋征收部门与被征收人确定被征收房屋价值的补偿提供依据，评估被征收房屋的价值。其估价范围不仅涉及房屋，还涉及附属物及二次装修（经各方协商由房地产估价机构评估）。

（一）该估价报告遵循了房地产估价报告的规范格式，具有以下优点

（1）该报告目的明确，整篇报告也始终围绕着征收评估的目的进行。

（2）估价报告反映了注册房地产估价师对估价对象的建筑状况、土地状况、道路交通、周边环境、配套设施等所做的详细的调查和记录。

（3）估价对象的价值类型界定清楚，文字简洁。

（4）估价依据充分，法律、法规、权属资料、相关文件等资料为评估提供了权威支持。

（5）报告内容全面，文字简练，格式严谨；评估结果适合委托方的需要。

（二）该报告也有不足之处，具体内容如下

（1）估价方法的选择。既应考虑方法的普适性，又应该从征收评估的角度，按照《国有土地上房屋征收评估办法》的要求去分析方法的适用性。

（2）立足征收评估的角度去进行最高最佳分析会更恰当。

（3）本例选择了间接比较法测算有照（有权证）房屋的价值，选择了以“标准样本住宅”的市场价格为基准，各被征收房屋分别与“标准样本住宅”进行实体状况比较，得出各被征收房屋的评估价格。在比较前最好能先设立一套修正体系，列出修正系数表。

（4）评估举例中如列出所举例房屋的明细表序号，会使该部分内容更加清晰。

项目十九　房地产司法鉴定估价

一、司法鉴定基础知识

（一）司法鉴定制度

1. 司法鉴定制度的概念

司法鉴定制度是指由一个国家的法律所规定的，有关司法鉴定的体制与规范的总称。

司法鉴定制度是现代国家司法制度的重要组成部分，也是国家法律实施的重要保障。合理性的鉴定制度是保证鉴定结论正确的一个重要条件，也是审判活动中正确运用鉴定结论的保障。

2. 司法鉴定制度的内容

司法鉴定制度包括司法鉴定的管理制度、司法鉴定的人事制度和司法鉴定的程序制度。具体来说，它包括司法鉴定机构的设置、司法鉴定主体的诉讼地位和资格、司法鉴定的启动权和决定权、司法鉴定结论的法律效力和采用标准等内容。

3. 相关法律、规章、制度

2005 年 2 月 28 日，经第十届全国人民代表大会常务委员会第十四次会议通过，我国颁布了第一部专门规范司法鉴定问题的法律——《关于司法鉴定管理问题的决定》（以下简称《决定》）。

《决定》确立统一的司法鉴定管理体制以后，由于其性质接近于司法鉴定管理活动的行政法，涉及职能部门权力的再分配，涉及司法鉴定的各职能部门分别出台了规范性文件。2005 年司法部发布了《司法鉴定人管理办法》《司法鉴定机构登记管理办法》；2005 年公安部发布了《公安机关鉴定人登记管理办法》和《公安机关鉴定机构登记管理办法》；2006 年最高人民检察院发布了《人民检察机关鉴定人登记管理办法》和《人民检察机关鉴定机构登记管理办法》；2007 年 8 月 23 日最高人民法院发布了《对外委托、评估、拍卖等工作规定》；2018 年 8 月《最高人民法院关于人民法院确定财产处置参考价若干问题的规定》（法释〔2018〕15 号），同年 12 月 10 日最高人民法院办公厅、中国资产评估协会、中国土地估价师与土地登记代理人协会、中国房地产估价师与房地产经纪人学会、中国矿业权评估师协会、中国珠宝玉石首饰行业协会联合发布了《人民法院委托评估工作规范》(法办〔2018〕273号)。

2016年3月2日司法部发布了重新制定的《司法鉴定程序通则》(以下简称《通则》)。《通则》明确规定了进行司法鉴定活动时应当遵循的方式、方法、步骤以及相关的规则和标准，明确规定了《通则》的适用范围。今后，司法鉴定机构和司法鉴定人进行各类司法鉴定活动时，都须自觉遵循《通则》的规定。对违反《通则》的行为，新《通则》分别从司法鉴定机构、司法鉴定行业组织和司法行政机关的层面赋予了相应的处分权限。

我国现行的一些法律中也有涉及司法鉴定的相关条款，如《中华人民共和国民法通则》《中华人民共和国刑法》《中华人民共和国刑事诉讼法》《中华人民共和国行政诉讼法》《中华人民共和国民事诉讼法》《中华人民共和国劳动争议调解仲裁法》《中华人民共和国仲裁法》《中华人民共和国职业病防治法》等。

（二）司法鉴定的含义

在我国司法鉴定分为广义的司法鉴定和狭义的司法鉴定。

广义的司法鉴定，指在争议解决过程中，鉴定人运用科学技术或者专门知识对争议中的专门性问题进行鉴别和判断并提供鉴定意见的活动。

狭义的司法鉴定，指在诉讼活动中，鉴定人运用科学技术或者专门知识对涉及的专门性问题进行鉴别和判断并提供鉴定意见的活动。

《全国人民代表大会常务委员会关于司法鉴定管理问题的决定》中所规定的就是狭义的司法鉴定。

（三）司法鉴定的原则

1. 合法原则

司法鉴定的合法性原则是指司法鉴定活动必须严格遵守国家法律、法规的规定。它是评断鉴定过程与结果是否合法和鉴定结论是否具备证据效力的前提。

鉴定活动的合法性，主要体现在鉴定主体合法，鉴定材料合法，鉴定程序合法，鉴定步骤、方法、标准合法，鉴定结果合法等方面。

2. 独立性原则

司法鉴定的独立性原则是指司法鉴定人在不受任何干扰的情况下，独立表达意思，根据对鉴定客体检验的结果，做出科学的判断。

鉴定活动的独立性，主要体现为：社会鉴定机构必须是独立的法人组织； 鉴定人必须在鉴定机构执业，鉴定机构对鉴定实施日常管理，但不能干预鉴定结论，不能要求或暗示鉴定人出具某种结论；鉴定活动不受机关、团体、社会组织和个人的非法干扰，诉讼当事人干扰鉴定活动也要承担相应的法律责任；司法鉴定机构之间是平等的、独立的，无隶属关系；鉴定结论不受制约和影响，无服从与被服从关系；实行鉴定人负责制，鉴定人的活动应对鉴定结论承担法律责任，必须在鉴定书上签字或盖章。多人参加鉴定，对鉴定结论意见不一致的，应当在鉴定书上分别注明不同意见的人数及其理由。

3. 客观性原则

司法鉴定的客观性原则就是鉴定结论的真实性和全面性。客观性是鉴定活动的生命。

鉴定活动的客观性，主要体现为：司法鉴定机构和鉴定人必须秉公办案，不徇私情；司法鉴定必须遵守法定程序，自觉接受法律监督；司法鉴定必须坚持科学方法和科学标准。

4. 公正性原则

司法鉴定的公正性原则是司法鉴定人在司法鉴定活动中不偏袒任何一方诉讼当事人，坚持原则，公平正直地进行鉴定。

鉴定活动的公正性，主要体现为程序公正、实体公正和鉴定主体公正三个方面。

5. 保密性原则

司法鉴定的保密性原则是司法鉴定人在司法鉴定活动中保守案内秘密，维护国家利益和委托人的合法利益。

（四）司法鉴定的作用

司法鉴定是借助科学技术和专门知识，解决与案件有关的某些专门性问题的主要手段，它在诉讼活动中起着其他手段不可替代的特殊作用。司法鉴定可以为查明事实提供依据，为进一步的调查提供线索；司法鉴定可以为案件的审理提供证据；司法鉴定可以为审查、核实其他证据提供依据。

二、房地产司法鉴定估价相关知识

（一）房地产司法鉴定估价的含义

房地产司法鉴定估价是指依法取得房地产司法鉴定估价资格的鉴定机构和鉴定人受司法机关委托，依据国家的规定和有关资料，根据特定的目的，遵循适用的原则，选择适当的价值类型，按照法定的程序，运用科学的方法，对案件中涉及的有关房地产的价值或者价格、价值减损额、相关经济损失等进行分析、测算和判断并提供鉴定结论的活动。

（二）房地产司法鉴定估价的种类

1. 按司法程序分类

（1）案件审理前的房地产估价

公安机关进行刑事犯罪调查时，检察机关进行经济犯罪调查及提起诉讼时，纪检监察机关进行违纪查处时均需要相应的证据。

（2）案件审理阶段的房地产估价

①在刑事诉讼方面，对于各种涉及房地产的违法、违纪、违规和犯罪行为，衡量违法、违纪、违规和犯罪的情节轻重，通常要考虑房地产的实物量（面积）以及房地产的价值量。

②在民事诉讼方面，有关当事人因各种民事、商事行为就房地产的价值、交易价格、造价、成本、租金发生争议，有关当事人对损害赔偿等中有关房地产价格、补偿金、赔偿金的争议等。

③在行政诉讼方面，有关当事人对征收、征用补偿价格的争议，以及征收补偿决定是否合法有效等。

（3）案件执行阶段的房地产估价

在人民法院拍卖、变卖被查封的房地产或者将被查封的房地产抵债中，需要确定房地产的市场价值或拍卖底价。

2. 按案件涉及的经济类型分类

（1）涉执房地产处置司法估价

人民法院在查封、扣押、冻结财产后，对需要拍卖、变卖的房地产，委托房地产估价机构进行估价的行为，包括现房拍卖（变卖）估价、在建工程项目整体拍卖（变卖）估价、在建工程部分拍卖（变卖）估价、企业整体拍卖（变卖）估价等。

（2）房地产分家析产估价

房地产分家析产估价包括因离婚、遗产继承、分家等产生的房地产估价。

分家析产中实物分割房地产的，应保障分割后的房地产能够独立使用，并符合不动产登记基本单元的规定。

分割协议由当事人签署，并由人民法院提供给房地产估价机构，作为实物分割房地产的依据。

（3）房地产损害赔偿估价

房地产损害赔偿估价是指因房地产的所有权、用益物权或者担保物权受到侵害，而对损害带来的房地产价值减损额进行的鉴定估价。

房地产损害赔偿估价，根据具体情况又分为被损害房地产价值减损估价，因房地产损害造成的其他财产损失估价，因房地产损害造成的搬迁费用估价，因房地产损害造成的临时安置费用估价，因房地产损害造成的停产停业损失估价等。

（4）房屋征收补偿纠纷估价

国有土地上房屋征收补偿纠纷估价，应当依据《国有土地上房屋征收与补偿条例》和《国有土地上房屋征收评估办法》进行。具体包括三种情形：被征收房屋仍然存在；被征收房屋灭失，但有证据保全；被征收房屋灭失，未办理证据保全。

（5）房地产其他纠纷估价

房地产估价纠纷所涉鉴定估价，可以是上述任何一类鉴定估价的纠纷引起的鉴定估价，还包括抵押估价、作价入股等其他估价带来纠纷的鉴定估价。

（6）纪检、监察涉案房地产估价

纪检监察机关在查办案件中，发现价格不明，价格有争议的涉案房地产，需要委托房地产估价机构依法对其价格进行测算，并提供认定结论。

（三）房地产司法鉴定估价的委托主体

房地产司法鉴定估价的委托主体有公安机关、检察机关、人民法院、仲裁机构、纪检监察机关等。

涉执房地产处置司法估价委托人只有人民法院。

（四）房地产司法鉴定估价的程序

以估价机构为主体，房地产司法鉴定估价的程序可分为以下几类。

1. 外部程序

外部程序由委托主体主导，包括公安机关、检察机关、人民法院、仲裁机构、纪检监察机关等对外委托的程序，鉴定机构的选择程序，资料提供程序，估价报告的审查程序等。

2. 内部程序

内部程序是指估价机构按照《房地产估价规范》要求的执业程序结合司法鉴定估价业务的特点进行估价的程序。

三、涉执房地产处置司法鉴定估价

涉执房地产处置司法鉴定估价是目前房地产估价机构承接的最主要的房地产司法鉴定估价业务。

（一）涉执房地产司法处置估价相关法规

（1）《最高人民法院关于人民法院民事执行中查封、扣押、冻结财产的规定》（2004年10月26日通过，2005年1月1日起施行）；

（2）《最高人民法院关于人民法院民事执行中拍卖、变卖财产的规定》（2004年10月26日，法释〔2004〕16号）；

（3）《最高人民法院对外委托鉴定、评估、拍卖等工作管理规定》（2007年8月23日，法办发〔2007〕5号）；

（4）《最高人民法院关于人民法院委托评估、拍卖和变卖工作的若干规定》（2009年8月24日，法释〔2009〕16号）；

（5）《最高人民法院关于人民法院网络司法拍卖若干问题的规定》（法释〔2016〕18号，自2017年1月1日起施行）；

（6）《最高人民法院关于人民法院确定财产处置参考价若干问题的规定》（法释〔2018〕15号，自2018年9月1日起施行）；

（7）《人民法院委托评估工作规范》（2018 年 12 月 10 日，法办〔2018〕273 号）。

（二）涉执房地产处置司法估价的相关程序内容

1. 鉴定机构的选择程序

按照《人民法院委托评估工作规范》（法办〔2018〕273 号）（以下简称《规范》）相关规定，执行房地产司法鉴定估价业务的房地产估价机构要由中国房地产估价师与房地产经纪人学会推荐加入“法院涉执财产处置司法评估机构名单库”。

人民法院委托的房地产司法鉴定机构的产生，首先由当事人在指定期间内从人民法院指定的“名单分库”中协商确定三家评估机构及顺序，协商不成或无法协商的，由人民法院在询价评估系统中采取摇号方式随机确定三家评估机构及其顺序。

最高人民法院应当将当事人协商或者通过摇号方式确定的评估机构名称在中国执行信息公开网上进行公示。

房地产估价机构在规定时间内没有通过系统接收人民法院委托书的，人民法院应当撤回对该评估机构的委托，并另行委托下一顺序的评估机构重新进行评估。

房地产估价机构通过系统接收委托书，但在规定时间内提出不承接委托评估申请，且经过人民法院经审查理由成立的，应在规定时间内撤回对该评估机构的委托，并另行委托下一顺序的评估机构重新进行评估；当事人协商或者通过摇号方式确定的三家评估机构不承接委托评估的理由均成立的，人民法院应当通过原方式重新确定评估机构。

最高人民法院应当将评估机构不承接委托评估的理由进行公开。

2. 房地产估价机构接受委托的程序

人民法院通过询价评估系统向顺序在先的评估机构发送评估委托书。房地产估价机构应当及时通过系统接收人民法院的评估委托书。

房地产估价机构通过系统接收评估委托书后，认为有下列情形之一的，应当自接收评估委托书之日起三个工作日内向人民法院书面说明情况，提出不承接委托评估申请：

（1）本机构与当事人或者评估财产有利害关系的；

（2）本机构已办理注销登记或者被市场监管部门吊销营业执照的；

（3）本机构依法不能进行评估的其他情形。

房地产估价机构未在规定期限内向人民法院提出不承接委托评估书面申请的，或者人民法院认为申请不承接委托评估的理由不成立的，视为承接委托评估。

3. 资料提供与收集的程序

1）资料的提供

人民法院的评估委托书应当附财产清单，并应当按照《规范》附件中列明的各项评估需要提供的材料清单，将查明的材料扫描上传至询价评估系统。

《规范》附件“评估材料清单”中列明的委托评估必须提供的材料，人民法院未能调取到或实际不存在的，应当在评估委托书中注明。

图纸、账册等无法扫描的，人民法院应当在评估委托书中注明并及时邮寄或者直接交付给评估机构。

资料提供与收集的程序

委托评估材料不全而无法进行评估或者影响评估结果的，房地产估价机构应当及时向人民法院提交要求补充材料的书面申请，由人民法院通知当事人补充。房地产估价机构应当通过人民法院转交的方式接收当事人补充的评估材料。

扫描二维码，阅读《最高人民法院对外委托鉴定、评估、拍卖等工作管理规定》（2007 年 8 月 23 日，法办发〔2007〕5 号）中对提供资料的要求。

2）资料的收集

司法鉴定估价业务中资料的来源主要是两个方面，一是委托人提供的有关估价对象状况的资料、数据，二是注册房地产估价师自行收集的有关市场状况的资料、数据。

对于估价所用资料，无论是来源于委托人，还是注册房地产估价师自行收集的，首先都要遵照《中华人民共和国资产评估法》第二十五条的要求进行“核查验证、分析整理”。

对于委托人移交的当事人提供的鉴定估价资料，房地产估价机构应当区分经当事人质证人民法院认定的鉴定估价资料，以及需要注册房地产估价师调查核实的资料。房地产估价机构认为需要人民法院依职权调查取得有关鉴定估价依据的，应当向人民法院书面提出，并将人民法院依职权调查核实的鉴定估价资料作为鉴定估价依据。

对于估价基础数据及参数，要符合《房地产估价规范》中的“估价基础数据和估价参数的来源或确定的依据或方法应在估价报告中说明。估价参数应优先选用房地产估价行业组织公布的估价参数；不选用的，应在估价报告中陈述理由”的要求。

4. 现场勘查环节

注册房地产估价师的现场勘查，主要是对估价对象实体状况与委托方提供的文件资料的一致性进行核对，查看估价对象实体状况、区位状况，感受实地环境与氛围，拍摄影像资料并形成实地查勘记录，调查了解周边房地产市场情况，补充相应的估价资料。

最高人民法院相关的法释中也有相应的要求。《最高人民法院关于人民法院确定财产处置参考价若干问题的规定》（法释〔2018〕15 号）第十八条指出：评估需要进行现场勘验的，人民法院应当通知当事人到场；当事人不到场的，不影响勘验的进行，但应当有见证人见证。现场勘验需要当事人、协助义务人配合的，人民法院依法责令其配合；不予配合的，可以依法强制进行。”

《最高人民法院关于人民法院委托评估、拍卖和变卖工作的若干规定》（法释〔2009〕16 号）第十二条指出：“评估机构在工作中需要对现场进行勘验的，人民法院应当提前通知审判、执行人员和当事人到场。当事人不到场的，不影响勘验的进行，但应当有见证人见证。评估机构勘验现场，应当制作现场勘验笔录。勘验现场人员、当事人或见证人应当在勘验笔录上签字或盖章确认。”

《最高人民法院对外委托鉴定、评估、拍卖等工作管理规定》第三十条指出：“对外委托的案件需要勘验现场的，监督、协调人员应提前 3 个工作日通知专业机构和当事人。任何一方当事人无故不到场的，不影响勘验工作的进行。勘验应制作勘验笔录。”

注册房地产估价师应注意现场勘查估价对象时出现的与委托方提供文件内容不一致的情况，要及时与人民法院沟通。

5. 估价报告的说明、补正、释疑

估价报告出现财产基本信息错误、超出财产范围或者遗漏财产等情形的，由当事人在收到报告 5 日内提出书面异议且经人民法院审查，裁定异议成立的，房地产估价机构应予以书面说明或者补正。

估价报告存在估价机构或者估价人员不具备相应估价资质或估价程序严重违法等情形的，当事人可以在收到报告后 5 日内提出书面异议且经人民法院经审查，裁定异议成立的，人民法院另行委托下一顺序的估价机构进行评估。

当事人认为房地产估价报告的参照标准、计算方法或者评估结果有问题的，可以在收到评估报告后 5 日内提出书面异议，房地产估价机构应予以书面说明。房地产估价机构在 5 日内未提供说明或者当事人、利害关系人对说明仍有异议的，由人民法院交相关行业协会在指定期限内组织专业技术评审，并根据专业技术评审出具的结论认定估价结果或者责令原估价机构予以补正。

6. 质证

1）注册房地产估价师出庭接受质证前应关注问题

注册房地产估价师出庭接受质证前，应进一步熟悉司法鉴定估价报告的有关内容并关注以下问题：

（1）鉴定估价报告的完整性，即鉴定估价报告是否存在重大疏漏或缺项；

（2）鉴定估价报告的附件资料的来源，及其真实性、合法性和完整性；

（3）房地产司法鉴定估价方法、鉴定估价技术路径、鉴定估价参数选取等，是否存在不当或违反行业规范等情况；

（4）鉴定估价结果是否存在重大价值差异；

（5）注册房地产估价师及估价机构是否签名盖章。

2）注册房地产估价师出庭接受质证时应注意问题

（1）只能就委托鉴定的科学技术或专门问题发表专家意见，不得对法律适用等与鉴定人职责无关的问题发表意见和看法，也不得对案件定性和确定当事人法律责任的内容发表看法；

（2）着重回答程序方面的问题，重点回答鉴定程序的合法性、选取估价方法的科学性，估价过程的规范性和鉴定结果确定的合理性；

（3）庭上质证内容与鉴定结论保持一致；

（4）充分尊重当事人的质证权，保持一种中立的态度，不对任何一方表现出明显的倾向性；

（5）在法庭回答问题时，应神态自然得体，语调语速恰当，吐字清晰，保持与质询方和庭上人员的眼神交流，注意对方反应，少用方言土语，避免模棱两可的模糊用词。

四、房地产损害赔偿司法鉴定估价的方法

对于房地产损害赔偿司法鉴定估价，损害事实应当由人民法院认定。

房地产损害赔偿估价，估价对象是被侵权人由于房地产损害造成的“损失”，注册房地产估价师应当根据损害赔偿鉴定估价的类型、损害程度、损害范围及潜在索赔者，合理确定估价方法和估价技术路线。

房地产损害赔偿估价的方法通常有修复费用法、损失资本化法、价差法等。

修复费用法也称为成本法，是通过设定规划许可，采用其他工程措施，采用最合理的修复方案进行修缮，求取排除估价对象房地产的缺陷并恢复其原来功能所发生的各项费用，主要包括拆除工程费用、修缮工程费用、恢复工程费用以及修复工期内的直接经济损失等费用，从而评估房地产价值减损额的方法。

损失资本化法，是通过测算房地产效益的减损值与费用的增加值在净收益损失年限内的现值和，或测算经济耐用年限内无质量缺陷房地产正常净收益现值和与有质量缺陷房地产正常净收益现值和之差，从而评估房地产价值减损额的方法。

损害前后价差法，是通过测算损害前房地产状况的市场价值与损害后的房地产状况的市场价值，求取其差额，从而评估房地产价值减损额的方法。

五、人民法院委托评估需要提供的材料清单

见《关于印发〈人民法院委托评估工作规范〉的通知》（法办〔2018〕273号）附件。

（一）房地产类

1. 必需材料

（1）权属证明（已办理权属登记的），包括不动产权证书（或房屋所有权证）、国有土地使用证、国有建设用地使用证、集体土地所有权证、集体建设用地使用证、集体土地承包权证；

（2）合法来源证明（未办理权属登记的），包括房地产买卖合同、继承证明（公证书、判决或调解书等）、相关批文、契税发票、测绘成果等；

（3）抵押等他项权证明，已出租房地产的租赁合同；

（4）法院查明的财产权属、质量瑕疵等材料，以及关于财产的特殊情况说明。

2. 一般材料

（1）房地产状况相关材料，包括相关工程建设、图纸、房屋交付等资料，房屋装修情况，房屋占用和维护情况，自营性房地产（如宾馆、餐饮、娱乐场所等）的收益及相应的成本费用资料。

（2）在建工程相关材料，包括建设项目可行性研究资料及立项批准文件、国有建设地使用权出让合同（或国有土地划拨决定书）、建设用地规划许可证、建设工程规划许可证、建筑工程施工许可证、商品房预售许可证、商品房预售合同、规划总平面图、建筑设计平面图、施工总承包合同、工程预算资料、征收及市政配套协议、房屋设计说明及设计交付时间、施工进度安排及实际进度、隐蔽工程图纸、测绘报告或分层分部位建筑面积明细表、地价付款凭证、工程付款凭证、主要机电设备安装规划及实际安装与付款凭证、实际装修与付款凭证、房屋预售部分清单及反映房地产收益的资料等。

（二）土地类

1. 必需材料

（1）权属证明（已办理权属登记的），包括不动产权证书（或房屋所有权证）、国有土地使用证、国有建设用地使用证、集体土地所有权证、集体建设用地使用证、国有土地使用权证、集体土地使用权证、集体土地承包权证；

（2）合法来源证明，包括国有建设用地使用权出让合同或转让合同、置换集体土地上的土地承包合同、出让金及契税发票、规划条件函等规划批复文件；

（3）抵押等他项权证明；

（4）法院查明的财产权属、质量瑕疵等材料，以及关于财产的特殊情况说明。

2. 一般材料

（1）地上建筑物材料（有权属登记的），包括不动产权证书或房屋所有权证；

（2）在建工程材料，包括建设用地规划许可证、建设工程规划许可证、建筑工程施工许可证、工程竣工验收备案表等；

（3）租赁情况材料，包括土地租赁合同、房屋租赁合同、土地承包经营合同。

房地产司法鉴定评估案例
致估价委托人函

JJ 省 L 市中级人民法院司法技术辅助工作办公室：

受贵院的委托，我公司于 2016 年 12 月 19 日派出房地产估价人员，按双方签订的〔2016〕J01 司技辅综委 130 号《委托鉴定书》所列内容，现场勘察了估价对象房地产的实物、权益和区位状况，分析考虑了影响房地产价格的诸多因素，本着客观、独立、公正、科学的原则对该项目进行了估价。

（1）估价目的：根据 JJ 省 L 市中级人民法院司法技术辅助工作办公室《委托鉴定书》(〔2016〕J01 司技辅综委 130 号)，在 2016 年 12 月 19 日这一价值时点所表现的房地产及附属物的市场价值做出公允估价结论，为委托方司法鉴定提供市场价值参考意见。

（2）估价对象：位于 L 市 L 县万良镇，包括房屋 4 项，建筑总面积合计为 31 460 m^2；构筑物 3 项，面积合计为 4 700 m^2；土地使用权 1 宗，土地面积为 39 250 m^2。扫描二维码，阅读估价对象具体信息。

估价对象

（3）价值时点：二〇一六年十二月十九日。

（4）价值类型：委估房地产在价值时点的市场价值。

（5）估价方法：根据估价目的、估价原则及估价对象状况，分析后确定对估价对象采用房地分估法进行评估，房产采用重置成本法进行评估，构筑物采用成本法进行评估，土地采用市场比较法和成本逼近法进行评估。

（6）估价结果：根据国家有关法律、法规和政策要求，遵循中华人民共和国国家标准 GB/T 50291–2015《房地产估价规范》的操作程序，按照公认的估价方法，结合市场行情，经过分析测算，评定和估算出估价对象在价值时点的市场价值为 4 971.18 万元。大写人民币：肆仟玖佰柒拾壹万壹仟捌佰元整。

估价结果

扫描二维码，阅读估价结果具体信息。

（7）特别提示：本报告的专业意见，详见估价结果报告，并特别关注房地产估价师声明、估价的假设和限制条件，报告全文与本函是一个不可分割的整体，应认真、完整阅读，理解和使用本报告，以免使用不当，免遭损失。本估价报告应用有效期自本估价报告出具之日起一年内有效。随此函附交五份估价报告给委托人。

特致此函。

××房地产估价咨询有限公司

法定代表人：××

二〇一七年四月十四日

第一部分　估价师声明

我们郑重声明：

（1）我们在本估价报告中对事实的说明是真实和准确的,没有虚假记载、误导性陈述和重大遗漏。

（2）本估价报告中的分析、意见和结论是独立、客观、公正的，但受到本估价报告中已说明的假设和限制条件的限制。

（3）我们与本估价报告中的估价对象没有现实或潜在的利益，与估价委托人及估价利害关系人没有利害关系，也对估价对象、委托人及估价利害关系人没有偏见。

（4）我们依照中华人民共和国国家标准 GB/T 50291–2015《房地产估价规范》进行估价工作，撰写本估价报告。

（5）房地产估价师王×、张×于二〇一六年十二月十九日对本次估价对象进行了实地查勘，但仅限于对评估标的物外观和使用状况的查勘。估价人员不承担对评估标的物建筑结构、质量进行调查的责任和其他被遮盖、未暴露及难以接触到的部分进行检视的责任。评估人员也未对设备、设施进行测试。

（6）无本估价机构以外人员对本估价报告提供重要专业帮助。

第二部分　估价假设和限制条件

一、一般假设

1）本估价报告依据委托方提供的相关资料，评估设定委托方提供的情况和资料是真实、合法、完整的，根据双方签定的〔2016〕J01 司技辅综委 130 号《委托鉴定书》进行本次评估工作，不考虑估价对象的权属情况。估价人员对估价所依据的估价委托人提供的估价对象权属、面积、用途等资料进行了审慎检查和尽职调查，在无理由怀疑其合法性、真实性、准确性和完整性情况下，本报告以估价委托人提供的资料是合法、真实、准确和完整的为假设前提。若上述情况发生变化，需调整估价结果乃至重新估价。

2）本估价报告对房屋安全、环境污染等影响估价对象价值的重大因素给予了关注，无正当理由怀疑估价对象存在安全隐患且无相应的专业机构进行鉴定，本次估价以房屋安全、施工质量合格为假设前提。

3）本次估价假定估价对象房地产权益完整、无争议，不考虑房屋租赁、抵押、按揭、查封等因素造成的权益缺损对其价值的影响。

4）本次估价以估价对象保持现状使用为假设前提。本报告以估价对象在价值时点处于完好状态并达到委托方所提供的使用功能为假设前提。

5）本估价报告中由委托方提供的房地产产权证明均假定产权人以正常、合法方式取得，不考虑非正常花费，且产权证明记载内容与实际相符。

6）由于估价对象具有复杂性和多样性的特点，有些状况和资料是估价人员无法取得的，而这些状况和资料对于估价对象的价值具有较大的影响，本次假设实地查看的估价对象与委托方提供的资料记载的相同。

7）估价对象在价值时点的房地产市场为公开、平等、自愿的交易市场，即能满足以下假设：

（1）适当营销，即估价对象以适当的方式在市场上进行了展示，展示的时间长度随着市场状况而变化，但足以使估价对象引起一定数量的潜在买者的注意。

（2）熟悉情况，即买方和卖方都了解估价对象并熟悉市场行情，买方不是盲目购买，卖方不是盲目出售。

（3）谨慎行事，即买方和卖方都是冷静、理性、谨慎的，没有感情用事。

（4）不受强迫，即买方和卖方都是出于自发需要进行估价对象交易的，买方不是急于购买（不是非买不可），卖方不是急于出售（不是非卖不可）；买方不是被迫地从特定的卖方那里购买估价对象，卖方不是被迫地将估价对象卖给特定的买方。

（5）公平交易，即买方和卖方都是出于自己利益的需要进行估价对象交易，不是关联交易。双方不存在诸如亲友、母子公司、业主与租户等特殊关系。

二、未定事项假设

（1）我们对估价对象的实地查勘仅限于其外观和使用状况。对被遮盖、未暴露及难以接触到的部分，设定估价对象不存在建筑物隐蔽性质量问题和地基质量问题。

（2）参与本次估价的注册房地产估价师实地查勘未能取得委估建筑物的工程质量报告，也未对建筑物的质量进行检测。本次估价假定其建筑物质量合格。

（3）本报告出具的评估价值为委托人在执行中涉及的估价对象提供价值参考意见而评估房地产价值。若至价值时点止，原产权人尚有任何有关估价对象的应缴未缴税费，应按照规定缴纳或从评估价值中相应扣减。

（4）估价时没有考虑国家宏观经济政策发生变化、市场供应关系变化、市场结构转变、遇有自然力和其他不可抗力等因素对房地产价值的影响，也没有考虑估价对象将来可能承担违约责任的事宜，以及特殊交易方式下的特殊交易价格等对评估价值的影响。

（5）本次估价对象由申请执行人及申请执行人现场指认，若与实际不符，应重新估价。

（6）本次评估估价对象房屋及构筑物面积依据房产测绘技术报告书中记载面积为准，土地面积以国有土地使用证记载面积为准。如果范围变化，应对估价结果进行相应调整。

三、背离事实假设

本次估价是为委托方执行涉及估价对象的司法鉴定提供价值鉴定意见而评估房地产市场价值，鉴于本报告之特定估价目的，做出如下假设：

（1）未考虑原产权人任何与估价对象有关的应缴未缴税费。

（2）未考虑估价对象及其所有权人已承担的债务，以及债务、经营决策失误、市场运作失当对其价值的影响。

（3）未考虑未来处置风险。

（4）未考虑房地产交易税费非正常负担对房地产价值的影响。

四、不相一致假设

（1）委托方提供的“关于L电子商务交易平台及国家L仓储物流中心项目建设情况说明”和“L市场工业项目建筑面积明细表”中提到本次评估土地性质已经和L县政府和县国土资源管理完成了土地性质变更，即由原来工业用地改为商业用地。待缴纳土地差价款后，即可办理新的商业用地国有土地使用证。地上物产权在土地证办理完成后，即可报建、验收、办理产权登记；工业生产车间中的扩建部分正在办理工改商相关报批手续。经过去国土资源局调查了解，得知此次评估对象在价值时点 2016年12月19日，合法用途为工业用地，暂未缴纳土地部分相关土地差价款和相关收费。因此本次评估依据合法原则，设定土地用途为工业用途。其扩建部分未有相关手续，本次评估测算过程中按无相关手续进行测算。

（2）本次现场勘查时，建筑物中含有部分机器设备、家具等可移动资产；依据委托合同等，本次评估结果不包含机器设备等可移动资产价值，但包含与房屋一体的装修价值。

五、依据不足假设

（1）本次估价中，经注册房地产估价师尽职调查，委托方未提供估价对象现时利用状况的资料，如出租、租赁的资料，故假设估价对象不存在出租、租赁情况，评估时也未考虑这方面情况对价值的影响。

（2）本次评估构筑物中的1#水池、2#水池，由于是地下工程，被申请人和委托方未提供水池深度，本次评估假设其为一般标准深度，即 3 m。

（3）本次评估过程中，由于委托方和被申请人未提供工程的相关决算资料，是否存在拖欠工程款和其他款项等情况不明，因此本次评依据类似工程造价资料进行修正并测算结果，未考虑估价对象所拖欠的各种款项，房地产处置过程中优先偿还拖欠款项等情况。

六、特殊事项说明

本次评估对象在价值时点合法用途为工业及工业用房。依据委托方提供的相关资料，被申请人正在办理工改商的相关手续，本次评估不对该部分具体费用进行说明，请到当地相关部门了解具体费用数额。但委托方处置房地产时应加以说明，告知买受人相关情况。

七、估价报告使用限制

（1）本报告估价结果仅供委托方在本次估价目的下使用，不得作为权属确认的依据和用于其他目的。本报告必须完整使用，对仅使用报告中的部分内容所导致的有关损失，受托估价机构不承担责任。未经本估价机构书面同意，报告的任何内容及参考资料均不得向委托方、债权人和登记机关以外的人员或单位提供，不允许在任何公开发表的文件、通知或声明中引用，且不得以其他任何方式公开发表；凡因委托人使用估价报告不当而引起的后果，估价机构和估价人员不承担相应的责任。

（2）在房地产市场比较稳定的状况下，本估价报告结果有效期原则上自估价报告出具日起为一年，即二〇一七年四月十四日至二〇一八年四月十三日。在估价报告使用期内，由于国家政策、经济环境及估价对象本身的物质状况等因素发生重大变化，且该变化对估价结果产生严重影响时，报告的使用人应及时委托估价机构重新估价。超出有效期则不能直接使用本估价报告。如果使用本估价报告，我们对此造成的损失不承担任何责任。

（3）在报告应用有效期内拍卖估价对象时，如存在短期内强制处分，潜在购买群体受到限制或心理排斥因素影响，可能出现价格低于评估的市场价格的情况。

（4）本次受托估价方仅对估价技术条件负责，本估价报告结论系为委托方提供的专业性估价意见，这个意见本身并无强制执行的效力，参与本次估价的注册房地产估价师只对估价结论本身符合规范要求负责，而不对房地产定价决策负责。

（5）价值时点后且在估价报告有效期内，当估价对象的质量及价格标准发生变化，并对估价对象、估价价值产生明显影响时，不能直接使用本估价结论。

（6）本报告中的文字或数字如存在表述不清，出现因校对、打印或其他原因出现误差时，请报告使用人及时通知我公司予以澄清或更正，不得恶意使用，否则误差部分及受影响部分无效。

（7）本报告须经参加本次估价的中国注册房地产估价师签字，估价机构盖章后生效，缺页报告及报告复印件不生效。

（8）估价报告分为“房地产估价报告”和“房地产估价技术报告”两部分。“房地产估价报告”提供给委托方，“房地产估价技术报告”根据有关规定可提供给报告的审查者及估价公司用于存档备查。

本报告估价结果的计算是以估价对象在价值时点的状况和估价报告对估价对象的假设和限制条件为依据进行的，如上述条件发生变化，估价结果应作相应调整。

第三部分　估价结果报告

一、估价委托人

名称：JJ 省 L 市中级人民法院司法技术辅助工作办公室。

二、房地产估价机构

略。

三、案情简要

申请人王×与被申请人 L 市场投资发展有限公司民间借贷纠纷。

四、估价目的

根据JJ省L市中级人民法院司法技术辅助工作办公室办公室《委托鉴定书》(〔2016〕J01 司技辅综委 130 号),在 2016 年 12 月 19 日这一价值时点所表现的房地产及附属物的市场价值做出公允估价结论,为委托方司法鉴定提供市场价值参考意见。

五、估价对象

1. 估价对象范围

位于L市L县万良镇,包括房屋4项,建筑总面积合计为31 460 m^2;构筑物 3 项,面积合计为 4 700 m^2;土地使用权 1 宗,土地面积为39 250 m^2。

建筑物明细表、构筑物明细表、土地明细表,扫描二维码查看。

估价对象范围

2. 估价对象权属

依据JJ省L市中级人民法院司法技术辅助工作办公室办公室《委托鉴定书》(〔2016〕J01 司技辅综委 130 号)进行评估,对估价对象的权属不发表意见。

3. 估价对象概况

位于L市L县万良镇,包括房屋4项,建筑总面积合计为31 460 m^2;构筑物 3 项,面积合计为 4 700 m^2;土地使用权 1 宗,土地面积为39 250 m^2。房屋及附属物 2015 年完工,为工业生产车间、工业中式车间、工业动力站及水池、水泥地面附属物,至价值时点,房屋多数已闲置 1 年,有工作人员维护,房屋实物状况好。扫描二维码,阅读相关内容。

估价对象概况

土地开发程度为宗地内“六通”通路、通电、通讯、通上水、通下水、自供暖,宗地外“五通”(通路、通电、通讯、通上水、通下水)。宗地四至为东临万良大街(县道)边三层建筑物、南临巷道、西临河堤、北临住宅。宗地形状规则,地形坡度较小,地势较高。宗地内地基承载力足够,基础设施完备程度较好,工业聚集度一般,周边土地利用类型以工业、居住、商业用地为主。

六、价值时点

依据委托合同,本项目价值时点为二〇一六年十二月十九日,一切作价标准、取值依据均以此价值时点为准。

七、价值类型

本项目估价确定的价值类型为市场价值。

市场价值是在经适当营销后,由熟悉情况、谨慎行事且不受强迫的交易双方,以公平交易方式在价值时点自愿进行交易的金额。

八、估价依据

扫描二维码，阅读估价依据。

估价依据

九、估价原则

本估价报告在遵循客观、公正、科学、合理的基本原则下，结合本估价目的对估价对象进行评估。具体依据如下原则：

（1）独立、客观、公正原则：要求房地产估价师站在中立的立场上，评估出对各方当事人来说是公平合理的价值。

（2）合法原则：以估价对象的合法使用、合法处分为前提。

（3）最高最佳利用原则：以估价对象的最高最佳利用为前提。

（4）替代原则：遵循估价结果不明显偏离类似房地产在同等条件下的正常价格原则。

（5）价值时点原则：遵循估价结果是估价对象在价值时点的客观合理价格原则。

十、估价方法

（一）估价方法的选用

估价人员深入细致地分析了项目的特点和实际状况，并研究了委托方提供的资料，通过实地查勘、分析项目的特点和对周边区域的调查，根据估价对象的特点和实际情况，进行评估方法的具体选择。本次估价采用房地分估法进行评估，房产采用重置成本法进行评估，构筑物采用成本法进行评估，土地采用成本逼近法和市场比较法进行评估。

（二）估价测算过程

1. 房产价值的测算（以序号 1 房产为例）

概况：根据现场勘查，该房产结构为钢结构，用途为工业生产用房，层数为 1 层（其中内部四周部分已隔成两层，第二层建筑面积 7 230 m^2，列为序号 4 房产），1 层总建筑面积为 16 830 m^2，最高处高约为 10.5 m，共 5 跨，每跨 24 m，柱距 6 m，桩承台基础，钢架钢柱，水磨石地面，1.5 m 高砖墙墙基，彩钢板夹苯板墙体，塑钢窗，防盗门，卷帘门，带采光带压型钢板顶棚，节能筒灯，棚顶配有通风管道；上下水、暖、电、通风、消防、喷淋设施齐全完好；至价值时点已闲置 1 年，日常有工作人员维护，房屋实物状况好，房屋完损等级为完好。

1）重置成本的确定。评估人员首先根据被评估建筑物在建筑规模、建筑结构、建筑质量等方面的特殊情况，具体分析，明确重点，参照类似房屋建筑工程造价，调整差异，合理确定建筑安装工程费。在此基础上，考虑必要的前期费及配套费、管理

费、投资利息、投资利润、销售税金等，确定建筑物的重置成本。计算公式为

重置成本＝建筑安装工程费＋前期费及配套费＋管理费＋投资利息＋投资利润＋销售税金

（1）建筑安装工程费的确定

依据《JJ 建筑工程投资估算指标》中类似工程的工程量，按照价值时点的材料价格及人工费，结合估价对象的特点。按照《建筑业营业税改征增值税调整 JJ 省建设工程计价依据实施办法》中的费用标准重新计算取费，则

综合建筑安装工程费＝类似工程建筑安装工程费×（1＋∑调整系数）
＝1 389×（1－12.8%）≈1 211（元/m^2）

（2）前期费及配套费

房屋建设的前期费用一般包括施工图设计费、工程勘察费、工程造价咨询、防雷图纸审查费、雷击灾害风险评估、环境影响报告书及其评估、工程招标代理费等费用，配套费一般包括市政公用设施配套费、消防配套设施费、电力配套设施费，则

前期费及配套费＝1 211×3.26%＋50.72≈90.20（元/m^2）

（3）管理费

根据财政部（财建〔2002〕394 号）规定及整个项目的投资规模，管理费用取前两项之和的 1.5%。

管理费用＝（1 211＋90.20）×1.5%≈19.52（元/m^2）

（4）投资利息

以房地产开发投资资金为基数，结合开发项目的投资规模，设定开发周期为 1.5 年，贷款基准利率按 2015 年 10 月 24 日中国人民银行公布的一到三年的贷款利率 4.75%，假设开发成本费用均匀投入，计息期为开发期的一半，按复利计息，投资利息为：

投资利息＝[（1＋4.75%）$^{0.75}$－1]×（1 211＋90.20＋19.52）≈46.78（元/m^2）

（5）投资利润

投资利润是指开发不动产时，在销售不动产时所能实现的一般的平均的利润水平，一般按投资成本的一定比率计算，估价对象所处地区，属于人参种植、加工、销售集中区，其房地产开发水平一般，工业用房规模一般，产业聚集程度一般，但区域房地产市场交易不活跃，因此根据估价对象的特点及工业不动产开发的平均利润率水平，此次评估利润率确定为 5%。

投资利润＝（建造成本＋前期费用＋管理费用）×5%
＝（1 211＋90.20＋19.52）×5%≈66.04（元/m^2）

（6）销售税金

根据《营业税改征增值税试点实施办法》和《房地产开发企业销售自行开发的房地产项目增值税征收管理暂行办法》，增值税的计税方法包括一般计税方法和简易计税

方法。根据《营业税改征增值税试点实施办法》和《营业税改征增值税试点有关事项的规定》，房地产开发企业中的一般纳税人，销售自行开发的房地产老项目，可以选择适用简易计税方法按照 5%的征收率计税；房地产开发企业中的小规模纳税人，销售自行开发的房地产项目，按照 5%的征收率计税。城市维护建设税取增值税的 5%，教育费附加取增值税的 3%，地方教育附加取增值税的 2%，则销售税金为

销售税金＝重置成本×5%÷（1＋5%）×（1＋5%＋3%＋2%）＝重置成本×5.24%

通过上述计算

重置成本＝1 211＋90.20＋19.52＋46.78＋66.04＋重置成本×5.24%

重置成本≈1 513（元/m^2）

2）成新率的确定

（1）年限法成新率

估价对象建成年份为 2015 年，已使用年限为 1 年，根据国家建设部、财政部联合颁发的建综〔1992〕349 号文《不同建筑结构房屋耐用年限的规定》，钢混结构生产用房经济寿命为 50 年（钢结构参照钢混结构确定），确定尚可使用年限为 49 年，则其成新率为

R_1＝[1－1/50]×100%＝98%

（2）打分法成新率

按照 1984 年原城乡建设环境保护部关于测算建筑物成新率的标准，结合现场察看的建筑物的实际损耗情况，分别对建筑物的结构、装修、设备三部分进行打分，并依据权重系数计算出建筑物的察看成新率。扫描二维码，阅读现场勘查法求取过程。

打分法成新率

（3）综合成新率的测算

根据房屋的建成年限和施工质量、维护状况，采用算术平均法确定综合成新率。

综合成新率＝98%×0.5＋97.35%×0.5≈98%

3）评估值的确定

评估单价＝建筑物重置单价×成新率＝1 513×98%≈1 483（元/m^2）

评估总价＝评估单价×建筑面积＝1 483×16 830≈2 495.89（万元）

其他房产评估方法同上。

2. 构筑物价值的测算（以序号 1 构筑物为例）

概况：根据现场勘查，2#水池，建筑面积为 305 m^2，钢筋混凝土结构，水池底板下缘至顶板上缘高度 3 m，全部位于地下，日常有工作人员维护，房屋实物状况较好。

1）重置成本的确定，评估人员首先根据被评估构筑物在建筑规模、建筑结构、建筑质量等方面的特殊情况，具体分析，明确重点，参照类似构筑物工程造价，调整差异，合理确定建筑安装工程费。在此基础上，考虑必要的前期费、管理费、投资利息、开发利润等，由于该水池为厂区建筑物的配套工程，其必要的前期费等相关各项费用、

开发利润已在建筑物测算中予以考虑，确定建筑安装工程费为重置成本。

依据《JJ 省建筑工程投资估算指标》中类似工程的工程量，按照价值时点的材料价格及人工费，结合估价对象的特点。按照《建筑业营业税改征增值税调整 JJ 省建设工程计价依据实施办法》中的费用标准重新计算取费，综合确定建筑安装工程费用为 1 507 元/m^2。

2）成新率的确定

估价对象建成年份为 2015 年，已使用年限为 1 年，根据《资产评估常用数据手册》，一般构筑物经济寿命耐用年限为 30 年，确定尚可使用年限为 29 年，则其成新率为：

R_1＝[1－1/30]×100%≈97%

3）评估值的确定

评估单价＝构筑物重置单价×成新率＝1 507×97%≈1462（元/m^2）

评估总价＝评估单价×建筑面积＝1 462×305≈44.59（万元）

其他构筑物评估方法同上，测算过程略。

3. 土地使用权价值的测算

本次估价采用成本逼近法和市场比较法对土地使用权价值进行评估。

1）成本逼近法

所谓成本逼近法就是以开发土地所耗费用之和为主要依据，再加上一定利润、利息、应缴纳的税金和土地增值收益来确定土地价格的估价方法。其基本公式为

地价＝土地取得费及相关税费＋土地开发费＋利息＋投资利润＋土地增值收益

（1）土地取得费及相关税费的确定

土地取得费指待估宗地所在区域征用同类土地所支付的平均费用，根据估价人员的现场调查，待估宗地类似区域为旱田，根据 L 县万良镇近几年的《征收土地补偿安置方案公告》及相关资料，确定年产值为 1.215 元/m^2。

①土地补偿费

根据 L 县万良镇近几年的《征收土地补偿安置方案公告》及对相关资料的查阅，土地补偿费按单位年产值的 10 倍计算，则

土地补偿费＝1.215×10＝12.15（元/m^2）

②安置补助费

根据 L 县万良镇近几年的《征收土地补偿安置方案公告》及对相关资料的查阅，安置补助费取单位年产值的 15 倍，则

安置补助费＝1.215×15≈18.23（元/m^2）

③青苗及地上物补偿费

根据《JJ 省土地管理条例（修订）》第二十七条规定："被征用土地的青苗补偿费按一个栽培期产值计算。"根据根据 L 县万良镇近几年的《征收土地补偿安置方案公告》及相关资料的调查了解，确定每平方米年产值 1.215 元，取整为 1.22 元/m^2。

④耕地开垦费

依据《JJ 省土地管理条例》（修订）第十六条的规定："非农业建设占用耕地，没有条件开垦或者开垦的耕地不符合要求的，应当按照规定缴纳耕地开垦费，专款用于开垦新的耕地。耕地开垦费的收取标准，按该地被占用前三年平均年产值计算：基本农田十至十五倍；一般耕地三至五倍。"根据评估人员现场调查，待估宗地周边区域内大部分为一般耕地，依据 JJ 省物价局、JJ 省财政厅关于降低部分涉企行政事业性收费标准的通知（J 省价收〔2016〕99 号），所以本次评估耕地开垦费取单位年产值的 3 倍。

耕地开垦费＝1.215×3≈3.65（元/m^2）

⑤防洪基础设施建设基金

根据 JJ 省人民政府令 105 号《JJ 省防洪基础设施建设资金征收使用办法》第七条，非农业建设征用土地的单位和个人，按征地面积，菜田 1.80 元/m^2、水田 1.50 元/m^2、其他土地 1.20 元/m^2 计征"。评估宗地为旱田，即 1.20 元/m^2。

⑥耕地占用税

根据 L 县人民政府关于《重新核定全县耕地占用税平均使用税标准的批复》（L 政函〔2009〕7 号）的规定，L 县万良镇耕地占用税标准为 22.50 元/m^2。故本次评估土地的耕地占有税为 22.50 元/m^2。

⑦用地管理费

根据 J 省价房涉字〔1997〕3 号《关于公布土地系统管理收费项目及标准的通知》，L 县土地管理费按 2 元/m^2 计收，根据 JJ 省财政厅、JJ 省物价局文件《关于公布取消和调整部分省级行政事业性收费的通知》（J 财非税〔2015〕579 号）中规定取消用地管理费，故本次评估按 0 元/m^2 计算。

⑧征地管理费

依据财政部发布的《关于取消、停征和免征一批行政事业性收费的通知》（财税〔2014〕101 号），征地管理费取消，故本次评估按 0 元/m^2 计算。

土地取得费＝12.15＋18.23＋1.22＋3.65＋1.20＋22.50＋0＋0＝58.95（元/m^2）

（2）确定土地开发费

通过对评估宗地开发程度的调查与分析，宗地红线外的开发程度达到"五通"（通路、通电、通讯、通上水、通下水）及宗地红线内"六通"（通路、通电、通讯、通上水、通下水、自供暖）及土地平整。调查评估宗地所在区域类似开发费用（"五通一平"），此次评估宗地土地开发费用取 70 元/m^2。

（3）投资利息

根据待估宗地规模，调查当地同类用途用地平均开发周期，确定开发周期为一年，因此本项评估开发周期设定为一年。土地取得费及相关税费为一次性投入，土地开发费在整个开发期内均匀投入，计息期为一年。投资利息率按 2015 年 10 月 24 日调整利率后中国人民银行公布的 1 年期贷款利息率 4.35%计，则

投资利息＝58.95×4.35%＋70×4.35%÷2≈4.09（元/m^2）

（4）投资利润

投资利润是指把土地作为一种生产要素投入，与固定资产投入共同发挥作用。投资利润应与行业投资回报相一致。根据 L 县万良镇同行业的年投资利润率和 L 县万良镇土地开发社会利润情况，投资利润率幅度一般为 10%～15%，考虑到待估宗地土地开发投资的实际情况，评估人员以资金投资回报率 15%作为该项目的土地开发利润率，则

投资利润＝（58.95＋70）×15%≈19.34（元/m^2）

（5）土地增值收益

根据对 L 县土地市场普遍收益情况的分析，L 县周边地区的工业用地土地增值收益率一般为 10%～30%，考虑评估宗地所在区域开发程度并结合区域未来经济的发展趋势，确定土地增值收益按土地成本价格的 20%计，则

土地增值收益＝（58.95＋70＋4.09＋19.34）×20%≈30.48（元/m^2）

（6）无限年期土地价格

根据成本逼近法计算地价公式。上述步骤测算出的价格为无限年期土地价格，则

无限年期土地价格＝58.95＋70＋4.09＋19.34＋30.48＝182.86（元/m^2）

（7）年期修正

由于成本逼近法计算出的土地价格是无限年期的土地价格，而评估价格应为有限年期价格，因此应进行适当的年期修正，依据 L 县基准地价文件中万良镇工业用地出让金（政府纯收益）和租金的关系测算土地还原利率为 6.5%，土地剩余年限为 46.90 年。

根据年期修正系数公式：

46.90 年期修正系数＝1－1/[（1＋6.5%）]$^{46.90}$≈0.947 8

（8）单位面积地价

单位面积地价＝182.86×0.947 8≈173.31（元/m^2）

（9）区域因素和个别因素修正

根据评估宗地所处的位置、临街状况、开发程度等，综合确定区域因素和个别因素修正系数和为 10%。

成本逼近法单价＝173.31×（1＋10%）≈190.64（元/m^2）

2）市场比较法

市场比较法根据替代原理，将待估土地与具有替代性的，且在估价时点近期市场上交易的地产进行比较，并依据类似地产已知的价格，参照待估宗地的交易情况、期日、区域以及个别因素等差别，对类似地产的成交价格作适当修正，以此修正得出待估土地在估价期日地价的估价方法。

（1）比较案例选择

通过调查了解分析，我们选择了与待估宗地条件类似的 3 个比较案例，具体选择原则和案例条件描述如下；

①选择原则

与待估宗地用途应相同；与待估宗地的交易类型相同；与待估宗地的估价期日应接近；比较案例交易类型必须为正常交易，或可修正为正常交易。

②根据上述原则选取下面三个案例，如下：

案例 A：位于 L 县万良镇万良大街东侧工业南路南侧，电子监管号为**49，出让时间 2016 年 5 月 23 日，地块出让面积为 4 266 m^2，用途工业，出让年限为 50 年，开发程度为“五通一平”，单价 217 元/m^2。

案例 B：位于 L 县万良镇工业园区，电子监管号为**78，出让时间 2014 年 11 月 28 日，地块出让面积为 1 241 m^2，用途工业，出让年限为 50 年，开发程度为“五通一平”，单价 215 元/m^2。

案例 C：位于 L 县万良镇工业园区，电子监管号为**54，出让时间 2014 年 11 月 28 日，地块出让面积为 2 051 m^2，用途工业，出让年限为 50 年，开发程度为“五通一平”，单价 215 元/m^2。

（2）比较因素的选择

根据待估宗地和比较案例用地的特殊性以及用地的一般条件要求，按照土地估价技术规程要求，本项评估选择比较因素主要有：

①交易时间：确定地价指数。

②交易情况：是否为正常、公开、公平、自愿的交易。

③土地使用权年限：将比较案例使用权年限修正到待估对象使用权年限。

④价格类型：是否为出让、转让交易类型。

⑤区域因素：主要有对外交通便捷度、交通管制、道路通达度、距货物集散地距离、道路体系、基础设施状况、环境状况、工业区成熟度、行政因素等。

⑥个别因素：主要指宗地地形条件、地势条件、地质条件、水文条件、面积、临路状况、宗地形状、土地利用限制、土地开发程度、土地权利状况等。

比较因素条件说明表

（3）宗地比较案例的条件说明表

扫描二维码，阅读估价对象与比较案例的比较因素条件。

（4）编制比较因素条件指数表

根据待估宗地与比较案例各种因素具体情况，编制比较因素条件指数表。比较因素指数确定如下：

①待估宗地与三个比较案例的土地用途、交易情况一致，故对这些影响地价的因素不作修正，比较案例的交易类型能充分体现市场价值，而待估对象的求取的也为市场价值，故对交易类型也不作修正。

②比较案例的交易日期与估价期日相距较近，经过估价师对 L 县工业用地近几年的市场挂牌价格的调查了解分析，以 2014 年 11 月 28 日为基期，地价指数变化见表 5-13。

表 5-13 地价指数表

时间	指数
2014-11-28	100
2015-11-28	101
2016-05-23	102
2016-12-19	102

③土地使用年限修正系数

土地使用年限修正系数公式为：

$$K = \frac{1-1/(1+r)^n}{1-1/(1+r)^m}$$

式中，K——使用年限修正系数；

r——土地还原利率 6.5%；

n——待估宗地使用权年期；

m——比较案例宗地土地使用年限。

④区域及个别因素修正系数

Ⅰ. 区域因素

ⅰ. 对外交通便捷度：分为便捷、较便捷、一般、不便捷四个等级，以待估宗交通便捷度为 100，每上升或下降一个等级，指数上升或下降 3%。故比较案例 A、B、C 指数均为 100。

ⅱ. 交通管制：分为有较强管制、一般管制、无管制三个级别，以待估宗地交通管制为 100，每上升或下降一个等级，指数上升或下降 2%。故比较案例 A、B、C 指数均为 100。

ⅲ. 道路通达度：分为一般通达、较高通达、高通达度三个级别，以待估道路通达度为 100，每上升或下降一个等级，指数上升或下降 3%。故比较案例 A、B、C 指数均为 100。

ⅳ. 距货物集散地距离：分为远、一般、较近、近四个级别，以待估宗地距货物集散地距离为 100，每上升或下降一个等级，指数上升或下降 3%。故比较案例 A、B、C 指数均为 100。

ⅴ. 道路体系：分为支路、次干道、主干道三个级别，以待估宗地道路体系为 100，每上升或下降一个等级，指数上升或下降 3%。故比较案例 A、B、C 指数均为 100。

ⅵ. 基础设施状况：分为完善、较完善、一般、不完善四个级别，以待估宗地基础设施状况为 100，每上升或下降一个等级，指数上升或下降 3%。故比较案例 A、B、C 指数均为 100。

ⅶ. 环境状况：分为严重污染、较重污染、有一定污染、轻微污染、无污染五个等级，以待估宗地环境优劣度为 100，每上升或下降一个等级，指数上升或下降 2%。

故比较案例 A、B、C 指数均为 100。

ⅷ. 工业区成熟度：分为一般、较高、高三个等级，以待估宗地指数为 100，每上升或下降一个等级，指数上升或下降 5%。故比较案例 A、B、C 指数均为 100。

ⅸ. 行政因素：分为差、一般、较好、好四个级别，以待估宗地指数为 100，每上升或下降一个等级，指数上升或下降 5%。故比较案例 A、B、C 指数均为 100。

Ⅱ. 个别因素：

ⅰ. 地形条件：分为山坡地（或不平坦）、较平坦、平坦三个等级，以待估宗地指数为 100，每上升或下降一个等级，指数上升或下降 1%。故比较案例 A、B、C 指数均为 100。

ⅱ. 地势条件：分为山坡地（或不平坦）、较平坦、平坦三个等级，以待估宗地指数为 100，每上升或下降一个等级，指数上升或下降 1%。故比较案例 A、B、C 指数均为 100。

ⅲ. 地质条件：分为差、一般、较好、好四个级别，以待估宗地指数为 100，每上升或下降一个等级，指数上升或下降 1%。故比较案例 A、B、C 指数均为 100。

ⅳ. 水文条件：分为差、一般、较好、好四个级别，以待估宗地指数为 100，每上升或下降一个等级，指数上升或下降 1%。故比较案例 A、B、C 指数均为 100。

ⅴ. 面积：分为 5 000 m^2 以下，5 000～20 000 m^2、20 000～40 000 m^2，40 000 m^2 以上四级别，以待估宗地指数为 100，每上升或下降一个等级，指数上升或下降 0.5%。故比较案例 A、B、C 指数均为 99。

ⅵ. 临路状况：分为不临街、一面临街、两面临街、三面临街、四面临街，以待估宗地指数为 100，每增加或减少临街数，条件指数上升或下降 1%。故比较案例 A、B、C 指数均为 100。

ⅶ. 宗地形状：分为不规则、较规则、规则三个等级，以待估宗地指数为 100，每上升或下降一个等级，指数上升或下降 0.5%。故比较案例 A、B、C 指数均为 100。

ⅷ. 土地利用限制：主要指容积率限制，由于 JJ 省出台了对工业用地容积率和补地价问题的意见和答复（JJ 省人民政府关于节约集约用地的若干意见 J 政发〔2012〕31 号），故对工业用地容积率不做修正。以待估宗地指数为 100，故比较案例 A、B、C 指数均为 100。

Ⅲ. 土地开发程度：分为场地平整、不平整、两个级别，以待估宗地指数为 100，每上升或下降一个等级，指数上升或下降 5%。故比较案例 A、B、C 指数均为 100。

Ⅳ. 土地权利状况：分为不完整、完整两个级别；以待估宗地指数为 100，每上升或下降一个等级，指数上升或下降 5%。故比较案例 A、B、C 指数均为 100。

比较因素条件指数表

根据以上比较因素指数的说明，编制比较因素条件指数表。扫描二维码，阅读相关内容。

（5）编制比较因素修正系数表。扫描二维码，阅读相关内容。

比较因素修正系数表

比较价格 A＝217×1.0003≈217（元/m^2）

比较价格 B＝215×1.0203≈219（元/m^2）

比较价格 C＝215×1.0203≈219（元/m^2）

估价师针对上述案例 A、B、C 进行综合分析，结合估价时点工业用地市场价格和本次评估对象的实际综合情况。由于比较案例与估价对象处于类似供求圈，替代性较强，并且均反映了待估对象区域内类似地块的市场价格。故最终取三个比较价格的简单算术平均值作为最终比较价格。

比较价格＝（217＋219＋219）÷3≈218（元/m^2）

3）地价的确定

经过测算，得到两种结果。成本逼近法结果为 190.64 元/m^2，市场比较法的结果为 218 元/m^2。两种方法的结果均符合 L 县万良镇工业用地的土地市场行情，两种结果相差较小。因为成本逼近法采用了估价时点的征地成本、土地开发成本等参数，所以测算出的结果相对来说能较客观反映市场价格，我们认为成本逼近法的选用是可行的，测算过程是合理的，测算的地价结果也是可信的；目前 L 县万良镇类似工业用地、出让资料齐全，案例较多，均为位于类似区域，替代性较好，因此采用市场比较法评估能很好地反映市场价格水平，因此我们认为这种方法的选用是合适可行的，方法的使用及测算过程是合理的，测算结果是可信的。两种方法从不同角度反映了土地的市场价格，故取两种方法的简单算术平均值作为本次评估土地使用权价格（单位地价以元为单位，取整数；总地价以万元为单位，保留小数点后两位）。

单位面积地价＝（190.64＋218）÷2≈204（元/m^2）

评估土地总地价＝204×39 250＝8 007 000（元）＝800.70（万元）

4. 房地产总价的确定

房地产总价＝房产总价＋构筑物总价＋土地总价

＝4 000.64＋169.84＋800.70＝4 971.18（万元）

十一、估价结果

估价结果

经测算，估价对象在价值时点 2016 年 12 月 19 日的市场价值总额为 4 971.18 万元。大写人民币：肆仟玖佰柒拾壹万壹仟捌佰元整。扫描二维码，查看房产估价结果明细表、构筑物估价结果明细表、土地估价结果明细表。

十二、注册房地产估价师

略。

十三、实地查勘期

二〇一六年十二月十九日

十四、估价作业期

二〇一六年十二月十九日至二〇一七年四月十四日

××房地产估价咨询有限公司

二〇一七年四月十四日

附件

（1）《委托鉴定（评估）书》（〔2016〕J01 司技辅综委 130 号）；

（2）国有土地使用证、建设用地规划许可证、建设工程规划许可证、建设工程施工许可证、竣工工程备案证复印件；

（3）房屋面积测绘技术报告及相关法律文书复印件；

（4）估价对象位置示意图复印件；

（5）估价对象外观、内部照片及周围环境照片复印件；

（6）估价机构营业执照复印件；

（7）估价机构资质证书复印件；

（8）估价师注册证书复印件。

七、案例点评

该报告为房地产司法鉴定估价报告，是在一宗民间借贷纠纷案件审理执行阶段，人民法院委托房地产估价机构评估确定将实施拍卖的房地产的市场价值，将其作为拍卖底价。估价范围包括房屋建筑物、构筑物及土地使用权。

（一）该估价报告遵循了房地产估价报告的规范格式，具有以下优点：

（1）估价报告反映了注册房地产估价师对估价对象的建筑状况、土地状况、道路交通、周边环境、配套设施等进行的详细调查和记录。

（2）估价的假设与限制条件部分，对估价对象用途、建筑面积的确定等进行了恰当的假设。

（3）估价依据法律、法规、权属资料、相关文件等资料，充分的资料为评估提供了权威支持。

（4）报告内容全面，文字简练，格式严谨；评估结果可满足委托方的需要。

（5）报告附件齐全、完整。

（二）报告不足之处

（1）该报告第一部分的内容较《房地产估价规范》（B/T 50291–2015）相关要求多了两条内容。《房地产估价规范》指出："鉴证性估价报告是房地产估价机构向估价委托人出具的起着价值证明作用的估价报告，其估价师声明的内容应该按本条规定撰写，不得随意添加或删减。"

（2）该报告估价目的表述为"为委托方司法鉴定提供市场价值参考意见"，这样的表述不够准确。在诉讼的不同阶段委托房地产估价的具体目的是不同的，“司法鉴定”作为目的表述而言太多宽泛，目的表述应落实到具体的经济行为上。

《最高人民法院关于人民法院确定财产处置参考价若干问题的规定》(法释〔2018〕15号）第一条提出：“人民法院查封、扣押、冻结财产后，对需要拍卖、变卖的财产，应当在三十日内启动确定财产处置参考价程序。”应将人民法院案件审理执行阶段的这类确定拍卖、变卖价格的估价统一定义为“确定财产处置参考价”，其估价目的可以表述为“为人民法院确定财产处置参考价提供参考依据”。

其他目的的司法鉴定估价可以参考此种方式来描述。

（3）房地产估价方法的术语使用不准确。“房产采用重置成本法进行评估，构筑物采用成本法进行评估，土地采用市场比较法和成本逼近法进行评估。”这里“重置成本法”和“成本法”是两种方法吗?

《房地产估价基本术语标准》中提出成本法的定义：“测算估价对象在价值时点的重置成本或重建成本和折旧，将重置成本或重建成本减去折旧得到估价对象价值或价格的方法。”成本法本身就是通过“重置”的成本进行估价的一个思路，在同一个报告中对同一种方法应使用规范、统一的名称。

（4）对于地下隐蔽工程的构筑物1#水池、2#水池，由于被申请人和委托方未提供水池深度，“本次评估假设其为一般标准深度，即3 m”。如果能够取得被申请人和委托方对这种假设的书面认可材料则更好。

（5）估价对象宗地面积39 240 m^2，在此宗地上除估价范围内房屋建筑物外，是否存在其他地上定着物，在报告中未见相关披露。

（6）估价结果的价值定义表述不清晰。该报告估价结果中显示的房产部分的产权证号均为“未办理”，那么估价结果是完全产权价值还是没有产权的价值?

产权“未办理”的原因在该报告“不相一致假设”第一款中做了说明，同时在一般假设中也提出了“估价对象房地产权益完整、无争议”的假设。从评定估算过程看，报告考虑了房产的完整产权的价值，说明这是一个完整产权的估价结果。但是由于该报告在估价结果部分中没有相关的文字说明，易使报告使用者对该估价结果产生误解，建议在结果表后面用文字进一步说明估价结果，便于报告使用人合理理解估价结论。

参 考 文 献

[1] 中国资产评估协会. 资产评估实务（一）[M]. 北京：中国财政经济出版社，2018.

[2] 中国资产评估协会. 资产评估实务（二）[M]. 北京：中国财政经济出版社，2018.

[3] 姜楠. 资产评估学[M]. 大连：东北财经大学出版社，2018.

[4] 唐振达. 资产评估理论与实务[M]. 大连：东北财经大学出版社，2018.

[5] 徐爱农. 企业价值评估[M]. 北京：中国金融出版社，2018.

[6] 俞明轩. 企业价值评估[M]. 北京：高等教育出版社，2016.

[7] 苑泽明. 无形资产评估[M]. 北京：高等教育出版社，2015.

[8] 刘小峰. 无形资产评估理论与实务[M]. 北京：北京大学出版社，2017.

[9] 柴强. 房地产估价理论与方法[M]. 北京：中国建筑工业出版社，2018.

[10] 应尚军. 不动产评估[M]. 北京：中国财政经济出版社，2010.

[11] 北京资产评估协会. 资产评估操作程序实用手册[M]. 北京：经济科学出版社，2014.

[12] 王爱国. 资产评估模拟实训[M]. 北京：科学出版社，2011.

[13] 郭昱. 资产评估模拟实验[M]. 上海：立信会计出版社，2011.

[14] 唐振达，袁桂萍，李保婵. 资产评估模拟实训教程[M]. 大连：东北财经大学出版社，2010.

[15] 郑万生，孙宝珩. 资产评估案例模板[M]. 北京：北京科学技术出版社，2011.

[16] 章鸿雁，刘永胜. 房地产估价实务与实训[M]. 重庆：重庆大学出版社，2014.

[17] 崔劲，朱军. 资产评估案例[M]. 北京：中国人民大学出版社，2003.

[18] 余炳文，杨飞虎，胡梅根. 企业价值评估案例[M]. 北京：经济管理出版社，2016.

[19] 余炳文. 无形资产评估案例[M]. 北京：经济管理出版社，2017.

[20] 余炳文，陆长平. 不动产评估案例[M]. 北京：经济管理出版社，2018.

教学支持说明

▶▶课件申请

尊敬的老师：

您好！感谢您选用清华大学出版社的教材！为更好地服务教学，我们为采用本书作为教材的老师提供教学辅助资源。该部分资源仅提供给授课教师使用，请您直接用手机扫描下方二维码完成认证及申请。

任课教师扫描二维码
可获取教学辅助资源

▶▶样书申请

为方便教师选用教材，我们为您提供免费赠送样书服务。授课教师扫描下方二维码即可获取清华大学出版社教材电子书目。在线填写个人信息，经审核认证后即可获取所选教材。我们会第一时间为您寄送样书。

任课教师扫描二维码
可获取教材电子书目

清华大学出版社

E-mail: tupfuwu@163.com　　网址：http://www.tup.com.cn/
电话：010-83470332 / 83470142　　传真：8610-83470107
地址：北京市海淀区双清路学研大厦B座509室　　邮编：100084